HISTOIRE DE FRANCE

AU DIX-SEPTIÈME SIÈCLE

—

XI

PARIS. — IMP. SIMON RAÇON ET COMP., RUE D'ERFURTH, 1.

HISTOIRE DE FRANCE
AU DIX-SEPTIÈME SIÈCLE

HENRI IV

ET

RICHELIEU

PAR

J. MICHELET

PARIS
CHAMEROT, LIBRAIRE-ÉDITEUR,
RUE DU JARDINET, 13
—
1857

L'Auteur et l'Éditeur se réservent le droit de traduction et de reproduction à l'étranger.

HISTOIRE DE FRANCE

AU SEIZIÈME SIÈCLE.

CHAPITRE PREMIER.

Ligue de la cour contre Gabrielle. — 1598.

La chanson si populaire de *Charmante Gabrielle*, la plainte amoureuse du roi sur sa cruelle *départie*, ne fut pas, comme on l'a dit, faite au départ pour la guerre, mais, au contraire, au retour, et quinze jours après la paix. Il la fit et l'adressa dans une courte séparation qu'amenèrent les couches de son second fils. Il a la bonne foi d'avouer qu'il n'est pas tout à fait l'auteur. « J'ai dicté, dit-il, mais non arrangé. »

L'air tendre, ému, solennel, a quelque chose

de religieux et semble d'un ancien psaume. Les paroles, peu poétiques, riment tant bien que mal un sentiment vrai, l'aimable ressouvenir des maux qu'on ne souffrira plus. C'est la première et charmante émotion de la paix. Parents, amis ou amants, on se retrouve donc enfin, et pour ne plus se quitter. Plus de cruelle *départie*, et chacun sûr de ce qu'il aime. Ce sourire, mêlé d'une larme, regarde encore vers le passé.

De toute l'ancienne monarchie, il reste à la France un nom, Henri IV, plus, deux chansons. La première est *Gabrielle*, ce doux rayon de la paix après les horreurs de la Ligue. La seconde chanson, c'est *Marlborough*, une dérision de la guerre, une ironie innocente par laquelle le pauvre peuple de Louis XIV se revengeait de ses revers.

Henri IV croyait à la paix, espérait soulager le peuple, rêvait le bonheur, l'abondance. Dans ses lettres, il est tout homme, tout nature, et naïvement, dit la pensée du moment. Il semble que le sobre Gascon soit devenu un Gargantua! « Envoyez-moi des oies grasses du Béarn, les plus grasses que vous pourrez, et qu'elles fassent honneur au pays. » C'est la première lettre qu'Henri IV ait écrite depuis le traité; la paix fut signée le 2 mai, la lettre est du 5.

Il ne faut pas oublier que l'on avait faim depuis quarante ans. Si longtemps alimentée de mots et de controverses, la France voulait quelque autre chose. Henri IV parle ici pour elle et la représente. Pour lui, ses goûts étaient autres ; mais en cela et en tout, même en amour, malgré sa réputation populaire, il était homme de paroles, bien plus que de réalité.

Entre lui et Gabrielle, le contraste était parfait. Lui, maigre et vif, infiniment jeune d'esprit sous sa barbe grise, quoique très-fatigué de corps et très-entamé. Elle, extrêmement positive, déjà replète à vingt-six ans. Dans le dessin qui doit être son dernier portrait (dessin de la Bibliothèque), sa face s'épanouit comme un triomphal bouquet de lis et de roses. Adieu la svelte demoiselle (des dessins de sainte Geneviève). C'est une épouse, une mère, et la mère des gros Vendôme. Si ce n'est la reine encore, c'est bien la maîtresse du roi de la paix, le type et le brillant augure des *sept années grasses* qui devaient succéder aux *maigres*, mais dont à peine on vit l'aurore.

Une réponse d'Henri IV à Gabrielle nous apprend qu'elle lui reprochait alors « d'aimer moins qu'elle n'aimait, » en d'autres termes, d'ajourner, d'éluder le mariage. Elle poussait sa fortune et ne désespérait point de franchir le dernier pas. A chaque couche, elle gagnait du terrain. Le roi s'attachait extrêmement aux enfants. Il n'y eut jamais un père si faible, dit avec raison Richelieu. Le dernier traité de la Ligue avait mis cela en lumière : Mercœur était aux abois, la Bretagne se livrait au roi ; mais les dames de cette famille captèrent si bien Gabrielle, que le roi donna à Mercœur un traité inespéré pour marier deux nourrissons, son Vendôme de trois ou quatre ans, à la fille de Mercœur. Il en est honteux lui-même, et s'en excuse au connétable : « Vous êtes père, lui dit-il, et vous ne me blâmerez pas. »

Le roi arrivait à l'âge où l'intérieur, l'entourage intime, les affections d'habitude, dominent le caractère. Il voulait qu'on le crût fort libre et fort absolu. Dans les deux heures qu'il donnait par jour aux affaires, il tranchait et décidait avec la vivacité brève du commandement militaire. Mais on voyait dans mille choses que ce roi, toujours capitaine, avait chez lui son général, et qu'il prononçait souvent au conseil les ordres de la chambre à coucher.

Il faisait grande illusion à l'Europe. Son triomphe sur l'Espagne, la première puissance du monde, le faisait célébrer, redouter jusqu'en Orient. On croyait le voir toujours monté sur le cheval au grand panache, qui enfonça à Ivry les rangs espagnols. Son extrême activité le maintenait dans l'opinion. Jamais les ambassadeurs ne pouvaient le voir assis. Il les écoutait en marchant, il tenait conseil en marchant. Puis il montait à cheval, chassait jusqu'au soir. Il jouait alors, et avec vivacité, emportement, jusqu'à tricher, voler, dit-on (mais il rendait). Couché tard, de très-bonne heure il était levé, aux jardins, faisant planter, soigner ses arbres. Avec toute cette activité, après la paix, il fut malade. Il en était de lui comme de la France. Du jour que l'esprit fut plus libre, on s'aperçut tout à coup des maladies que l'on avait. L'affaissement moral se traduisit par celui du corps. Six mois après le traité, le roi eut une rétention d'urine dont il crut mourir, puis la goutte, puis des diarrhées et de grands affaiblissements.

Les médecins l'avertirent en 1603 que, pour l'amour, son temps était fini, et qu'il ferait bien de renoncer aux femmes. Le chancelier Cheverny nous apprend qu'il lui était survenu une excroissance fort gênante, qui faisait croire que désormais il n'aurait plus d'enfants.

Cet affaiblissement d'une santé devenue si variable ne paraît pas dans les Mémoires, mais beaucoup dans ses lettres, et à chaque instant. On en voit des signes dans ses vrais portraits, qui, il est vrai, sont fort rares. Porbus même s'est bien gardé d'exprimer cette sensibilité nerveuse d'une physionomie souriante, mais si près des larmes, cette facilité extrême d'attendrissement d'un homme qui avait trop vu, trop fait et souffert! Tout se mêle en ce masque étrange, trompeur par sa mobilité. Elle sembla croître avec sa vie. Le seul point vraiment fixe en lui, c'est qu'il fut toujours amoureux. Mais, en ses plus légers caprices, le cœur était de la partie. Et voilà pourquoi ce règne ne tomba pas aussi bas que les satires de l'époque pourraient le faire croire. Les femmes, dit madame de Motteville, furent plus honorées alors qu'au temps de la Fronde. Pourquoi cela? Le roi aimait.

Avec ce cœur ouvert et facile, avec cette dépendance de l'intérieur et ce besoin d'intimité, on était sûr que, quelque femme qu'épousât le roi, elle aurait un grand ascendant; que, fidèle ou non, il mettrait en elle une grande confiance, lui cacherait peu de choses, et qu'au moins indirectement elle influerait sur les destinées de l'État.

Sous un tel roi, la grosse affaire était certainement le mariage.

Et c'était le point par lequel l'étranger espérait bien reprendre ses avantages. Peu importait que le soldat espagnol eût été chassé, si une reine espagnole (au moins espagnole d'esprit), entrait victorieusement, en écartant Gabrielle, et mettait la main sur le roi et le royaume.

La paix ne fut pas une paix, mais une guerre intérieure où l'on se disputa le roi.

La crise était fort instante. Du jour même où l'Espagne fut sûre que nous désarmions, elle commença une guerre tout autrement vaste, et qui ne lui coûtait plus rien, non contre la Hollande seulement, mais en Allemagne ; les bandes dites espagnoles (des voleurs de toute nation) se mirent à manger indifféremment protestants et catholiques. C'est le vrai commencement de l'horrible demi-siècle qu'on appelle la Guerre de trente ans. Le roi de France, le seul roi qui portât l'épée, allait devenir l'homme unique, le sauveur imploré de tous. Chacun le voyait, le sentait. S'en emparer ou s'en défaire, c'était l'idée des violents. Le dilemme se posait pour eux : *Le tuer ou le marier.*

Il les avait amusés par l'abjuration, amusés encore à la paix. Il avait fait entendre à Rome que l'*Édit* de Nantes donné aux protestants ne serait qu'une feuille de papier ; mais on voyait qu'il voulait réellement leur donner des garanties. Il avait fait espérer le rétablissement des Jésuites ; mais, quand on le pressa, il dit : « Si j'avais deux vies, j'en donnerois volontiers une pour satisfaire Sa Sainteté. N'en ayant qu'une, je dois la garder pour son service et l'intérêt de mes sujets. »

Les Jésuites étaient attrapés. Ils avaient cru tellement rentrer, gouverner, confesser le roi, que là-dessus ils bâtissaient le plan d'une *Armada* nouvelle contre l'Angleterre. Ce roi confessé, ils l'eussent allié avec l'Espagnol, et tous deux, bien attelés, auraient été conquérir le royaume d'Élisabeth.

L'espoir trompé irrite fort. Deux partis, dans ce parti, travaillaient diversement, mais d'une manière active. A Bruxelles, le légat romain, Malvezzi, organisait l'assassinat, qui était son but depuis six années. (De Thou.) A Paris et en Toscane, on travaillait le mariage, un mariage italien. C'est ce qu'eût préféré le pape; ce mariage, qui eût amorti et romanisé le roi, dispensait de le tuer.

Le roi, dans ses grandes misères, avait emprunté de fortes sommes au grand-duc de Toscane, qui spéculait là-dessus de deux manières à la fois. Il s'était fait par ses agents, les Gondi et les Zamet, percepteur de taxes en France, et il en tirait de grosses usures. Deuxièmement, il espérait, avec cet argent et les sommes qu'il pourrait y ajouter, faire sa nièce reine de France. Il tenait à continuer par elle Catherine de Médicis, le gouvernement florentin, comme il continuait par ses financiers l'exploitation pécuniaire du royaume. Il avait envoyé depuis plusieurs années le portrait de cette nièce, rayonnant de jeunesse et de fraîcheur, un parfait soleil de santé bourgeoise. Gabrielle n'avait pas peur du portrait, mais bien de la caisse, attrayante pour un roi ruiné. Elle craignait ces Italiens, les maîtres de nos finances et les agents du mariage, secrets ministres du grand-duc. Elle leur porta un grand coup en faisant mettre dans le conseil des finances un homme qu'elle croyait à elle, le protestant Sully.

Quand je parle de Gabrielle, je parle de sa famille, des Sourdis et des d'Estrées. Cette belle idole n'avait pas beaucoup de tête et ne faisait guère que suivre leurs avis. Mais la famille elle-même, la tante de Sourdis, qui menait tout, n'était pas bien décidée sur la ligne à suivre, et ménageait tout le monde. Elle travaillait à Rome, non-seulement pour le divorce du roi, mais pour faire son fils cardinal. D'autre part, personnellement, Gabrielle caressait les huguenots. Elle les plaçait dans sa maison comme serviteurs de confiance. Était-elle, au fond, protestante, comme l'affirme d'Aubigné? Non. Du moins, elle accomplissait tous ses devoirs catholiques. Le roi chantant un jour des psaumes, pendant qu'elle était malade, elle lui mit la main sur la bouche, au scandale des huguenots. Mais les catholiques croyaient que par ce geste muet elle disait au roi : « Pas encore. »

Du reste, on la jugeait moins sur ses actes que sur ses amitiés. Elle était aimée, protégée par deux grandes dames protestantes, l'une la princesse Catherine, sœur du roi, dont elle avait le portrait précieusement monté sur une boîte d'or. (Fréville, *Inv. de Gabrielle.*) L'autre, la princesse d'Orange, fille de Coligny, veuve de Guillaume le Taciturne, et belle-mère de Maurice, le grand capitaine. Cette dame, aimée, honorée de tous, même des catholiques, donnait une grande force morale à la cause de Gabrielle. Elle jugeait évidemment qu'un attachement si long et si fidèle se purifiait par sa durée, que Gabrielle n'était pas liée à son faux mari qu'elle ne vit peut-être jamais, pas plus que le roi ne l'était à sa diffamée Marguerite, qu'il ne voyait plus depuis vingt années.

Gabrielle avait une chose en sa faveur qui pouvait répondre à tout. *Il fallait une reine française*, dans ce grand danger de l'Europe. Élisabeth mourait ; le fils de Marie-Stuart allait succéder. Plus d'appui pour la Hollande. Comment celle-ci, délaissée des Anglais, porterait-elle le poids immense de la guerre européenne ? Qu'arriverait-il si l'épée sur laquelle tous avaient les yeux, l'épée de la France, était liée par une reine étrangère ou volée de son chevet ?

Personne ne voyait cela, ou du moins ne le disait. On faisait cent objections au mariage français.

L'indignité de Gabrielle d'abord. Les dames de la noblesse, qui crevaient de jalousie, se trouvèrent toutes plus sévères et plus vertueuses que la princesse d'Orange. Elles demandaient quels étaient donc ces d'Estrées pour donner une reine à la France. Les bourgeoises, encore plus sottes, disaient qu'il serait bien plus beau, plus glorieux pour le royaume, d'avoir une vraie reine de naissance et de sang. A la tête de toutes les femmes se signalait Marguerite de Valois, qui, l'autre année (24 février 1597), pour tirer quelque grâce de Gabrielle, descendait jusqu'à l'appeler « sa sœur et sa protectrice »; mais qui, en 1598, voyant cette grande ligue contre elle, l'injuriait, disait qu'elle ne céderait jamais « à cette décriée bagasse. »

D'autre part, les politiques, sans parler de sa personne, objectaient un danger fort hypothétique, la crainte que le fils de Gabrielle, n'étant pas suffisamment légitimé par le mariage, ne trouvât un compétiteur dans un frère futur et possible, un autre fils qu'elle aurait peut-être après le mariage accompli. Ces fortes têtes voyaient ainsi le péril fort incertain de l'avenir, et ils ne voyaient pas le péril présent, celui du mariage italien, qui mettrait l'ennemi dans la maison, l'invasion d'une nouvelle cour, de traîtres, et, qui sait? d'assassins...

Malgré cet aveuglement général et ces obstacles de tout genre, Gabrielle aurait vaincu par la puissance de l'affection et des habitudes, si elle n'avait eu contre elle un homme qui, à lui seul, pesait autant que tous, Sully, qu'elle avait créé, puis mécontenté maladroitement.

Nous parlerons ailleurs du ministre, de son admirable dictature des finances, qui a sauvé le royaume. Un mot ici sur l'homme même.

Il était né justement l'homme qui devait déplaire le plus à un roi comme Henri IV. Celui-ci, si faible pour sa cour et son entourage, l'eût approuvé dans ses réformes, mais il ne l'eût pas défendu, s'il ne l'eût trouvé appuyé par un entourage plus intime que la cour, par cette femme aimée, mère de ses enfants.

Maximilien de Béthune (Rosny par sa grand'mère, et Sully par don du roi) était originaire d'un pays qui a donné des têtes ardentes sous grande apparence de froid, de roideur. Il était de l'Artois, du pays de Maximilien de Robespierre. On rattachait ces Béthune aux Beaton d'Écosse. Et, en effet, celui-ci avait un faux air britannique, par le contraste déplaisant d'un teint blanc et rosé d'enfant (à cinquante ans) et d'un œil du bleu le plus dur. « Il portait la terreur partout, dit Marbault; ses actes et ses yeux faisaient peur. »

Il fit une chose vigoureuse et très-agréable à sa protectrice. Les notables que le roi assembla dans son péril de 1596, et à qui il dit qu'il « se remettait à eux en tutelle, » l'avaient pris au mot. Mais leur commission gouvernante, présidée par un des Gondi, ne put rien et ne fit rien. Sully prit l'affaire de leurs mains, renoncée et désespérée, et, pour premier acte, mit hors des finances les Gondi et les Zamet, les partisans italiens, qui percevaient ici pour le grand-duc de Toscane et lui faisaient ses affaires.

Tout va de soi où va l'argent. Le matériel de la guerre et bien d'autres choses allèrent se centralisant dans la main active, énergique, du grand financier. Il avait fait la guerre toute sa vie. Il voulait être grand maître de l'artillerie. Les d'Estrées firent la sottise de prendre la place pour eux, pour le père de Gabrielle, et ils donnèrent à Sully ce qu'il pouvait désirer, une bonne occasion d'être ingrat.

Disons ici que ce restaurateur admirable de la fortune publique avait une attention extrême à la sienne. Non qu'il ait volé; mais il se fit donner beaucoup; il ne perdait nulle occasion de gagner, se fondait surtout et s'affermissait pour l'avenir. On le vit dans l'attention (non pas déloyale, mais indélicate) qu'il eut de se rapprocher de la maison de Guise et de s'allier à elle. Elle restait la plus riche, ayant reçu à elle seule la grosse part de tant de millions que Sully paya aux grands.

Cet homme infiniment prudent, prévoyant, vit que Gabrielle n'irait pas loin, qu'elle n'arriverait pas au but, et qu'il ne fallait pas lui rester attaché. Elle avait pour elle le roi. Mais qu'est-ce cela? Les rois vivent, sans le savoir, captifs, nullement maîtres d'eux-mêmes.

Au conseil, aucun ministre ne parlait pour elle, que le vieux chancelier Cheverny et M. de Fresne, rédacteur de l'édit de Nantes et très-subalterne. Villeroy était contre elle; Espagnol d'inclination, il aurait voulu une fille d'Espagne. De même Jeannin, l'ex-ligueur, l'ex-factotum de Mayenne. Ces vieux ministres tenaient à l'antique tradition, qu'un roi épousât une reine, croyant bien à tort que ces mariages marient les États. Au défaut de l'Espagnole, ils désiraient l'Italienne, qui apportait de l'argent. Sully, en ceci, était avec eux. Les quatre ou cinq cent mille écus qui pouvaient venir de Toscane eussent agréablement figuré dans le trésor qu'il méditait de faire dans les caves de la Bastille. Ils eussent aidé au besoin pour quelque coup imprévu qu'on aurait eu à frapper sur le Rhin ou la Savoie.

Une question toute personnelle pour Sully, c'était de savoir si, ayant déjà la chose, il aurait le titre, s'il serait déclaré surintendant des finances. Il lui fallait pour cela l'appui ou la connivence de ses anciens ennemis. Quoique le roi eût toujours l'air de trancher seul, il était très-puissamment influencé et par ces vieux ministres d'expérience et par les valets intérieurs. Sully avait bravé les uns et les autres. Il avait surtout ces derniers à craindre, s'il ne se ralliait à eux pour le mariage italien et contre sa protectrice.

Le roi avait près de lui trois rieurs en titre : d'abord le bouffon Roquelaure, sans conséquence et le meilleur de tous; puis l'entremetteur Fouquet la Varenne; enfin un baragouineur italien, très-facétieux, M. le financier Zamet, Toscan et agent du grand-duc.

Les rieurs! classe dangereuse. Nous avons vu dans l'Orient le rôle sanglant de la *Rieuse* (Roxelane), qui mena Soliman jusqu'à étrangler son fils!

La Varenne, ex-cuisinier, et Zamet, ex-cordonnier, étaient en réalité les hommes considérables et dangereux de cette cour. Le roi les savait des faquins et ne pouvait se passer d'eux. Quoique moins désordonné qu'à un autre âge, il lui fallait toujours des gens avec qui il pût s'ébaudir, parler comme au temps d'Henri III.

La Varenne, qu'Henri IV avait ramassé dans la cuisine de sa sœur comme un drôle à toute sauce, était gai, vif et hardi. Le roi le trouva commode pour ses messages galants. Mais cela ne dure pas toujours. La Varenne, sous un roi barbon, menacé d'un long chômage, tourna aux affaires, s'y insinua. A la rétention d'urine il crut que le roi irait baissant et se donna aux Jésuites; il se fit leur protecteur, les appuya constamment, et par là créa à un fils enfant qu'il avait une énorme fortune d'Église. Le second fils fut grand seigneur.

Zamet, de race mauresque, cordonnier de Lucques, fort adroit, seul de tous les hommes avait réussi à chausser le délicieux pied d'Henri III. Ce prince reconnaissant le fit valet de garde-robe, lui confiant les petits cabinets où il nourrissait douze enfants de chœur; car il aimait fort la musique. Zamet ne s'enorgueillit point de ces nobles fonctions; toute grandeur est incertaine; il ne recevait pas un sou, pas une *buona mano*, qu'il ne plaçât à l'instant; il était né obligeant, il prêtait à tout le monde, et il s'arrondit très-vite. Dans la Ligue, il prêta impartialement aux ligueurs, aux Espagnols, au roi de Navarre ; telle était sa facilité, la générosité de son cœur. Il devint un gros richard ; Henri IV jouait chez Zamet, et avec l'argent de Zamet, qui savait bien se faire payer. Le dogue qui gardait le trésor n'avait pas de dents pour lui.

Sully connaissait son maître. Il crut que ces gens-là, qui avaient des rois derrière eux, l'Espagne et le pape, finiraient par l'emporter. Il brisa avec Gabrielle au baptême de son second fils.

Le roi avait hautement reconnu ses deux fils, exigeant pour eux des titres princiers qui annonçaient clairement leur légitimation prochaine par le mariage. Il les faisait appeler César *Monsieur*, Alexandre *Monsieur*. Le secrétaire d'État, de Fresne, protestant et ami de Gabrielle, envoya à Sully la quittance des frais de la fête sous ce titre : Baptême des *enfants de France*. Sully renvoya la quittance, en disant rudement : « Il n'y a pas d'*enfants de France*. »

N'était-ce pas une grande vaillance ? On le croirait en lisant les *Œconomies royales*. En réalité, cet homme pénétrant avait vu ce que personne ne voyait encore, et le roi pas plus qu'un autre : c'est qu'il n'aimait pas Gabrielle autant qu'il le croyait lui-même. Tranchons le mot : il vit qu'elle était vieillie dans l'affection du roi, et que lui, l'homme d'argent et de ressources, il y était jeune, neuf et dans sa fraîche fleur.

Ce furent deux maîtresses en présence, le roi fut mis en demeure de choisir entre la femme et l'argent. Ajoutez que cet habile homme l'avait encore aiguillonné en lui donnant à entendre qu'on le croyait sous le joug, tout dépendant d'une femme; moyen sûr de tirer de lui quelque violente boutade, un essai d'affranchissement.

Gabrielle fut très-maladroite. Elle se souvint beaucoup trop de ce que Sully avait d'abord rampé sous elle, « fait le bon valet » (il le dit lui-même). Elle l'appela « un valet. » Et le roi ne se souvint plus qu'il voulût la faire femme et reine; il l'appela *une maîtresse :* « J'aime mieux un tel serviteur que dix *maîtresses* comme vous. »

Elle trembla, frissonna, se composa sur-le-champ et se remit à discrétion. Elle comprit la situation, la force de Sully, et elle ne songea plus qu'à apaiser cet homme terrible. Elle flatta même sa femme. En vain.

Le mot fatal était lancé. Les ennemis de Gabrielle crurent que cet amour d'habitude ne tenait plus qu'à un fil, qu'on pouvait tout oser contre elle, que le roi la pleurerait, mais ne la vengerait pas.

CHAPITRE II.

Mort de Gabrielle. — 1599.

Le 12 août 1598, Henri IV, chassant dans la forêt de Fontainebleau, crut entendre un bruit de meute, des cors, des cris de chasseurs. Il trouva bien surprenant qu'on osât interrompre ainsi la chasse du roi, et commanda au comte de Soissons d'aller voir quels étaient ces téméraires. Le comte alla et revint, rapportant qu'il avait toujours entendu le même bruit et vu un grand homme noir qui, dans l'épaisseur des broussailles, avait crié : « M'entendez-vous? » ou peut-être : « M'attendez-vous? » et qui disparut. Sur ce rapport, le roi rentra au château, craignant quelque embûche. La chose fut racontée partout, et les dévots de Paris ne manquèrent pas d'assurer que l'homme noir avait dit : « Amendez-vous, » c'est-à-dire : Devenez sage et quittez votre maîtresse.

Dans cette paix nullement paisible, les esprits, tout émus encore, accueillaient volontiers les bruits effrayants. Celui du jour était la mort de madame la connétable (de Montmorency). C'était une jeune femme très-jolie et très-sage, mais qui n'était pas de naissance à épouser le connétable de France. Elle avait fait, disait-on, un pacte pour y parvenir. Un jour qu'elle siégeait à Chantilly au milieu de ses dames, on lui dit qu'un gentilhomme demandait à lui parler. Émue, elle demanda comment il était. « D'assez bonne mine, lui dit-on, mais de teint et de poil noir. » Elle pâlit, dit : « Qu'il s'en aille, revienne une autre fois. » Mais l'homme noir insista, et dit : « J'irai la chercher. » Alors, les larmes aux yeux, elle dit adieu à ses amies et s'en alla comme à la mort. Peu après, effectivement, elle mourut, chose effroyable, « le visage sans devant derrière et le cou tordu. »

En cadence avec ces récits, des prédications terribles faisaient trembler les églises ; ces hardies échappées du diable annonçaient, selon les prédicateurs, de grands châtiments. Les péchés de la cour, du roi (on le désignait clairement) étaient tels, qu'il fallait des mortifications nouvelles, inouïes, pour soutenir le ciel qui aurait tombé, la foudre qui eût tout écrasé. On appelait au secours un renfort de moines, la grande armée monastique, de toute robe et toute couleur, qui vint d'Espagne et d'Italie, capuccini, récollets, feuillants, carmes et augustins, chaussés, déchaussés. Les carmélites espagnoles, peu après, allaient prendre possession de leur couvent de Paris en procession solennelle le jour de la Saint-Barthélemy. Les capucines firent une entrée saisissante et dramatique, portant chacune une couronne d'épines, et conduites par les princesses de la maison de Guise.

Mais, avant l'entrée de ces saintes qui apportaient l'expiation, on avait eu à Paris un autre spectacle. Pas moins que le diable en personne, qui avait élu domicile dans le corps d'une certaine Marthe. Un homme distingué (des la Rochefoucauld), fort dévot, ami des Jésuites, la menait et la montrait, d'abord dans les villes du centre, sur la Loire, enfin à Paris. Tout le monde allait la voir à Sainte-Geneviève; on assistait avec terreur à la lutte horrible qui se renouvelait chaque jour entre le démon et un capucin qui l'exorcisait, fort et ferme, en tirant des cris, des gambades, des grimaces à faire frémir. Le roi, qui avait la tête dure, avait peine à croire la chose; il y envoya ses médecins et les adjoignit aux prêtres pour examiner.

Il n'était que trop visible qu'on voulait du trouble, qu'on espérait exploiter, exalter le mécontentement de Paris. Les taxes ne diminuaient pas et ne pouvaient diminuer, quand Sully payait aux grands une centaine de millions, quand la guerre menaçait toujours. Des souffrances du passé restait un cruel héritage, la peste, qui éclatait de moment en moment. Un peuple nouveau de mendiants se montrait, les gens de guerre qu'on avait renvoyés *chez eux*, mais qui n'avaient pas de *chez eux*. On en voyait tous les jours des bandes dans la cour du Louvre. « Capitaines déchirés, maîtres-de-camp morfondus, chevau-légers estropiés, canonniers jambes de bois, tout cela entre en troupes par les degrés dans la salle des Suisses, en déclamant contre madame l'Ingratitude. L'officier portant la hotte et le soldat le hoyau, exaltent leur fidélité, montrent leurs plaies, racontent leurs combats et leurs campagnes perdues, menacent de se faire *croquants*, et sur la monnaie de leur réputation mendient quelque pauvre repas. »

Henri II et Henri III les logeaient dans les monastères. Henri IV, plus tard, leur créa l'hospice de la Charité, tard, bien tard, en 1606.

Jusque-là, ces ombres errantes, plaintives, mais redoutables, donnaient espoir à l'étranger, à la Ligue, vivante en dessous. Le roi voyait, sentait cela; l'agitation continuait, et il n'était point aimé.

Il tomba malade en octobre; il crut mourir. Ce n'était qu'un accès assez court de rétention d'urine; mais il en garda la fièvre. Cet homme, jusque-là si gai, devint très-mélancolique. « Tout me déplaît, » disait-il. Aveu qui ne fut pas perdu et fit croire que Gabrielle ne suffisait plus à le consoler.

Deux assassins étaient encore venus pour tuer le roi, l'un dominicain, de Flandre, l'autre capucin, de Lorraine.

Pourquoi plutôt à ce moment? On le comprit quand on sut que les Espagnols avaient fait le pas hardi de se jeter dans l'Empire, fourrageant, mangeant amis et ennemis; qu'enfin vers Clèves ils saisissaient les passages du Rhin.

Rien ne les eût favorisés plus que la mort d'Henri et celle de Maurice d'Orange. Celui-ci avait aussi son homme qui devait le tuer. La situation était la même qu'en 1584, quand le meurtre de Guillaume sembla briser la Hollande et donna carrière aux victoires des Espagnols.

L'homme que le légat Malvezzi dépêcha pour tuer le roi était, comme Jacques Clément, un pauvre petit misérable, un Flamand de faible tête qu'on grisait de la légende de Clément. On le montra à un Jésuite, qui haussa les épaules, et dit seulement : « Il est trop faible. » La plus grande difficulté était d'endurcir cet homme. Il était en route déjà à l'époque de l'abjuration du roi, et, quand il l'apprit, il ne voulut plus le tuer et jeta son couteau. Le légat eut beaucoup de peine à lui faire entendre que la conversion était fausse. Il repartit en 1598, mais fut arrêté, amené à Paris. Le roi en eut pitié ou craignit d'irriter Rome, le gracia. Il ne retourna pas à Bruxelles, mais alla en Italie. Là on l'endoctrina encore et on le fit rentrer en France. Il fut arrêté, condamné à mort avec l'autre assassin, le capucin de Lorraine.

Sismondi croit que le parlement procéda avec acharnement. Singulier anachronisme. Le parlement d'alors était mêlé de celui de la Ligue et des royalistes. Mais les ligueurs dominaient encore, et si bien, qu'ils modérèrent la question, de peur que ces accusés ne parlassent trop pour l'honneur de Rome.

La chose n'était que trop claire. Elle fit voir à Henri IV qu'il ne gagnait rien à tous ses ménagements. Jointe à l'affaire d'Allemagne, elle le

réveilla fortement. Il semble qu'elle l'ait guéri ;
il fut tout à coup un autre homme. La verte
vigueur béarnaise parut revenue. Il fit opérer
l'excroissance, comme pour monter à cheval. Il
se moqua des médecins, et Gabrielle redevint
enceinte en décembre.

Tout ce qui traînait au conseil et traînait au
parlement se trouva facile. Le roi simplifia tout,
supprima les impossibilités.

Il était impossible de marier Catherine, sa
sœur, protestante, avec un catholique, le duc
de Bar. Les évêques refusaient. Le roi fit venir
son frère bâtard, archevêque de Rouen, et les
maria d'autorité dans son cabinet.

Il était impossible de décider Marguerite à
consentir au divorce. On la menaça d'un procès d'adultère, et elle devint docile.

Il était impossible de faire enregistrer l'édit
de Nantes. Le roi fit venir le parlement et lui
lava la tête. Ce fut un discours très-vif, pour
la France et pour l'Europe :

« Avant que de vous parler de ce pour quoy je
vous ai mandés, je vous conterai une histoire.
— Après la Saint-Barthélemy, nous étions quatre à jouer aux dés sur une table. Nous y
vîmes des gouttes de sang. Nous les essuyâmes
deux fois, et elles revenaient pour la troisième.
Je dis que je ne jouais plus, que c'était un mau-

vais augure contre ceux qui l'avaient répandu. M. de Guise était de la troupe...

« Vous me voyez en mon cabinet, non avec la cappe et l'épée, mais en pourpoint, comme un père pour parler à ses enfants... Je sais qu'on fait des brigues au parlement, que l'on a suscité des prédicateurs factieux ; je donnerai ordre à ceux-là, et ne m'en attendrai à vous... Ne m'alléguez pas la religion catholique, je l'aime plus que vous ; vous croyez être bien avec le pape, et moi j'y suis mieux, et je vous ferai déclarer hérétiques... Est-ce que je ne suis pas le fils aîné de l'Église ? Pas un de vous ne peut l'être. »

A cette bouffonnerie, il ajoutait des choses fort graves « sur les criards catholiques, ecclésiastiques, » qui, disait-il, étaient à vendre ; sur les parlementaires eux-mêmes et leur avidité d'argent. Il les pinça sensiblement, en disant qu'il multiplierait leurs charges (et par là les ruinait). Enfin des menaces de mort, de combat, qui étonnèrent : « C'est le chemin qu'on prit pour en venir aux Barricades, à l'assassinat du feu roi ; mais j'y donnerai bon ordre. Je couperai la racine aux factions et prédications, en faisant *raccourcir* ceux qui les suscitent... Ah ! vous me voulez la guerre, et que je fasse la guerre à ceux de la Religion ! Mais je ne la leur ferai pas... Vous irez tous avec vos robes, comme les capucins de la Ligue, quand ils portaient le mousquet. Il vous fera beau voir... J'ai sauté sur des murs de ville; je sauterai bien sur des barricades. »

Le parlement enregistra.

Mais on comprenait très-bien que cet éclat, ces menaces de guerre, si étranges aux robes longues, avaient une autre portée. Deux choses visiblement l'animaient et lui remuaient son épée dans le fourreau : le procès des moines assassins et la guerre de l'Empire, la fureur des Espagnols. Ainsi, point de paix possible ni au dedans ni au dehors. Toujours le couteau suspendu. Son refuge eût été l'épée. Il eût été plus sûr de sa vie en pleine guerre, et il se fût moins ennuyé. Gabrielle, la chasse et le jeu ne suffisaient pas. Cet accès de mélancolie qu'il avait eu un moment, n'était-ce pas l'effet de la paix? Quand il dit si vivement qu'il sauterait *sur les barricades*, beaucoup déjà crurent le voir au grand poste de la France, sur la *barricade* du Rhin.

Il avait envoyé le protestant Bongars au landgrave et aux princes pour les encourager à se défendre. Les mettre ainsi en avant, c'était s'engager tacitement à les soutenir. Maurice d'Orange portait seul le poids de cette guerre terrible qui débordait maintenant sur l'Allemagne et devenait immense. Sa belle-mère, la princesse d'Orange, fille de Coligny, sortit de sa solitude et vint à Paris. Elle se déclara hautement pour le mariage de Gabrielle, craignant le mariage italien et croyant rattacher le roi à l'intérêt protestant.

Il faut savoir ce qu'était madame la princesse d'Orange. Grâce aux mémoires de du Maurier (petit livre d'or), nous connaissons parfaitement cette personne admirable, en qui une vertu accomplie apparaissait dans la tragique auréole des martyres.

L'amiral l'aimait, entre ses enfants, pour sa sagesse précoce, sa douceur et sa modestie. Il la maria à celui qui avait les mêmes dons. Quand elle demanda à son père lequel de ses prétendants il lui conseillait de choisir, il lui répondit : « Le plus pauvre. » Et il lui donna Téligny, ce jeune homme tant aimé que pas un catholique ne put tuer à la Saint-Barthélemy, et qui ne périt que par hasard.

Guillaume d'Orange se décida de même. Au dernier moment de sa vie, à l'apogée de sa gloire, au lieu de prendre pour femme quelque princesse d'Allemagne qu'il eût aisément obtenue, il demanda, épousa « la plus pauvre, » madame de Téligny, restée sans aucune fortune qu'un petit bien dans la Beauce, où elle vivait. Ce grand homme, tout près de la mort et entouré d'assassins, dans la fille de Coligny sembla appeler à lui l'image d'un meilleur monde. Un an s'était passé à peine, qu'il périt presque sous ses yeux.

Elle avait de lui un fils, qui fit ses premières armes sous Maurice d'Orange, fils aussi de Guillaume, mais du premier lit. Maurice, sombre et sauvage politique, homme de combat, d'affaires et d'ambition, ne voulait point de famille, point de femme et point d'enfant, de sorte que son jeune frère devait être son héritier. Il crut, pour cette raison, que sa belle-mère l'aiderait dans ses projets. Défenseur de la Hollande, il aurait voulu l'asservir. L'obstacle était Barneveldt, grand et excellent citoyen, le vieil ami de Guillaume d'Orange, l'ami de Maurice, son tuteur et son bienfaiteur. Maurice ne pouvait se faire maître qu'en lui passant sur le corps. De quel côté pencherait la princesse d'Orange? Elle fut pour Barneveldt, pour le droit et la liberté, contre sa famille, contre son beau-fils, contre les intérêts de son jeune fils, seul lien qu'elle eût sur la terre et qu'elle aimait uniquement.

Cela seul en dit assez. Mais cette vertu si haute, sans faiblesse, n'en était pas moins adoucie et embellie d'un charme singulier. Notre ambassadeur en Hollande, du Maurier, vieux politique, qui écrit longues années après ces événements, ne parle de cette dame qu'avec une émotion visible. Madame d'Orange était, dit-il, une petite femme très-bien faite, d'un teint animé, qui avait les plus beaux yeux; une parole douce et charmante, un raisonnement persuasif, un parfum d'honneur et d'estime que l'on sentait autour d'elle, une angélique bonté, la rendaient irrésistible. Tout d'abord, elle allait au cœur.

Ajoutez son père, son mari, ces grands morts tant regrettés qui avaient reposé leur esprit en elle et l'environnaient de leur ombre aimée; tout cela en faisait comme une chose sainte et une espèce d'oracle, une autorité de respect, d'amour.

Elle n'apparut guère que deux fois à la cour de France, et dans deux moments décisifs pour l'intérêt du royaume, la première fois pour aider au mariage français.

Grand renfort pour Gabrielle, véritable réhabilitation, d'avoir pour soi la vertu même, de trouver que la plus pure était en même temps la plus indulgente. Seulement madame d'Orange mettait l'affaire bien en lumière. Elle constatait que ce mariage était l'intérêt protestant, elle finissait l'incertitude. Le roi allait se fixer, désespérer les catholiques, qui probablement le tueraient. C'est ce qui faisait désirer à beaucoup d'amis du roi une solution contraire. S'il fallait que quelqu'un pérît, ils consentaient de grand cœur que ce quelqu'un fût Gabrielle.

Tout le monde savait, prévoyait l'événement, excepté le roi.

L'Espagne devait le savoir; un commis de Villeroy, comme on le découvrit plus tard, tenait Madrid au courant de tous les secrets du conseil et de la cour.

Le pape, si l'on en croit Dupleix, sut la mort de Gabrielle de façon surnaturelle au jour et à l'heure où elle arriva.

Nul doute que le grand-duc n'ait été le mieux informé. Il y avait intérêt. C'était l'homme de Gabrielle qui avait écarté les Italiens de nos finances. C'était elle qui fermait le trône à sa nièce. Ce prince n'en était pas à son premier assassinat. Encore moins l'empoisonnement, plus discret, lui répugnait-il.

Gabrielle paraît avoir très-bien senti elle-même qu'il y avait trop de gens intéressés à sa mort, et qu'elle n'échapperait pas. Ses astrologues lui disaient ce qu'on pouvait lire, du reste, sur la terre aussi bien qu'aux astres : qu'elle mourrait jeune, ne serait point reine.

Au milieu des assurances les plus tendres que lui pouvait donner le roi, elle restait pleine de crainte et inconsolable; elle pleurait toutes les nuits.

Le roi lui avait donné des présents tels qu'une reine pouvait seule les recevoir, ceux qui lui avaient été offerts à lui-même par nos villes, le plat d'or où il reçut les clefs de Calais, et les offrandes solennelles de Lyon, de Bordeaux.

On lui avait fait ses habits de noces. Et ses robes cramoisies (couleur réservée aux reines) l'attendaient déjà chez sa tante.

Le roi lui avait donné un don singulier, l'anneau même « dont il avait épousé la France » à son sacre. (Fréville, *Inventaire*.)

Elle avait de son hôtel avec le Louvre une communication. Elle eut la fantaisie de coucher dans le Louvre même, et le roi lui donna le grand appartement que les reines seules avaient occupé. Elle y coucha, mais elle n'osa rester, soit qu'elle eût peur de se nuire par le scandale de cette audace, soit que la grande maison vide où le roi ne venait guère que pour affaire officielle, palais déserté des Valois, l'effrayât de sa solitude, et qu'elle ne dormît pas bien sur l'oreiller où Catherine médita la Saint-Barthélemy.

Pâques approchait, moment critique pour la

maîtresse du roi. L'arrangement était tel dans notre ancienne monarchie : cette semaine était la part du confesseur. La maîtresse devait s'éloigner, les amants se séparer, faire cette petite pénitence, pour se réunir après. Le confesseur d'Henri IV, l'ex-curé des halles, bonhomme fort modéré, insistait cependant pour que Gabrielle partît de Fontainebleau, allât à Paris. C'était l'usage, et lui-même, d'ailleurs, avait ses raisons pour se montrer ferme. On le croyait protestant. Il avait publié une version de l'Ancien Testament qu'on disait celle de Genève. Le roi voulait le faire évêque, mais Rome lui refusait les bulles. On lui fit croire apparemment que ses bulles ne viendraient jamais s'il ne donnait cette satisfaction à la religion, à la décence, de les empêcher de communier en péché mortel, et d'obliger Gabrielle d'aller à Paris.

Elle résista de son mieux. Paris l'effrayait. Elle allait y être seule. Sa tante n'y était pas. La sœur du roi avait suivi son mari dans son duché. La princesse d'Orange partait pour faire la cène au château de Rosny et tâcher de gagner Sully.

La ville était fort émue. Le parlement avait été forcé d'enregistrer l'édit de Nantes. Le roi avait menacé de *raccourcir* les prêcheurs d'assassinat. Le samedi 3 avril, veille des Rameaux, on avait exécuté deux moines en Grève, les deux assassins du roi. Chose plus grave, s'il est possible, dans l'affaire de Sainte-Geneviève, où le roi avait mis en face les médecins contre les prêtres, les médecins avaient décidé hardiment que l'affaire de la possédée n'était point surnaturelle. Bien plus, ils l'avaient fait taire, l'avaient contenue, si bien dompté le diable en elle, qu'elle n'osa plus remuer, devint un véritable agneau, fit ses pâques comme les autres. De là des risées; d'autre part, une rage d'autant plus furieuse, qu'elle ne pouvait s'exhaler. Les choses en resteraient-elles là? le diable se tiendrait-il pour battu? Il n'y avait pas d'apparence. Il pouvait se revenger par quelque coup imprévu, terrible, comme avait été la mort de madame de Montmorency!

« Eh quoi? ne suis-je pas roi?... Qui oserait? » C'est certainement ce qu'Henri IV répondait aux larmes, aux terreurs de Gabrielle. Dans un autre temps, elle eût opposé une invincible résistance, et le roi eût tout bravé pour lui éviter le moindre chagrin; mais alors, quoique fort aimée, elle doutait, elle craignait. Elle obéit, en épouse soumise, avec un torrent de larmes. Le roi expliquait le tout par l'état nerveux de faiblesse où sa grossesse (de quatre mois) la mettait probablement. Elle fit un adieu en règle, lui recommandant ses enfants, ses serviteurs, sa maison de Monceaux, et disant ce qu'elle voulait qu'on fît après sa mort.

Le roi, attendri lui-même, la quitta le plus tard possible. Il la suivit jusqu'à Melun avec toute la cour. Il se tenait à cheval à côté de la litière où on la portait. Elle devait s'y mettre en bateau, pour descendre doucement la Seine. Il y eut là un grand combat ; ils pleuraient, se séparaient, mais se rappelaient toujours. Enfin, il s'affermit un peu, la confiant à son fidèle la Varenne, et lui donnant de plus Montbazon, son capitaine des gardes, qui devait la suivre partout et en répondre corps pour corps. Un jeune homme, Bassompierre, rieur et quelque peu fou, par le droit de ses vingt ans, sauta aussi dans le bateau, voulant l'amuser, la distraire. Moins léger toutefois qu'il ne paraissait, il ne resta pas avec elle. Il la laissa à la Varenne et revint auprès du roi.

C'était le lundi 5 avril, premier jour de la semaine sainte. Elle descendit près l'Arsenal, et, sans traverser Paris, se trouva du premier pas dans la maison de Zamet, qui était sous la Bastille, dans la rue de la Cerisaie. Logis quelque peu étrange pour la petite pénitence qu'elle était censée faire dans ce moment sérieux. Mais elle n'osait descendre à son hôtel voisin du Louvre, d'où il eût fallu communier en grande pompe et à grand bruit, au milieu des malveillants, dans la paroisse royale, à Saint-Germain-l'Auxerrois. De chez Zamet, au contraire, la paroisse était Saint-Paul, près la maison professe des Jésuites. Là, elle pouvait faire sa communion, en pleine tranquillité et hors de la foule, toutefois au su du public et dans une notoriété suffisante.

Sully raconte lui-même qu'il alla la voir chez Zamet avant de partir pour Rosny. Elle fut fort tendre pour lui, fort touchante, le priant de croire qu'elle l'aimait et pour lui-même et pour les grands services qu'il rendait au roi et à l'État, l'assurant qu'elle ne ferait rien désormais que par son conseil. Il fit semblant de la croire, et lui envoya même madame de Sully pour prendre congé d'elle, ce qui ne fit qu'envenimer les choses. La pauvre créature, voulant plaire, lui dit qu'elle serait sa meilleure amie et la verrait toujours volontiers à ses *levers et couchers*. Mais la dame, toute gonflée de sa petite noblesse et du grand crédit de Sully, arriva à son château de Rosny fort en colère. Son mari la calma et la rassura, lui disant que les choses n'iraient pas comme on croyait, « qu'elle verrait un beau jeu, bien joué, si la corde ne rompait. » Il savait visiblement ce qui allait se passer.

Voyons le lieu de la scène, cette maison de confiance où Gabrielle est descendue.

Ce que les grands seigneurs ont plus tard tant pratiqué, tant prisé, la *petite maison* de plaisir, Zamet semble le premier l'avoir conçu et organisé. Ce fut une spéculation. Au milieu du Paris de la Ligue, devenu rude et barbare, un logis à l'italienne, dans la tradition d'Henri III, devait avoir une grande attraction sur son successeur. Luxurieux et économe, Henri IV n'aurait jamais dépensé ce qu'il fallait pour arranger dans ce goût de volupté raffinée les grands appartements du Louvre et ses galetas solennels. Il trouvait fort agréable et il croyait moins coûteux de s'établir par moments dans ce joyeux hôtel Zamet, où il jouait et faisait gratis toutes ses fantaisies; Zamet avait trop d'esprit pour jamais demander rien.

Il avait bâti, meublé, paré exprès ce bijou, dans un beau quartier à la mode, étendu et aéré, celui que l'on commençait sur l'emplacement de l'hôtel Saint-Pol, l'ancien Versailles des Valois. La *Cerisaie*, ou verger de nos anciens rois, qui donna son nom à la rue, devint en partie le jardin de l'hôtel Zamet.

Ceux qui entraient à Paris par la porte

Saint-Antoine, splendidement ornée par Goujon, dans cette grande rue des tournois, des triomphes, des *entrées* des rois, voyaient à droite se bâtir la place royale d'Henri IV, à gauche un haut mur en contraste avec les façades brillantes des hôtels voisins. Ce mur était la discrète enceinte du jardin Zamet, dont l'hôtel, assez reculé, loin de s'ouvrir sur la belle rue, lui tournait le dos. Ainsi les maisons d'Orient et certains palais d'Italie ne montrent que leurs défenses et cachent leurs charmes intérieurs. Il fallait se détourner, passer par une petite rue et entrer dans une impasse. Là, dans un lieu plein de silence et comme à cent lieues de la ville, une vaste cour laissait voir les légers portiques, les galeries du joli palais, ses terrasses et promenades aériennes qui dominaient le jardin.

Le tout petit et sans emphase. Mais, à droite, à gauche, des cours et des bâtiments secondaires donnaient l'ampleur et les aisances variées d'une villa de Lombardie, tandis que l'exquise coquetterie des appartements secrets rappelait la recherche extrême des petits palais de Venise. Tout ce que la vieille Italie a su des arts de volupté y était, le solide aussi des jouissances du Nord. Aux sensualités des bains et des étuves parfumées, le maître ajoutait l'attrait d'une savante cuisine; il s'en occupait, il la surveillait, il servait lui-même. Sa gloire était de faire dire : « On ne sait manger que chez Zamet. »

Tel fut ce lieu de pénitence où Gabrielle fit sa retraite. On peut croire que l'hôte empressé n'oublia rien pour calmer, rassurer ce cœur ému. Une princesse était à Paris, une seule, mademoiselle de Guise, qui avait cru quelque temps épouser le roi. Elle n'aimait guère Gabrielle, et elle a plus tard écrit un petit roman (*Alcandre*) très-hostile à sa mémoire. Mais alors elle espérait que la toute-puissante maîtresse lui ferait trouver par le roi ce que sa conduite légère paraissait rendre introuvable : un mariage, un prince assez sot pour la couvrir de son nom. Donc elle flattait fort Gabrielle, jusqu'à porter de préférence des robes semblables aux siennes, comme si elle eût été sa sœur. Elle l'amusait de médisances. Elle vint vite à l'hôtel Zamet, s'empara d'elle pour la conduire partout et se faire surintendante de ses dévotions. Elle voulait être la première auprès de la future reine, ou peut-être surprendre contre elle quelque chose qui pût lui nuire de ses anciennes galanteries.

Gabrielle, faible, triste, enceinte, se laissa faire, trouvant doux d'être entourée par une femme. Si flottante de croyance, elle allait faire encore une profession solennelle de cette religion à laquelle elle était attachée bien peu. Et d'autant plus faible était-elle, plus charmée de cette compagnie galante et mondaine qui ne lui permettait pas un seul moment sérieux.

Elle se confessa le mercredi, très-probablement, et dut communier le jeudi, avec son édifiante compagne. Elle dîna à merveille, dans sa satisfaction d'être quitte de ce devoir. Zamet empressé lui servit toutes les friandises qu'il savait lui plaire. De là, on la prit en litière, de peur qu'étant en carrosse elle ne sentît trop les secousses du pavé. Des dames suivaient, mais en voiture. A côté de la litière marchait le capitaine des gardes qui répondait de sa sûreté.

Elle n'alla qu'à deux pas, dans la rue voisine, à une chapelle de chanoines réguliers de Saint-Augustin, qu'on appelait le Petit-Saint-Antoine. Petite église, en effet, mais qui attirait la foule par une excellente musique. On lui avait arrangé une tribune réservée, pour qu'elle ne fût pas pressée. Elle y entendit ténèbres, et, sans doute pour que ce chant sombre ne lui fît pas d'impression, mademoiselle de Guise lui montra des lettres de Rome où l'on disait que le divorce allait être prononcé. Elle avait même eu l'adresse, pour mieux faire sa cour, de prendre au passage deux billets fort tendres que le roi avait écrits à Gabrielle coup sur coup, dans un même jour. Et ce fut dans cette tribune qu'elle lui en donna l'aimable surprise.

Cependant Gabrielle se sentait un peu éblouie. Elle sortit, revint chez Zamet et fit quelques pas au jardin. Mais là, elle tomba frappée, perdit connaissance.

Au bout d'une heure où rien n'indique qu'on ait essayé de la secourir, ni d'appeler les médecins, elle ouvrit les yeux, et dit violemment : « Tirez-moi de cette maison. »

Elle voulait se faire porter chez madame de Sourdis, et de là au Louvre même, se réfugier chez le roi, — apparemment pour y mourir, puisqu'elle n'avait pas pu y vivre.

Zamet ne la suivit pas. Mademoiselle de Guise ne la suivit pas. Nulle femme. La tante était absente, et tout s'éloignait de terreur. Le seul qui resta, ayant promis au roi de ne pas la quitter, ce fut la Varenne. Il se trouva constitué, dans cette maison déserte, seule dame et seule garde-malade, femme de chambre et sage-femme. A chaque convulsion violente, il la tenait dans ses bras.

Les crises furent fréquentes, terribles. Il fit appeler la Rivière, premier médecin du roi, astrologue, homme d'esprit, qu'aimait la duchesse, ni protestant, ni catholique. Il avait étudié chez les Maures, vécu beaucoup en Espagne. On le tenait pour fort suspect. Il venait de faire une chose hardie en déclarant, comme médecin, que Marthe n'était pas possédée. On aurait été charmé de le perdre. Il le sentit, et n'osa rien ordonner à la malade. On eût tout rejeté sur lui et dit qu'il l'avait tuée. Il s'excusa sur la grossesse, ne pouvant rien faire, disait-il, à une femme enceinte, sans blesser ou elle ou son fruit. Il laissa agir la nature et la regarda mourir.

Cela fut long. En pleine force, animée d'un désir terrible et désespéré de vivre, elle lutta quarante heures, avec des accès, des transports, des mieux, des rechutes cruelles. Si peu soignée, si mal gardée, elle appelait son gardien naturel, son unique protecteur, le roi. Trois fois, dans les intervalles, elle fit l'effort de lui écrire. Et la première lettre parvint; mais on ne dit rien des deux autres. Comme elle avait encore sa tête, pour porter cette première lettre elle s'était procuré un homme qu'elle croyait sûr, un certain Puypeyroux. Elle priait le roi de lui permettre de retourner par bateau à Fontainebleau, pensant qu'il viendrait lui-même. A ce mot, la Varenne en joignit un de sa main, mais apparemment peu pressant, puisque le roi crut d'abord qu'il s'agissait de quelque petit accident ordinaire aux femmes enceintes. Cependant il monta à cheval, ayant dit à Puypeyroux de courir devant et de lui faire tenir prêt le bac des Tuileries, pour que, sans entrer dans Paris, il passât du faubourg Saint-Germain au Louvre. Il paraît que ce Puypeyroux, entre le roi fort pressé et la Varenne peu pressant, commença à réfléchir; il craignit de déplaire à la Varenne, et alla si lentement, que le roi, parti plus tard, le rejoignit bientôt en route et le gronda fort.

Le roi était à quatre lieues; il allait être à Paris en une heure de galop ou une heure un quart, quand il reçut à bout portant un billet qui l'arrêta court; autre billet de la Varenne... Elle est morte, et tout est fini.

Foudroyé, on le fit entrer dans une abbaye qui était voisine. Il se jeta sur un lit.

Mais il se releva bientôt, disant avec force qu'au moins il voulait la voir morte et la serrer dans ses bras.

La chose avait été prévue. Il trouva à point M. Pomponne de Bellièvre, grave magistrat, qui, de sa parole infiniment froide et douce, l'arrêta, disant que la chose était malheureusement inutile, qu'il ferait causer le public, que le monde avait les yeux sur lui...

Non moins à point était là un carrosse de Paris, envoyé exprès. On y mit le roi. Les bons serviteurs crièrent : A Fontainebleau. Et il tourna le dos à Paris, pleurant celle qui vivait encore.

Elle vivait. S'il eût persisté, il la revoyait, recueillait sa dernière parole, lui promettait de faire justice.

D'où savez-vous qu'elle vécût? dira-t-on. De la Varenne même, lequel a écrit ces deux choses : 1° qu'il dit qu'elle était morte; 2° qu'elle ne l'était pas.

Lui-même les écrit à Sully, donnant ce ridicule prétexte : « La voyant tellement défigurée, de crainte que cette vue ne l'en dégoûtât pour jamais, si elle en revenait, je me suis hasardé (pour lui éviter trop grand déplaisir) d'écrire que je le suppliais de ne venir point, *d'autant qu'elle étoit morte.* »

Certes, les coupables, quels qu'ils fussent, eurent à remercier beaucoup cette prudence de la Varenne.

Il ajoute : « Et moi, je suis ici, tenant cette pauvre femme *comme* morte entre mes bras, *ne croyant pas qu'elle vive encore une heure.* »

Ce qui est curieux, c'est que le drôle, peu rassuré toutefois sur le succès de son audace, et craignant d'être enveloppé dans la punition de Zamet, si l'on en vient à une enquête, prend déjà ses précautions pour se séparer de son camarade. Il en parle même assez mal, remarquant qu'à ce bon dîner « Zamet l'avait traitée de viandes friandes et délicates, qu'il savait être le plus selon son goût, *ce que vous remarquerez avec votre prudence,* car la mienne n'est pas assez excellente pour présumer des choses dont il ne m'est point apparu. » Cette parole le couvrait. Si on le disait complice de Zamet, il pouvait répondre : « Au contraire, le premier j'ai émis des doutes dans une lettre à M. de Sully. »

Cependant, au milieu du trouble, dans cette maison sans maître, qui voulait entrait, sortait. On voyait, non sans terreur et non sans signes de croix, ce spectacle inattendu, la plus belle personne de France devenue tout à coup hideuse, effroyable, les yeux tournés, le cou tors et retourné sur l'épaule. Personne n'avait l'idée que ce mal fût naturel; beaucoup se disaient : « C'est le diable! » Explication qui venait fort à point pour le médecin, à point pour tous ceux qu'on eût accusés. Le médecin ne manqua pas d'en profiter, et, s'en allant, jetant au cadavre un dernier regard, il dit ce mot, qui lavait tout : *Hic est manus Dei.* »

Elle ne fut pas administrée et « mourut comme une chienne, » mot cruel qu'en pareil cas dit toujours le peuple dévot. Quelques-uns, des plus charitables, hasardaient pourtant de dire que, comme elle avait communié récemment, son âme était en bon état. Libre à ses ennemis de croire, s'ils voulaient, que cette communion en péché mortel avait tourné à sa condamnation et l'avait livrée à la fureur meurtrière du malin esprit.

Elle avait été ouverte, et on lui avait trouvé son enfant mort. Sa tante de Sourdis, arrivée trop tard, ne put que la rhabiller, la mettre sur un lit de parade en velours rouge cramoisi à passements d'or (ornement propre aux seules reines), avec un manteau de satin blanc.

Cruel contraste d'une si éblouissante toilette avec cette face terrible qu'on eût crue morte d'un mois. Les portes étaient ouvertes; vingt mille personnes y vinrent et défilèrent près du lit. Plusieurs furent touchés et dirent des prières. Beaucoup rêvaient sur cette énigme et faisaient maintes conjectures. Les parents n'en firent pas une. Muets et n'accusant personne, ils craignirent de se faire trop forte partie et laissèrent cette affaire à Dieu.

Ceux qui s'étaient attachés à elle, à cette maison, étaient fort tristes et se voyaient tomber à plat. Le vieux Cheverny, qui, pour plaire, avait fait le jeune et l'amant auprès de la tante, fut inconsolable, non pas de la mort, mais de sa sottise et de son imprévoyance. Il en fait, dans ses mémoires, une froide lamentation.

Grande joie au contraire à Rosny. Elle mourut vers le matin du samedi; mais, dès le vendredi soir, la Varenne avait envoyé à Sully un messager qui arriva avant le jour. Sully embrassa sa femme, qui était au lit, et lui dit : « Ma fille, vous n'irez point aux levers de la duchesse. La corde a rompu... Maintenant que la voilà morte, Dieu lui donne bonne vie et longue ! » Et sur cette belle plaisanterie, il partit pour Fontainebleau.

Le roi, rentrant, vendredi soir, dans ce palais tout plein d'elle, maintenant désolé et désert, avait renvoyé la cour et gardé seulement quelques familiers. Et encore par moments il s'enfermait seul. Cette solitude inquiétait. En attendant que Sully vînt, on hasarda des tentatives de consolation. D'abord un vieux camarade de guerre, Fervacques, braque et cerveau brûlé, fit une pointe près du roi et lança ce mot hardi : « Vous voilà bien débarrassé ! »

Alors le duc de Retz (Gondi), fin et spirituel, sourit, soupira, dit avec douceur qu'après tout, en songeant à ce que Sa Majesté eût fait sans cela, on était obligé de dire que Dieu lui avait fait là une grande grâce.

Le soir enfin (du samedi), à six heures, Sully arriva dans toute l'austérité de sa figure huguenote, et, quand le roi l'eut embrassé, sans blesser de front sa douleur, il se mit à exalter « les œuvres émerveillables de Dieu, » qui (dit le psaume), en sa sagesse, fait bien mieux que nous ne voulons. Mais il n'acheva pas le psaume, se fiant à la mémoire du roi.

Le roi écoutait sans rien dire et le regardait fixement; et sans doute il était frappé de cet accord d'opinion, tout le monde, les sages et les fous, le félicitant au lieu de le plaindre. Il fit quelques pas dans la galerie, remercia Sully et dit qu'il lui savait gré de ses ménagements. Ceux qui le virent sortir ensuite de la galerie le trouvèrent beaucoup moins triste. On jugea qu'une douleur si résignée et si douce ne tournerait pas à l'orage. Les intéressés respirèrent.

Il porta le deuil en noir, contre l'usage des rois, qui le portent en violet. Il le garda trois mois entiers. Il envoya toute la cour au service, qui se fit à Saint-Germain-l'Auxerrois. Il reçut les compliments de condoléance des ambassadeurs, et, ce qui étonna le plus, ceux du parlement, qui envoya à Fontainebleau une députation solennelle.

Mais de recherche, d'enquête sur la mort, pas le moindre mot. Soit qu'il eût peur de trouver plus qu'il ne voulait, de troubler son entourage, et craignît l'ébranlement d'une si terrible affaire, il reprit ses habitudes, s'entoura des mêmes gens.

Il écrivait peu après ce mot expressif : « La racine de mon cœur est morte et ne rejettera plus. »

Mot vrai, quoique les habiles aient trouvé moyen de le relancer bientôt dans de nouvelles galanteries. Il reprit la passion qui était sa vie, par ses pointes, ses agitations ou ses éblouissements. Mais ce n'était plus Gabrielle, cette pleine saveur d'amour où son cœur s'était reposé.

On lui donna une maîtresse, on lui donna une femme, cette Marie de Médicis que les papes, l'Europe et la cour avaient voulu lui imposer. Elle arriva belle d'argent et des écus de son oncle. Le roi (sa lettre à la Chambre des comptes en témoigne) lui donna, par économie, les diamants de Gabrielle, ce qui, dit-il judicieusement, « nous a épargné autant de dépense. »

Que devint le joyeux Zamet? Plus que jamais en faveur, il engraissa notablement, mais, par prudence, n'acheta jamais pour un sou de terre en France. Il n'eut d'autre fief que sa caisse, qu'il intitulait hardiment le *Mont-de-piété des rois*. Il resta toujours léger, mobile et le pied levé.

La Varenne s'immortalisa par une fondation pieuse. Devenu, par la grâce du roi, seigneur de la Flèche, il fit de cette petite ville une affaire fort importante et fort lucrative par l'église et le collége qu'il obtint pour elle, établissements qui y attirèrent du monde et au bon seigneur de gros revenus. Une telle cage voulait des oiseaux. La Varenne veillait le moment, En l'année 1603, le roi étant très-affaibli, malade au printemps, malade à l'automne, et quelques jours seul à Rouen, il ne manqua pas son coup : il lui fit signer, entre deux diarrhées, le rappel des Jésuites en France.

CHAPITRE III.

Henriette d'Entragues et Marie de Médicis. — 1599-1600.

Le grand flatteur de l'époque, dont le magique pinceau eut pour tâche de diviniser les reines et les rois, Rubens a succombé, il faut le dire, devant Marie de Médicis. Dans la galerie allégorique qu'elle lui fit peindre à sa gloire, il a beau se détourner vers ses rêves favoris, les jeunes et poétiques beautés de déesses ou de sirènes; il lui faut bien retomber au pesant modèle qui le poursuit de tableau en tableau. La *Grosse Marchande* à Florence, comme nos Françaises l'appelaient, fait un étrange contraste à ces fées du monde inconnu.

La magnifique *Discorde*, palpitante sous ses cheveux noirs, dont le corps ému, frémissant, est resté à jamais classique ; la *Blonde,* le rêve du Nord ; la charmante *Néréide,* pétrie de tendresse et d'amour : toute cette poésie est bien étonnée en face de la bonne dame. Assemblage splendide et burlesque. La fiction y est animée, et d'une vie étincelante ; l'histoire et la réalité n'y sont que prose et platitude, un carnaval d'histrions et de faux dieux ridicules, un empyrée de Scarron.

Marie de Médicis, qui avait vingt-sept ans quand Henri IV l'épousa, était une grande et grosse femme, fort blanche, qui, sauf de beaux bras, une belle gorge, n'avait rien que de vulgaire. Sa taille élevée ne l'empêchait pas d'être fort bourgeoise et la digne fille des bons marchands ses aïeux. Même son père, son oncle qui la maria, tout princes qu'ils étaient (par diplôme), n'en faisaient pas moins le commerce et l'usure.

D'italien, elle n'avait que la langue ; de goût, de mœurs et d'habitudes, elle était Espagnole ; de corps, Autrichienne et Flamande. Autrichienne par sa mère, Jeanne d'Autriche ; Flamande par son grand-père, l'empereur Ferdinand, frère de Charles-Quint. Donc, cousine de Philippe II, de Philippe III, de ces rois blêmes et blondasses, aux yeux de faïence, tristes personnages que Titien et Vélasquez gardent encore sur leurs toiles dans toute la triste vérité.

Elle était née en pleine réaction jésuitique. Sa mère, Jeanne d'Autriche, fut une de ces filles de l'Empereur qui créèrent et patronnèrent les Jésuites en Allemagne, fondèrent leurs colléges, leur mirent en main les enfants des princes et de la noblesse. La première et la seule chose que Marie demanda au roi, à son débarqué en France, fut d'y faire rentrer les Jésuites.

Deux choses la rendaient désirable, non au roi, qui s'en souciait peu, mais désirable aux ministres : c'était l'argent, la grosse somme que son oncle Ferdinand consacrait à cette affaire, à l'alliance de France; et, d'autre part, l'espérance que cet oncle donnait à nos politiques, de leur faire un pape du parti français. Les Médicis, qui jadis avaient fourni à l'Église Léon X et Clément VII, récemment avaient fait deux papes par leur influence, Grégoire XIII et Sixte-Quint. Le pape régnant, Clément VIII, s'il n'était pas homme des Médicis, était du moins Florentin, et désignait comme son successeur probable un Médicis, le cardinal de Florence (Léon XI), qui, en effet, eut un moment la tiare.

Politique, au fond, assez pauvre, qui déjà avait trompé François Ier quand, pour acquérir l'alliance viagère de Clément VII, il prit sa nièce, Catherine. Il n'y avait pas de loterie qui trompât plus que celle-là. Qu'apportait le pape à nos rois? L'amitié d'un moribond qui leur tournait dans la main. On fit faire la même faute à Henri IV, lui imposant cette nièce du grand fabricateur de papes. On lui fit jeter un argent immense dans la préparation coûteuse de l'élection d'un Médicis, qui fut pape pendant vingt jours!

Je croirais, en conscience, que ce mariage italien fut une punition de Dieu pour l'ingratitude du roi à l'égard de l'Italie.

Quelle puissance l'avait reconnu la première à son avénement douteux? Venise, qui manifesta pour lui tant d'enthousiasme et vint jusqu'en France témoigner par une solennelle ambassade l'estime et les vœux de l'Europe. Il n'en tourna pas moins le dos à Venise, quand elle le priait de soutenir Ferrare contre le pape, qui la réunit au saint-siége. Ferrare, petite puissance, mais fort militaire, renommée pour l'artillerie. Ses ducs, célébrés par le Tasse, étaient une des dernières forces qui, la France aidant, pût soutenir l'Italie. Ce dernier souffle italien, qui l'éteignit? Hélas! la France. Henri IV paya ainsi son absolution. Il n'avait pas encore, il est vrai, la paix avec les Espagnols. Mais, quelles que fussent les velléités françaises de Clément VIII, donner un État à la papauté, à l'impuissance, à la mort, c'était en réalité, fortifier les Espagnols, qui, bon gré, mal gré, dominaient le pape. Soutenir Venise, au contraire, au moins de parole et de négociations, lui sauver son alliée, Ferrare, c'était faire craindre aux Espagnols les résistances italiennes, et d'autant plus puissamment leur faire désirer la paix.

Comment fit-on croire au roi que, pour être fort en Italie, il lui fallait s'appuyer sur ce qui y change sans cesse, sur un souverain viager, une puissance de vieillards, dont la volonté personnelle était par moment française, mais dont la cour, le conseil était et ne pouvait être que catholique, donc espagnol? Un pape français d'inclination était un très-mauvais pape, dominé par le temporel, et disposé à s'arracher de la ferme base de la papauté, qui était l'Espagne. Qui brûlait encore? L'Espagne. Qui persécutait les Maures, jusqu'à en chasser un million? L'Espagne. Nul pays n'eût été alors assez fou pour faire cela.

Cette sottise de jeter la France dans une politique papale réussit par l'ardent concert des parvenus de l'époque, des abbés gascons, intrigants, menteurs, dont la cour était infestée, qui rêvaient les prélatures, le chapeau, et tous travaillaient, d'accord avec la finance italienne et les banquiers de Florence, à mettre dans la tête du roi qu'il ferait pape un Florentin, et par lui mènerait l'Europe. Les du Perron et les d'Ossat le faisaient toujours regarder vers Florence et Rome. Était-il dupe? je ne sais. Mais cet homme de tant d'esprit, de courage, qui ne craignit jamais les épées, craignait le couteau ; il voulait extrêmement vivre, et s'imaginait qu'il serait plus en sûreté s'il avait le pape pour ami, mieux encore, s'il faisait les papes.

Le mariage florentin l'acheminait vers ce but. Que le roi l'aimât ou non, il devenait sûr. C'était une affaire de temps. Comment employer ce temps? Il fallait une maîtresse qui fît gagner quelques mois, détournât la pensée du roi et servît comme d'éponge à laver et faire disparaître l'image de Gabrielle.

Fontainebleau, plein de celle-ci, et qui l'eût rappelée toujours, n'était pas tenable. Mais le Midi remuait. A la grande joie des courtisans, le roi leur dit un matin : « Messieurs, montons à cheval ; j'ai envie de manger cet été des melons de Blois. »

Dans le passage ennuyeux de la grande plaine de Beauce, quelqu'un lui dit qu'il devrait bien s'arrêter au joyeux château de Malesherbes, où M. d'Entragues, qu'on appelait le roi d'Orléans (successeur de Charles IX, comme époux de Marie Touchet), tenait sa petite cour.

Qui dit cela ? Soyez-en sûr, nul autre que

Fouquet la Varenne. Ce serviteur incomparable, unique comme chasseur de femmes et dénicheur de beautés, avait trouvé pour son maître la plus jolie fille de France.

La mère, la Marie Touchet, l'unique amour du roi tragique, qui, dit-on, chercha en elle l'oubli de la Saint-Barthélemy, Marie Touchet était Flamande d'origine, mais très-affinée, très-lettrée ; née dans la ville des disputes, Orléans, puis transportée à la cour italienne de Catherine de Médicis. Elle lisait (chose rare alors), non pas telle traduction d'Amadis, mais le livre de Charles IX, les *Grands Hommes de Plutarque*, dans la belle version d'Amyot.

Cette dame, fière de ce grand et sombre souvenir, quoique peu noble elle-même, non sans peine, était descendue à épouser un seigneur, le premier du pays, Entragues, gouverneur d'Orléans. Son fils, qu'elle avait eu de Charles IX, et qui se trouvait neveu d'Henri III, la rendait fort ambitieuse. Elle visait haut pour ses filles, les gardait admirablement, mieux qu'elle ne fit pour elle-même. Sa sévérité maternelle était passée en légende. On contait qu'un de ses pages s'étant un peu émancipé du côté des demoiselles, elle l'avait virilement poignardé de sa propre main.

Ses filles avaient besoin d'être bien gardées.

Elles avaient l'esprit du diable. L'aînée, Henriette, était une flamme. Vive, hardie, un bec acéré. Des rencontres et des répliques à faire taire tous les docteurs. Elle ne lisait pas d'histoire ; elle était trop fine et trop disputeuse. Il lui fallait de la théologie, mais aiguë, subtile, les *concetti* africains de saint Augustin. Cette dangereuse créature, avec cela, était très-jeune, svelte et légère, en parfait contraste avec la défunte, avec la beauté bonasse, ample déjà, de Gabrielle.

Qu'elle fût belle, cela n'est pas sûr ; mais elle était vive et jolie. Le roi, qui croyait seulement s'amuser et rire, fut pris. La fine langue, maligne et rieuse, ne ménageait rien, et pas plus le roi. Son cœur malade, blasé, et qui se croyait fini, revécut par les piqûres. Il la trouva amusante, puis charmante. En réalité, il n'avait rien vu, et ne vit rien de plus français.

La perle était mal encadrée. Le père était un brouillon, un homme perdu, et le frère un scélérat. Le roi les connaissait si bien, qu'il avait chargé Sully de les chasser de Paris ; mais, si telle était la famille, c'était le malheur d'Henriette, non sa faute ; elle était mineure, et n'avait que dix-huit ans. Tout le monde est tombé sur cette fille. On verra les crimes réels où l'entraîna sa famille. Mais les premières noirceurs qu'on lui attribue ne sont guère attestées, comme les fautes de Gabrielle, que par leur ex-rivale, mademoiselle de Guise, princesse de Conti, et par son roman d'*Alcandre*.

Je m'en tiendrai uniquement aux lettres du roi, aux mémoires de Sully, à la correspondance du cardinal d'Ossat.

D'Entragues exploita honteusement sa fille mineure, la vendit, le 11 août 1599, pour le marquisat de Verneuil. Mais il ne la livra pas, exigeant encore du roi une somme de cent mille écus. L'argent payé, le marchand ne la livra pas encore, jusqu'à ce qu'il eût fait faire au roi ce bel écrit : « M. d'Entragues nous donnant à compagne mademoiselle Henriette, sa fille, en cas que, dans six mois, elle devienne grosse et accouche d'un fils, alors et à l'instant nous la prendrons à femme. De Malesherbes, 1er octobre 1599. Henry. »

Nous avons l'acte authentiqué par deux secrétaires d'État (*Lettres*, V, p. 227). Pour le courage de Sully, qui prétend l'avoir déchiré, je le trouve bien douteux.

Nos ministres laissaient le roi jouer au mariage avec sa maîtresse, mais n'en persévéraient pas moins dans l'idée du mariage politique et financier, qui, selon eux, outre l'argent, allait nous créer par le pape et le grand-duc une influence en Italie.

La grande affaire était Saluces, cette porte de l'Italie, que le duc de Savoie, dans la crise de la Ligue, avait enlevée à la France : affaire religieuse autant que politique, Saluces ayant été jadis un refuge des Vaudois et des protestants italiens. Henri IV, puissant et vainqueur, ne pouvait tolérer cette usurpation qu'avait dû subir Henri III.

En décembre 1599, le duc de Savoie fit la démarche inattendue de venir à Fontainebleau. Ce prince inquiet, brouillon, mal fait, malfaisant, avait un démon en lui. Sa personne était étrange, comme son singulier empire, bossu de Savoie, ventru de Piémont. Et l'esprit : comme le corps il semblait gonflé de malices, travaillé dans sa petitesse d'un besoin terrible de s'étendre, de grandir et de grossir. Il avait hypothéqué sa fortune sur son mariage, ayant eu l'insigne honneur d'épouser une fille de Philippe II. Mais celui-ci, qu'on n'eût cru aucunement facétieux, joua en mourant à son gendre le tour de ne lui laisser par testament qu'un crucifix, tandis qu'à son autre fille il léguait les Pays-Bas.

Donc il semblait bien payé pour haïr les Espagnols. Mais ils l'amusaient toujours, lui disant que Philippe III n'avait pas de fils et qu'il était l'héritier, le leurrant d'une vice-royauté de Portugal, etc. Son favori, un Provençal, était tout Espagnol de cœur, plein de fiel contre la France; homme noir, d'ailleurs, à jeter son maître dans les plus atroces complots.

Le bossu était venu pour observer, flairer, tâter. Mais, comme il arrive dans les grands désirs, il vit ce qu'il désirait. L'aspect de la France était encore pitoyable. La misère continuait, les villes regorgeaient de mendiants, les routes étaient pleines de soldats sans pain. D'autre part, les grands seigneurs étaient maîtres des meilleures places. Voilà ce qui était vrai et qui se voyait. Mais ce qui était non moins vrai et qui ne se voyait pas, c'était un besoin immense de paix, de repos, qui rattachait le peuple au roi, et lui eût fait mettre en pièces de ses ongles et de ses dents les auteurs d'une Ligue nouvelle. Le Savoyard se crut fort, parce qu'il avait la parole de tel et tel des grands seigneurs, spécialement celle de Biron. Il ne voulut plus traiter; seulement il endormit le roi, lui promettant que dans trois mois il lui rendrait Saluces ou bien lui donnerait la Bresse en échange. Sorti de France une fois, quand échut le terme indiqué, il déclara effrontément qu'il gardait la Bresse et Saluces.

La guerre était infaillible. Le grand mariage d'argent venait d'autant plus à propos. Cette belle dot de Toscane allait faire les frais de la campagne, permettre de frapper un grand coup, de battre les Espagnols sur le dos du Savoyard. Cela était spécieux. La pauvre Henriette d'Entragues, et la promesse du roi, qui avait ce qu'il voulait, pesèrent peu contre ces raisons.

Le 9 mars 1600, le roi écrivit au grand-duc; mais il voulait une dot de 1,500,000 écus.

Somme épouvantable, impossible. Le grand-duc brisa. On marchanda, on baissa, et enfin on n'eut pas de honte de descendre à six cent mille. Mais il fallait de l'argent sur-le-champ, la guerre pressait.

On sait si peu en ce monde ce qu'on doit vraiment redouter, que le roi, au moment de se lancer dans cette guerre, ne craignait aucunement la sourde conspiration catholique, et craignait extrêmement la bruyante, l'innocente conspiration des protestants, qui persistaient à réclamer l'exécution de l'Édit de Nantes. Le roi était parvenu à le faire enregistrer, mais non pas exécuter. On pariait insolemment qu'il ne l'exécuterait pas. Les protestants étaient assemblés chez *leur pape*, Du Plessis Mornay. C'était l'homme le plus estimé de l'Europe, tendrement dévoué au roi, à qui il avait cent fois donné sa vie, mais dévoué à sa foi, dévoué au parti des victimes qui venaient naguère encore d'être massacrées près de Nantes. « Si le roi était immortel, disait-il, nous serions tranquilles ; mais, s'il meurt, que deviendrons-nous? »

Donc il insistait. L'assemblée refusait de se séparer tant qu'on ne tenait pas parole. Grave refus, au moment de la guerre.

Le roi prit un parti étrange dans une affaire si sérieuse : ce fut de tuer la résistance protestante par le ridicule. Un complot fut organisé par le facétieux Du Perron, bouffon, évêque et cardinal, que nous avons vu évêque pour les vers à Gabrielle, cardinal pour l'abjuration.

Le plus sûr pour déconcerter les protestants, c'était d'humilier *leur pape*, de turlupiner, chansonner le plus honnête homme du temps. On avait déjà fait une tentative bien digne de la brutale insolence de la noblesse ligueuse ; un Saint-Phal, sans provocation, osa donner à ce vieillard chargé d'années, d'honneurs et de blessures, des coups de bâton! Cela n'avait pas réussi, le roi et tout le monde s'étaient indignés ; mais, cette fois, on se contentait d'une bastonnade spirituelle. Le roi entra de tout son cœur dans l'espièglerie.

Comme rien n'est parfait sur la terre, le bonhomme Du Plessis avait un défaut, celui du temps, la manie de la controverse. Même jeune, au milieu des guerres, des voyages périlleux et des aventures, sous la tente ou sous le ciel, dès qu'il avait une heure à lui, il tirait plume et papier, et il écrivait de la théologie. Vieux, il venait de publier ce qu'il croyait son chef-d'œuvre, l'*Eucharistie*. Du Perron annonce à grand bruit que l'auteur est un faussaire, qu'il a fait cinq cents faux, cinq cents citations controuvées, estropiées, etc. Il se charge de le prouver.

La chose était bien calculée. A ce défi, le vieux gentilhomme, bouillant de colère, oublie tout, quitte l'assemblée, vole à la cour et demande le combat théologique. On l'attendait là. Le roi donne des juges hostiles eu suspects. Il assiste, encourageant l'un, riant et se moquant de l'autre. D'abord il dispense Du Perron de prouver « que ce sont *des faux*, » lui ouvre la porte de retraite, puis il le dispense encore d'indiquer d'avance quels passages il attaquera. Du Plessis ne sut que le soir, à minuit, les huit textes qu'on voulait d'abord contester le lendemain. Ces textes étaient-ils dans les Pères de l'Église? n'y étaient-ils pas? Ils y étaient, mais en substance. Du Plessis avait cité en abrégeant et résumant. Donc on le jugea coupable. Huit phrases comptèrent pour les cinq cents. Condamné, moqué, écrasé, — surtout accablé de la joie du roi et de son défaut de cœur et de l'amitié trahie, il tomba malade et dut se faire reporter à Saumur. Le plus triste pour l'humanité, ce fut une lettre du roi, où, pour flatter les catholiques, il écrivait amicalement à un homme (qu'il détestait), à d'Épernon, leur victoire et la part qu'il y avait, comme il avait pesé sur les juges, emporté la chose. La lettre fut colportée partout. Extrême fut la douleur des protestants, qui le croyaient sans retour livré à leurs ennemis.

Point du tout; c'était le contraire. Ayant donné aux catholiques ce triomphe d'amour-propre, il hasarda ce qu'autrement il n'aurait jamais osé. Il commença sérieusement à donner aux protestants découragés, humiliés, les garanties de l'édit de Nantes, villes d'asile, tribunaux à eux, etc., etc.

Quitte ainsi des protestants, le roi ne l'était nullement de l'intrigue catholique; il lui venait des avis sur la trahison de Biron. Gouverneur de Bourgogne, voisin de la Bresse, qui était au Savoyard, Biron aurait pu, le roi une fois entré en Savoie, faire entrer la Savoie chez nous. Pour cela, il eût fallu que celle-ci fût aidée à temps par les Espagnols. Mais un heureux hasard voulut que, justement à ce moment, ceux-ci reçussent à Newport de la main du prince Maurice un épouvantable coup. L'armée protestante (hollandaise, allemande, anglaise et surtout française) ne battit pas seulement l'armée espagnole, mais elle l'anéantit.

Ce fut le plus grand coup d'épée que le protestantisme eût frappé depuis cinquante ans. L'Espagne fut assommée. Il fut trop clair que, malgré toutes les fureurs de Fuentès, gouverneur de Milan, qui poussait la Savoie, l'Espagne ne perdrait pas ce moment pour rentrer dans la grande guerre de France.

Dès lors plus d'hésitation. Le 11 août, le roi, de Lyon, lança son manifeste de guerre.

CHAPITRE IV.

Guerre de Savoie. Mariage. — 1601.

Entre l'événement de Newport et le manifeste, en un mois, Sully, avec une activité et une énergie incroyable, avait transporté de Paris à Lyon l'énorme matériel qu'il préparait depuis un an. L'artillerie étant placée dans la main qui tenait déjà les finances, il y eut une formidable unité d'action. Sully agit en dictateur ; il suspendit les payements par toute la France, tourna tout l'argent à la guerre. Il destitua en une fois tous les nobles fainéants du corps de l'artillerie et leur substitua des hommes capables. La France eut toujours le génie de cette arme, dès qu'on l'a laissée agir. Il suffit de rappeler ce qu'on a dit dans cette histoire et de Jeanne d'Arc et de Jean Bureau, de Genouillac à Marignan, enfin des premiers essais d'artillerie volante dans les combats d'Arques.

Le Savoyard se trouva pris au dépourvu. Avec tout son esprit, il n'avait pas prévu trois choses : d'abord cette rapidité ; il croyait que l'on traînerait jusqu'à l'hiver, où ses neiges l'auraient défendu. Ensuite il ne devinait pas que la guerre serait poussée entièrement par l'artillerie, qui abrégerait à coups de foudre. Troisièmement, il pensait que Biron pourrait trahir. Cette destitution de tant de vieux officiers paralysa entièrement sa mauvaise volonté. Il commanda ; mais entouré, surveillé par les hommes de Sully, il ne put que marcher droit, et le malheureux fut contraint d'aller de victoire en victoire.

Le lendemain du manifeste, le corps de Biron entra dans la Bresse, celui de Lesdiguières en Savoie. En vain Biron donna avis au gouverneur de Bourg-en-Bresse de ses prochaines attaques, ses officiers l'entraînèrent, firent sauter les portes, emportèrent la place avant le temps indiqué.

Ceci le 13 août, deux jours après la déclaration. Le 17, Lesdiguières, non moins rapide, enleva la forte place de Montmélian, qui couvrait toute la Savoie; la citadelle tint seule, mais il l'assiégea, la serra. Le roi arrivait, et le 20, il fut devant Chambéry, la capitale du pays, qui se rendit sur-le-champ. L'épouvante était extrême d'une telle rapidité, mais non moins l'admiration pour l'humanité du roi, qui disait qu'il ne faisait la guerre qu'au duc, point aux habitants. Voilà une guerre toute nouvelle, la première guerre d'hommes. Avant, après Henri IV (surtout dans celle de Trente ans), ce sont guerres de bêtes féroces, bien pis, des guerres de soldats traîtres, qui se ménagent entre eux pour manger à leur aise le pauvre habitant désarmé.

Le duc avait dit : « Il faudra quarante ans. » Il fallut quarante jours, sinon pour terminer la guerre, au moins pour la décider.

Ses petits forts de Savoie, sur des pics, sur des passes étroites, semblaient imprenables. Et il y avait près du roi plus d'un personnage douteux qui espérait qu'on échouerait. Mais Sully était là en personne, et autour de lui la terreur de son pénétrant regard. Quels furent les instruments habiles qu'il employa, les hommes de génie obscurs qui vainquirent ces difficultés et menèrent si bien l'intrépide financier dans cette guerre inconnue des Alpes? On ne le sait. Ce qui est sûr, c'est qu'en un moment on perça la longue vallée jusqu'au mont Cenis. Et, un pas de plus, on descendait en Piémont.

Le roi avait passé en Bresse, pour voir de plus près opérer Biron. Celui-ci était furieux d'avoir si bien réussi, au point que, devant un fort, il voulut faire tuer le roi, et avertit les assiégés pour qu'on le tirât. Il n'était guère moins en colère contre le duc de Savoie, qui était encore à Turin, attendant que Biron trahît et qu'on lui ouvrît Marseille, qu'on lui promettait. Il avait tout perdu de ce côté des Alpes, moins la citadelle de Montmélian, que Sully tenait dans un cercle de foudroyantes batteries, et qu'il allait bientôt raser, s'il ne la prenait. Biron fit dire au Savoyard que, s'il ne passait les monts, il était déshonoré, et qu'on ne pourrait plus rien pour lui. Donc il passa, mais à sa honte, le roi l'approchant et le provoquant, sans le faire bouger.

La dot de la Florentine n'avait pas peu contribué à rendre ces succès possibles. Le malheur, c'est qu'après la dot il fallait recevoir la fille. Le roi y songeait si peu, qu'il envoya à Henriette les premiers drapeaux pris sur la Savoie (septembre). Il voulait la consoler. Par-dessus le parjure du roi et la perte de ses espérances, elle avait eu un grand malheur. Le tonnerre tomba dans sa chambre, et elle accoucha, mais d'un enfant mort. Elle se fit pourtant porter jusqu'à Lyon, jusqu'à Chambéry, où était Henri. Il y vit l'état misérable de tristesse et de désespoir où cette fille, si jeune encore, vendue des siens, trahie par lui, était tombée; la pauvre rieuse ne faisait plus que pleurer. Il était tendre, son cœur se souleva tout entier pour elle et contre lui-même. Il voulut du moins la tromper, la calmer. Il lui dit que, s'il ne pouvait se tirer de son mariage politique, il lui ferait épouser un prince du sang, le duc de Nevers.

Le 19 octobre, il apprit que son mariage avait été célébré à Florence (Lettres du roi, V, 325), et fit ordonner aux villes de tout préparer pour l'arrivée de la reine. Mais, ce même jour, le 19 (Lettres du cardinal d'Ossat, IV, 280), il accorda à Henriette une lettre de créance pour un agent spécial, qu'il envoyait à Rome avec des pièces capables d'invalider le mariage toscan et d'établir que le roi n'avait pu canoniquement s'engager avec la Florentine, étant engagé avec la Française.

L'agent de l'étrange négociation lui-même était fort étrange. C'était un homme de rien, nommé Travail, un protestant qui avait fait la guerre, s'était converti, comme le roi, et s'était fait capucin. On l'appelait le père Hilaire.

Il avait beaucoup d'audace, de langue (et plus que de cervelle). Il était bien auprès du roi, qui aimait les convertis, et s'amusait des hardiesses cyniques et bouffonnes de ce capucin. C'était un second Roquelaure. De son droit de Mendiant et de va-nu-pieds, il se faisait l'ami du roi, le tutoyait : « Mon bon roi, tu dois faire ceci, tu dois faire cela... Toi, marquise de Verneuil, ceci, cela n'est pas bien, » etc.

Travail était fort protégé par le jeune cardinal Sourdis, le parent de Gabrielle, et sans doute il était entré chez le roi, dès le temps de Gabrielle, par cette porte du mariage français. Il restait fidèle à cette cause, mais alors pour Henriette. Le roi lui donna une lettre de créance pour le cardinal d'Ossat, qui devait le mener au pape. Cela calma Henriette, qui rentra en France. C'est ce que voulait le roi. Il garda le capucin, qui ne partit pas encore.

Cependant Marie de Médicis, après de prodigieuses fêtes qu'on fit à Florence, s'embarqua avec sa tante et sa sœur, duchesses de Toscane et de Mantoue, sur la galère grand-ducale tout incrustée de pierreries. Les Médicis (on le voit à leur chapelle) eurent toujours ce luxe inepte des pierres qui se passent d'art. Sa tante, Christine de Lorraine, ravie d'être débarrassée, la remit aux Lorrains, aux Guises. Elle venait avec trois flottes, de Toscane, du pape et de Malte, dix-sept galères, et elle n'amenait pas moins de sept mille hommes. Si l'avénement d'Henri IV fut une invasion de Gascons (comme dit le baron de Feneste), l'avénement de Marie de Médicis fut une invasion d'Italiens.

Elle alla de Marseille à Aix et à Avignon, avec une petite armée de deux mille chevaux, se reposa en terre papale. Les Jésuites y avaient fait faire d'immenses préparatifs de réception pour elle et le roi, qui ne put venir : théâtres, arcs de triomphe, partout des emblèmes et devises. Selon le goût de ces pères (si fins et si sots, admirables aux choses puériles), tout était basé sur le nombre sept. Le roi avait sept fois sept ans. Il était le neuf fois septième roi de France depuis Pharamond. Il avait vaincu à Arques, en septembre, le 21, le trois fois septième jour; à Ivry, en mars, au jour deux fois sept, et son armée y était divisée en sept escadrons, etc., etc. Cela parut si joli, que le P. Valadier, pour en garder la mémoire, en fit un livre, que la reine voulut elle-même offrir au roi.

L'esprit de cette princesse éclata dès Avignon. Le P. Suarès, qui parlait au nom du clergé, lui ayant dit galamment qu'on lui souhaitait d'avoir un enfant avant l'année révolue, « cette princesse, hors d'elle-même, en témoigna une envie égale au désir des peuples, et demanda cette grâce à Dieu. » (De Thou.)

Comme elle était fort dévote, elle avait fait, en partant, demander au pape d'entrer en tout monastère. Pour les monastères de femmes, le pape l'accorda sans difficulté, mais refusa pour ceux d'hommes, « à moins, dit-il en riant fort, que le roi ne le permette. » (D'Ossat.)

Elle dut attendre huit jours à Lyon, le roi s'arrêtant encore en Savoie. Enfin, le 9 décembre, il se présenta aux portes assez tard. Elles étaient fermées, et on l'y fit attendre une heure par une gelée fort rude. Grand réfrigérant à ce peu d'amour qu'il avait pu apporter.

Ce premier refroidissement ne fut pas le seul. Le second et le plus fort, ce fut la princesse elle-même, tout autre que son portrait, qui datait de dix années. Il vit une femme grande, grosse, avec des yeux ronds et fixes, l'air triste et dur, Espagnole de mise, Autrichienne d'aspect, de taille et de poids. Elle ne savait pas le français, s'étant toujours abstenue de cette langue d'hérétiques. En venant, sur le vaisseau, on lui avait mis en main un mauvais roman français, *Clorinde*, imité du Tasse, et elle en disait quelques mots.

Ce qui ne dut pas être non plus extrêmement

agréable au roi, c'est qu'elle n'arriva pas seule, mais avec armes et bagages. Je veux dire, avec la cour complète de cavaliers servants ou de sigisbées, que toute dame italienne, selon la nouvelle mode qui fleurit tellement en ce siècle, devait avoir autour d'elle.

Le premier, l'ancien, l'officiel, l'accepté, le patenté, était son cousin, Virginio Orsini, duc de Bracciano. C'était lui qui avait, à table, le soin de lui donner à laver, et d'offrir le bassin, la serviette, à ses blanches mains. Le second, Paolo Orsini, moins avancé et moins posé, n'en était que plus en faveur peut-être. Enfin, pour charmer le roi, un jeune homme de la figure la plus séduisante, *il signore* de Concini, était auprès de sa femme. A eux trois, Virginio, Paolo et Concini, ils faisaient une histoire muette de ce cœur de vingt-sept ans, représentaient son passé, son présent et son avenir.

Le roi n'en fut pas moins galant. Il arrivait botté, armé, et, s'il brillait peu, devant ces beaux Italiens, avec sa taille mesquine et sa barbe grise, il était beau de sa conquête, de la foudre dont il venait de renverser la Savoie. Peu sensible à tout cela, la princesse s'en tint aux termes d'une parfaite obéissance, se jeta à genoux, se dit sa servante pour accomplir ses volontés. Le roi dit gaiement, en soldat, qu'il était venu à cheval, et sans apporter de lit, que, par ce grand froid, il la priait de lui donner moitié du sien.

Donc il entra dans sa chambre.

Il faut savoir qu'à la porte de cette chambre, à toute heure, si tard, si matin qu'on y vînt, on trouvait une sorte de naine noire, avec des yeux sinistres, comme des charbons d'enfer (V. à la bibliothèque de sainte Geneviève). Cette figure, peu rassurante, n'était pourtant pas un diable. C'était, au fond, le personnage important de cette cour, la sœur de lait de la reine, la signora Leonora Dosi, fille d'un charpentier, qui se parait du noble nom emprunté de Galigaï. Elle avait beaucoup d'esprit, gouvernait la princesse comme elle voulait, remuait à droite ou à gauche cette pesante masse de chair.

Si Leonora faisait peur, elle était encore plus peureuse ; elle rêvait en plein jour. Triste hibou, asphyxié de bonne heure dans l'obscurité malsaine des alcôves et des cabinets, elle croyait que quiconque la regardait lui jetait un sort. Elle portait toujours un voile, de crainte *du mauvais œil.* La France, maligne et rieuse, pays de lumière, lui devait être odieuse. Elle devait ici s'assombrir et se pervertir, et de plus en plus devenir méchante.

Tel fut l'augure de la noce et l'agréable visage dont le roi fut salué à la chambre nuptiale. Soit que cette noire vision l'y ait poursuivie, soit que la mariée ne répondît pas à son idéal, il fut très-sérieux le matin.

On vieillit vite en Italie, et surtout les Allemandes, comme celle-ci l'était par sa mère. Rubens même, au charmant tableau où il la montre accouchée, au moment où toute femme est souverainement poétique, n'a pu, tout flatteur qu'il était, dissimuler cette lourdeur mollasse. Un bec de femme assez pointu (mademoiselle du Tillet), disait crûment d'elle et du fils : « Une vache qui fit un veau. »

Le roi fut obligé de rester près de l'épousée quarante jours pour faire la paix; paix surprenante. Il abandonna Saluces, rendit toute la Savoie.

Ce traité, agréable au peuple, désespérait l'Italie, que le roi abandonnait. Le pape y voyait l'avantage de pouvoir continuer dans Saluces, l'ancien asile du protestantisme italien, la persécution que les Jésuites y avaient organisée par les bourreaux de la Savoie.

« Chacun chez soi, chacun pour soi : » c'est la politique bourgeoise que Sully fit prévaloir et proclama par ce traité.

En échange de Saluces, le roi acceptait

la Bresse, province, il est vrai, importante, qui fermait le royaume à l'est et protégeait Lyon.

Ce brusque traité effraya Biron. Il crut que le roi en savait beaucoup, et il crut prudent d'avouer un peu. Il vint le trouver à Lyon, lui dit que le Savoyard lui offrait sa fille bâtarde et une grosse dot. Le roi, bon comme à l'ordinaire, pardonna. Biron, rassuré, écrivit au Savoyard de ne pas ratifier le traité, de dire qu'il gardait la Bresse, mais voulait rendre Saluces, *à condition que le roi y mettrait un gouverneur catholique,* et non le protestant Lesdiguières. Si le roi eût accepté et mis là un catholique, il mécontentait Lesdiguières; et, s'il lui tenait parole, lui donnait Saluces, il mécontentait le pape. Il trancha tout et sortit du filet où Biron voulait le mettre, en ne prenant pas Saluces et se contentant de la Bresse.

Le roi était bon pour tous. Il promit au légat et à la reine le rétablissement des Jésuites. D'autre part, il avait fait l'accueil le plus affectueux aux envoyés de Genève, à leur vénérable doyen Théodore de Bèze, et il permit à Sully, avant de signer le traité et de rendre les places prises, de livrer aux Genevois le fort de Sainte-Catherine à la porte de leur ville; ils le démolirent en un jour.

Sous un prétexte d'affaires, il prit enfin vacances de sa femme, la laissa à Lyon. Marié le 17 janvier 1601 par le légat, il partit le 18 en poste. Le 20, il était à Paris, rendu à son Henriette.

Le 4 février, il revit la reine. Le 8, il écrit au connétable *qu'elle est enceinte.*

Louis XIII, qui fut cet enfant, n'eut aucun trait de son père. Il ne fut pas seulement différent, mais opposé en toute et chacune chose, n'ayant rien des Bourbons (côté paternel d'Henri IV), et encore bien moins des Valois, côté maternel d'Henri, qui si naïvement rappelait son joyeux oncle François Ier et sa charmante grand'mère, Marguerite de Navarre. Ce fils, nature sèche et stérile, véritable Arabie Déserte, n'avait rien non plus de la France. On l'aurait cru bien plutôt un Spinola, un Orsini, un de ces princes ruinés de la décadence italienne, venu du désert des Maremmes ou des chauves Apennins.

Quoi qu'il en soit, le résultat voulu était obtenu.

Le roi était marié de la main du pape. (D'Ossat.)

Le sang italo-autrichien était dans le trône de France.

La volonté du grand-duc, sa politique et son ordre positif avaient été accomplis sur-le-champ et à la lettre. Ce prince, se souvenant de Catherine de Médicis et du danger où l'avait mise sa longue stérilité, n'avait dit qu'un mot à sa nièce en la quittant : « Soyez enceinte. »

CHAPITRE V.

Conspiration de Biron. — 1601-1602.

Peu de temps après cette guerre foudroyante de Savoie, qui avertit si bien l'Europe de la résurrection de la France, le roi montrait à Biron une statue où on l'avait fait en dieu Mars et couronné de lauriers. Il lui dit malignement : « Cousin, que pensez-vous que dirait mon frère d'Espagne s'il me voyait de la sorte? — Lui! il ne vous craindrait guère! »

Voilà comme on le traitait. Sa puissance si bien prouvée, sa renommée militaire, tant de vigueur, tant d'esprit, tout cela n'empêchait pas qu'on ne le traitât lestement, sans ménagement, avec une légèreté bien près du mépris. Lui-même il en était cause. Personne n'avait moins de tenue. Sa camaraderie étrange avec Bellegarde, Bassompierre, les jeunes gens qui riaient de lui et qui lui soufflaient ses maîtresses, semblait d'une débonnaireté plus qu'humaine. On le trompait, on s'en moquait, et il n'en faisait pas plus mauvaise mine. Il se faisait lire les libelles, allait voir les farces où on le jouait, et riait plus que personne. Sa première femme, Marguerite, avait illustré sa patience. La seconde, Marie de Médicis, fut maîtresse dès le premier jour, signifiant qu'elle garderait et ses cavaliers servants et sa noire entremetteuse.

L'inconsistance du roi dans la vie privée était excessive, il faut l'avouer.

Pendant que la reine voyageait lentement de Lyon à Paris, il était auprès d'Henriette à Verneuil, où elle le reçut dans son nouveau marquisat. La vive et charmante Française, gagnant par la comparaison avec la grosse sotte Allemande, le ressaisit à ce point, que le capucin, agent d'Henriette, fut enfin envoyé à Rome avec la lettre de créance que le roi lui avait donnée. Il devait voir les cardinaux, montrer l'engagement du roi avec elle et tâter si l'on ne pourrait obtenir un second divorce. Ce pauvre homme, qui n'était autorisé que du roi et non des ministres, fut reçu par notre agent, le cardinal d'Ossat, avec mépris, avec haine et sans ménagement. Rome entière fut contre lui ; à grand'peine il put revenir en France. On voulait le retenir dans un couvent de son ordre, le murer jusqu'à la mort dans un *in pace* d'Italie.

Le roi semble l'avoir oublié. On lui avait fait entendre qu'il ne pouvait renvoyer Marie sans motif spécieux, ni surtout sans rendre la dot. D'ailleurs, elle arrivait grosse. Les ministres étaient pour elle, pour un Dauphin qui allait simplifier la succession, assurer la paix, écarter toute chance de guerre civile. Mais il fallait un Dauphin ; malheur à elle si elle eût eu une fille. Henriette, qui un mois après eut un fils, l'aurait emporté. Le roi accueillit le Dauphin avec la joie la plus touchante.

Cependant la reine ne faisait nul mystère de son fidèle attachement pour Virginio. Un manuscrit du fonds Béthune (qu'a copié M. Capefigue) nous apprend que, six mois après ses couches, le roi allant au Midi avec elle, elle s'arrêta à Blois, dit qu'elle n'irait pas plus loin, résolue qu'elle était de retourner à Fontainebleau, où Virginio l'attendait. Le roi, perdant patience, eut encore l'idée de la renvoyer : « Cela serait bon, dit Sully, si elle n'avait pas un fils. » Donc on la garda, craignant d'embrouiller la succession si la légitimité de ce fils devenait douteuse. L'Espagne eût saisi cette prise.

Voilà bien des variations; mais elles ne semblaient pas moindres dans sa conduite publique.

Au moment où son mariage italien faisait croire qu'il tenait fort à se rattacher l'Italie, brusquement il y renonce, en rendant Saluces, et se ferme l'Italie. Le Vénitien Contarini dit que ce traité étrange et inattendu releva l'Espagne (battue à Newport). Le parti espagnol à Rome devint insolent. Ce mariage avec la nièce d'un prince qui avait des enfants, avec une princesse sans droit à la succession de Toscane, n'eut pas même l'effet de nous assurer l'alliance du grand-duc; il se refit Espagnol.

Par l'abandon de Saluces, l'ancien et primitif asile du protestantisme italien, le roi abdiquait le protectorat des pauvres Vaudois qui s'étaient offerts à lui de si grand cœur en 1594, et ne décourageait pas moins les Grisons à l'autre extrémité des Alpes. Le gouverneur de Milan, Fuentès, ne tarda pas à les murer dans leurs montagnes (octobre 1603), en bâtissant aux passages qui communiquent en Italie un fort qui lui permettait de les affamer à son gré. Ils s'adressèrent au roi de France, qui leur conseilla de patienter. Il avait, comme on a vu, abandonné Ferrare au pape, malgré les prières de Venise; et plus tard Venise elle-même, dans sa lutte avec le pape, n'eut d'autre secours de lui que le conseil de s'arranger.

Je veux bien croire que, dès ce temps, il couvait l'intention de frapper l'Espagne et l'Autriche. De bonne heure il y songea; mais toujours en protestant *qu'il ne savait pas s'il serait avec ou contre l'Espagne.* (V. Bassompierre, 1609.) Dissimulation utile qui pourtant eut l'inconvénient de faire croire les Espagnols plus forts qu'ils n'étaient, lui plus faible, de rendre tout le monde incertain, défiant, et d'ôter l'espoir qu'on aurait eu dans la France.

L'Espagne, usée jusqu'aux os, et se sentant si peu de force, hasardait les coups de loterie les plus criminels. Tout en tâchant de soutenir la grande guerre en Hollande, elle faisait ailleurs la guerre de *bravi* et de coupe-jarrets. Philippe III était un pauvre homme, mais ses gens de hardis coquins. Les Fuentès, les d'Ossuna, les Bedmar, avaient repris les moyens du quinzième siècle, poison, meurtre et incendie. On ne tarda pas à les voir conspirer avec des forçats pour prendre, piller, brûler Venise.

Dès 1595, ils avaient visé en France un homme propre au crime, Biron, un brave de peu de cervelle, sot glorieux, que l'on pouvait pousser par l'orgueil et le mécontentement aux plus sinistres tentatives. Notez que cet imbécile, le jouet des intrigants, était un héros populaire. Sa grande vigueur de poignet, sa forte encolure, lui comptaient dans l'esprit des foules autant que ses trente blessures et tous ses grands coups d'épée. Il semble que les bonnes gens aient confondu ce Biron fils avec son illustre père, aussi habile capitaine que le fils fut bon soldat. Du père, du fils, ainsi brouillés, on avait fait une légende ; c'était un Achille, un Roland. Le roi, sans lui, n'aurait rien fait. Lui seul avait tout accompli par la force de ses bras et de ses grosses épaules.

L'étranger avait trouvé son affaire pour troubler tout, un mannequin et un drapeau.

Biron était un homme noir, gras, trapu, d'un visage trouble, avec des yeux inquiets (figures de fous qui vont au crime). Sa fortune comme sa personne, trouble, mal rangée. On ne pouvait l'enrichir. Toujours aux expédients. « Si je ne meurs sur l'échafaud, disait-il, je mourrai à l'hôpital. »

Le roi l'avait fait amiral, maréchal, général en chef, duc et pair, gouverneur du gouvernement qu'avait eu le chef de la Ligue, M. de Mayenne, et qu'eurent les seuls princes du sang, la Bourgogne, poste de confiance, contre la Franche-Comté et la Savoie. Mais tout cela n'était rien. iron se désespérait.

Un danger très-grand était dans cet homme. Il avait en lui le divorce et la discorde de la rance, deux partis, deux religions. Mais, par cela même, il pouvait être le trait d'union des deux partis. Père catholique, mère protestante. Par celle-ci, il était parent de tout ce qu'il y avait de noblesse périgourdine ; par son père, il était cousin de tous les barons de Gascogne.

angez autour tous les traîtres, un d' pernon, qui tenait la Charente à l'ouest, etz à l'est, et l'entrée des Allemands. A côté, un autre homme double, M. de ouillon, fort en Limousin, plus fort au nord, où, par mariage, il était prince de Sedan. Même le compère du roi, . de Montmorency, son connétable, son ami personnel, le roi du Languedoc, avait un traité secret avec le duc de Savoie.

iron, en rapport direct avec adrid et Milan, où il envoya plusieurs fois, n'avait fait son aveu à Lyon que pour inspirer confiance et se faire donner ourg-en- resse, par où il eût fait entrer le Savoyard et l'Espagnol. Le roi refusa. t iron, plus que jamais, renoua ses trames par l'intermédiaire d'un La Fin, qu'on a prétendu l'auteur de toute cette conspiration, co mencée bien avant qu'il s'en mêlât.

En juillet 1601, le roi, comme toute l'Europe, était attentif au siége d'Ostende. Il était à Calais, sur les murs, écoutant tout le jour la canonnade lointaine qui remplissait le détroit. Élisabeth vint à Douvres, et elle eût bien voulu, dans la peur du triomphe des Espagnols, contracter avec le roi une alliance offensive. Il lui fit passer Sully, qui lui dit la situation. Le sol lui tremblait sous les pieds. Les mécontents se seraient levés derrière lui, s'il se fût engagé aux Pays-Bas. Soit pour les inquiéter et leur rendre Biron suspect, soit par un reste d'amitié et dans l'espoir que l'autorité de la grande Élisabeth le ferait rentrer dans la voie du bon sens et de l'honneur, il le lui envoya comme ambassadeur. La reine le prêcha fort, fit grand éloge du roi, ne blâmant que sa clémence. Enfin, pour plus d'impression, surmontant le grand chagrin qui, dit-on, hâta sa mort, elle lui montra de sa fenêtre un objet lugubre, la tête d'Essex, du jeune homme qu'elle avait aimé, et qui, au bout d'un an, était encore exposée à la Tour : « Son orgueil l'a perdu, dit-elle. Il croyait qu'on ne pourrait se passer de lui. Voilà ce qu'il y a gagné. Si le roi mon frère m'en croit, il fera chez lui ce qu'on a fait à Londres : il coupera la tête à ses traîtres. »

Vaines paroles. Biron, de retour, n'eut pas de repos qu'il ne se perdît. Il reprit ses trames avec la Savoie, mais par un nouvel agent, s'étant brouillé avec La Fin, qui avait pourtant ses papiers. La Fin jasa, le roi le fit venir et en tira tout. Effroyable découverte. Tout le monde semblait compromis, et il ne savait plus à qui se fier. Il avança vers le Midi pour tâter Bouillon, d'Épernon; mais ils n'étaient pas décidés; ils vinrent se remettre à lui. Montmorency restait tranquille, et non moins les huguenots. Ils n'avaient garde de traiter avec Biron, au moment où il devenait si bon Espagnol, si bon catholique, s'affichant tout à coup dévot, lui qui ne savait son *Pater*.

Une délibération secrète eut lieu. Le roi se voyait dans les mains Bouillon, d'Épernon; Biron seul manquait. Fallait-il arrêter ceux-ci, en attendant l'autre? Il posa cette question en petit conseil; quelqu'un voulait qu'on arrêtât les deux qu'on avait. Sully s'y opposa : « Si vous arrêtez ces deux-ci sans preuves, vous effarouchez les vrais coupables, et vous les avertissez. »

Forte et courageuse parole qui sauva la France et trancha le nœud.

Les grands avaient une prise sur le peuple. Un pesant octroi aux portes des villes enchérissait les vivres. Il s'était révolté contre. Le roi punit la révolte, mais il supprima l'octroi.

C'était assurer le dedans. Mais, du dehors,

l'étranger ne pouvait-il arriver, être introduit par Biron dans ses places de Bourgogne? On trompa celui-ci, on le rassura, en lui faisant croire qu'on ne savait que ce qu'il avait avoué. On parvint à le désarmer. Sully le pria d'envoyer ses canons, qui étaient vieux, pour les remplacer par des neufs. Il n'osa les refuser.

Cela fait, le roi éprouva le plus vif besoin de le voir. Il lui envoya Jeannin, l'ex-ligueur. La Fin écrivit à Biron. Le roi lui-même écrivit : « Qu'il ne croyait pas un mot de ce qu'on disait contre lui, qu'il lui remettrait ces accusations mensongères, qu'il l'aimait, l'aimerait toujours (14 mai 1602). »

Cette lettre était-elle perfide? Je ne le crois pas. Il l'aimait. Mais il voulait s'en assurer, le mettre hors d'état de se perdre, éclaircir tout, le gracier, l'annuler moralement, et avec lui tous les ligués.

Biron ne vint que parce qu'on lui dit que le roi voulait aller à lui tête baissée, l'enlever. Il n'eût pu tenir dans ses places désarmées. Rien ne lui restait à faire que de fuir, ruiné, nu et mendiant. Il eût mieux aimé mourir. Il s'emporta furieusement, jura de poignarder Sully, mais toutefois obéit et se mit en route.

Le duc de Savoie n'était guère moins effrayé que Biron. Fuentès aussi devait être inquiet d'avoir compromis son maître, au moment où le siége d'Ostende absorbait les forces espagnoles. Ils avaient fort à souhaiter que Biron ne les trahît point, qu'il mentît pour eux fort et ferme, soutînt près du roi sa vertu, son innocence immaculée. Tel il se montra en effet, menteur intrépide, et, jusque dans Fontainebleau, l'homme de la Savoie, de l'Espagne, contre l'étreinte du roi son ancien ami.

Ce qui le cuirassait si bien, c'est, d'une part, que le Savoyard gardait en charte privée, pour assurer son silence, un garçon nommé Renazé, qui avait fait tous les messages. D'autre part, La Fin, à l'entrée de Fontainebleau, lui avait soufflé ce mot : « Courage, mon maître! courage, et bon bec!... Ils ne savent rien. »

Beaucoup de gens avaient gagé que Biron ne viendrait point. Le roi même, le 13 juin, se promenant de bonne heure au jardin de Fontainebleau, disait : « Il ne viendra pas. » Et il le voit arriver. Il va à lui, il l'embrasse. « Vous avez bien fait de venir, dit-il, j'allais vous chercher. » Puis il le prend par la main, lui montre ses bâtiments. Seul à seul, enfin, il lui demande s'il n'a rien à dire : « Moi! dit Biron, je viens seulement pour connaître mes accusateurs et les faire châtier. »

Le roi se croyait en péril, non sans cause,

pour la raison que Biron marquait lui-même dans ses conseils au duc de Savoie, à savoir : Que le roi avait mangé la dot de sa femme, qu'il lui fallait du temps et de l'argent pour lever des Suisses, que l'infanterie française du temps de la Ligue avait péri de misère, que la noblesse appelée se réunirait lentement. Et c'était là le nœud même de la question ; le roi de Navarre, le roi gentilhomme, avait disparu ; la noblesse catholique ou protestante regardait ailleurs, pouvait suivre Biron ou Bouillon.

Le roi avait bien Biron, mais il n'avait plus Bouillon. Il n'osait même lui écrire de venir, sentant qu'il désobéirait. Sully lui écrivit en vain (6 juillet). Il resta chez lui. C'était une raison d'hésiter pour frapper Biron, ne pouvant frapper qu'un coup incomplet. Aussi le roi désirait très-sincèrement le sauver. Il y fit les plus grands efforts, et par lui-même, et par Sully. Le matin encore, au jardin fermé de Fontainebleau (petit jardin et si grand par la terreur des souvenirs), il le serra au plus près, et ne gagna rien. On voyait Biron le suivre avec force gestes, une pantomime hautaine de protestations d'innocence, relevant fièrement la tête et se frappant la poitrine. Même scène encore après dîner.

Alors le roi, perdant espoir, s'enferma avec Sully et la reine, tira le verrou. Nul doute que tous deux n'aient tenu fortement contre Biron, Sully pour la sûreté de l'État, elle pour celle de son fils et la tranquillité de sa régence future.

La Force, beau-frère de Biron, nous apprend deux choses : 1° Que Sully décida la mort ; 2° qu'elle était très-juste. La Force écrit ce dernier mot à sa femme dans une lettre confidentielle.

Sans Sully, jamais le roi n'aurait eu la force de faire justice. Et encore, ce soir-là, il décida seulement, comme on croyait que Biron pouvait fuir, qu'il fallait bien le faire arrêter.

On joua jusqu'à minuit. Et, le monde s'étant écoulé, le roi lui parla de nouveau, le pressa au nom de l'ancienne amitié. Il resta sec. Alors Henri rentra dans son cabinet. Puis, saisi d'émotion, il rouvrit la porte, et lui dit d'un ton à fendre le cœur : « Adieu, baron de Biron! » C'était son nom de jeunesse; dans cet effort désespéré, le roi crut ramener d'un mot tout le passé, la vie commune des dangers et des souffrances et vingt années de souvenirs.

Et il ajouta encore : « Vous savez ce que j'ai dit. » Suprême appel! si Biron eût avoué à cet instant, il pouvait sauver sa vie.

Mais non, il sort. A l'antichambre, le capitaine des gardes, Vitry, mit la main sur son épée, la lui demanda : « Tu railles! — Non, monsieur, le roi le veut. — Ha! mon épée, s'écria-t-il, l'épée qui a fait tant de bons services! »

Le roi fit partir Sully pour préparer la Bastille et avertir le Parlement. Biron et le comte d'Auvergne, son complice, y furent menés le 15 juin.

Le roi même, le 15 au soir, vint à Paris et entra par la porte Saint-Marceau. Il y trouva une grande foule de peuple accouru pour le voir, pour s'assurer de sa vie, ce cher gage de la paix publique. Tous se félicitaient de la découverte du complot et le couvraient d'acclamations. (De Thou, liv. CXXVIII.)

M. Capefigue avance, sans preuves, que Paris était désolé. Chose vraisemblable, en effet, qu'on déplorât l'avortement d'un complot qui eût ramené le bel âge de la Ligue, les douceurs du fameux siége, du temps où un rat crevé se vendait vingt-quatre livres, où les mères mangeaient les enfants.

Les acclamations dont parle De Thou disaient, au contraire, que le peuple avait horreur de revoir la guerre civile, la royauté des soldats, et qu'il savait bon gré au roi de les réprimer vigoureusement. Sa justice, rarement indulgente pour les brigandages des nobles, était populaire. En ce moment, le Parlement, presque en même temps que Biron, recevait le petit Fontenelles (des Beaumanoir de Bretatagne) et parent d'un maréchal. Ce garçon, d'environ vingt ans, avait fait déjà mourir dans les tortures des milliers de paysans. Par récréation, l'hiver, il ouvrait des femmes vivantes pour chauffer ses pieds dans leurs entrailles. Il fut, malgré tous ses parents, pris, jugé et rompu en Grève, au milieu de la joie du peuple, qui en bénissait le roi.

Les grands ne le bénissaient guère. Loin de là, pas un des pairs ne voulut siéger au procès de Biron. Tous alléguèrent des prétextes.

C'était une raison plus forte de pousser la chose. Quand les parents de Biron, tous considérables, vinrent trouver le roi, tout près de Paris, à Saint-Maur, où il restait pour surveiller l'affaire, il leur parla avec douceur, mais s'enveloppa de justice, de nécessité.

L'Espagne, mise au courant de tout par un commis de Villeroy (qu'on saisit plus tard), pouvait travailler les juges, le public, l'accusé même. Et, en effet, celui-ci trouva à point, dans la Bastille, un minime scrupuleux qui lui dit qu'il ne pouvait pas révéler à la justice ce qu'il avait promis de taire, c'est-à-dire qu'il devait couvrir la Savoie, l'Espagne, d'une parfaite discrétion.

Pour émouvoir le public, on répandit une lettre que Biron était censé écrire au roi pour rappeler ses services, faire ressortir l'ingratitude, soulever la pitié et l'indignation.

Le procès n'était que trop clair. De Thou nous a conservé en substance, mais avec détail, les quatre feuilles écrites de sa main qui furent la pièce principale. Elles témoignent que, faible et crédule pour les prédictions politiques dont les charlatans le leurraient, il n'en est pas moins fort net, lucide, exact et clairvoyant pour les affaires militaires. Les directions qu'il donna au duc de Savoie ne sont pas de ces choses qu'on imaginerait d'avance pour des cas hypothétiques (comme il prétendit le faire croire), mais des indications précises pour telle situation, tel cas. Il renseigne très-bien l'ennemi sur les forces actuelles du roi, spécifiant les chiffres avec soin, et d'un jour à l'autre. Il donne des conseils positifs sur un poste qu'il faut occuper, une attaque qu'il faut essayer. De tels avis, qui purent être à l'instant traduits en boulets, ce ne sont pas, comme il le dit, des paroles et des pensées, ce sont des actes meurtriers, des massacres de Français et l'assassinat de la France.

On assura, sans le prouver, qu'il avait averti tel fort savoyard pour que, le roi venant sous les murs, on tirât sur lui. Ce qui est sûr et avoué de lui, c'est qu'il le tuait d'intention, par ces opérations magiques où l'on croyait faire périr l'homme en détruisant son effigie. Il convient qu'avec La Fère il faisait des poupées de cire, auxquelles on disait la formule : « Roi impie, tu périras. Et, la cire fondant, tu fondras. »

Il n'y avait qu'une circonstance atténuante, c'est qu'il avait écrit, huit mois avant son arrestation, lorsque le Dauphin naquit, en septembre 1601 : « Dieu a donné un fils au roi; oublions nos visions. » — Ce mot était-il sérieux, on avait sujet d'en douter, parce qu'il l'écrivait à La Fin, qu'il suspectait, et sans doute voulait tromper, tandis qu'il continuait de traiter avec l'ennemi par son nouveau confident, le baron de Luz, et par deux autres encore.

Les juges firent une chose agréable aux hautes puissances étrangères qui étaient aussi en cause. Ils la firent, il est vrai, par la volonté expresse du roi. Ce fut de ne rappeler que des faits anciens, et d'ignorer parfaitement les choses récentes. Le roi ne voulait pas trop approfondir contre l'Espagne et la Savoie.

Biron fut saisi d'un grand trouble quand on lui présenta les pièces qu'il croyait brûlées, quand il vit devant ses yeux son messager Renazé, qu'il croyait enfoui dans un château de Savoie. Il pâlit, dit les pièces fausses, controuvées, puis les avoua, mais soutint que c'étaient de simples pensées, qu'il écrivait pour La Fin. Du reste, s'il y avait du mal, le roi lui avait pardonné à Lyon.

Nombre de parlementaires (de la Ligue) auraient accepté cela. Mais ils étaient sous les yeux du vrai Parlement français, qui avait siégé à Tours.

Le Parlement avait à faire ce que hasarda Richelieu, ce que fit la Convention, se compromettre sans retour et braver les futures vengeances des rois étrangers, et des grands, et des parents de Biron, de ses cent cousins de Gascogne, d'un monde de gens d'épée brutal et féroce. Tellement que, peu de temps après, le révélateur La Fin marchant dans Paris, en plein midi, au milieu des gardes qui le protégeaient, vingt sacripans tombèrent sur lui, et s'en allèrent au galop, sans qu'on les ait arrêtés.

Ces vengeances, faciles à prévoir, faisaient songer les robes longues. Le chancelier saignait du nez et feignait d'être embarrassé de l'absence des pairs. Cela le 21 juillet, au dernier moment. Le roi se montra immuable, soit que Sully le soutînt, soit que sa grande amie

Élisabeth (une lettre de notre ambassadeur le prouve) l'exhortât à ne pas lâcher. La vieille reine était une haute autorité, un docteur en conspirations, en ayant eu tant contre elle et tant suscité ailleurs, récemment encore ayant frappé d'Essex, c'est-à-dire son propre cœur.

Donc le roi fut fort aussi. Il écrivit à son blême chancelier que l'on devait passer outre. (2 juillet 1602.)

Le chancelier, ainsi mis en demeure de ne pas s'égarer, empêcha aussi les autres de chercher quelque échappatoire. Il les tint dans la voie étroite de justice et de vérité. Il demanda si à Lyon l'accusé avait confié au roi tous ses arrangements avec la Savoie. — Non. — Alors le roi n'a pu pardonner ce qu'il ignorait. (Mém. de La Force.)

Ce mot conduisit Biron à la mort.

Le Parlement fut dès lors unanime (127 voix).

Dans tout le procès, le roi avait eu une crainte secrète, c'était qu'on n'enlevât Biron, que l'agitateur de la Ligue, l'Espagnol, l'ami des moines, le distributeur des soupes en plein vent, n'essayât d'agir sur le peuple. Il resta, non à Paris, mais à Saint-Maur ou Saint-Germain, prêt à monter à cheval et le pied dans l'étrier. Il écrivait à Sully qu'il prît garde à lui, qu'on pensait, pendant qu'il ne s'occupait que du prisonnier, à l'enlever, lui Sully, le mener en Franche-Comté. Il eût répondu pour Biron.

La vie de celui-ci, au reste, importait moins aux étrangers que son silence. Et ce silence fut maintenu jusqu'au bout. Biron le dit le dernier jour : « Il ne saura pas mon secret. » Comment obtint-on cette persévérance? Par ce moine dont j'ai parlé. Puis, il ne croyait pas sérieusement à sa mort, imaginant toujours qu'il serait sauvé ou par un coup de l'Espagne ou par la faiblesse du roi, qui finirait par avoir peur.

Il ne croyait pas même que le Parlement aurait le courage de le condamner. Dans sa prison, il amusait ses gardes à leur raconter l'audience et à contrefaire ses juges.

Il ne fut pas peu étonné, le 31 juillet, de voir le chancelier, le greffier, une grande suite, arriver à la Bastille en cérémonie. On le trouva occupé d'astrologie judiciaire, de comparer quatre almanachs, d'étudier la lune, les jours et les signes célestes, pour y pénétrer l'avenir. Il n'y avait plus d'avenir. Le chancelier lui demanda de rendre l'ordre du roi, la croix du Saint-Esprit, et l'engagea à faire preuve de son grand courage. Puis on lui lut son arrêt, et l'adoucissement qu'y mettait le roi, de rendre ses biens à ses parents et de ne pas le faire exécuter en Grève.

Ce coup venait frapper, non un homme faible, malade, amorti par la prison, mais dans sa force, en pleine vie. La répugnance de la nature se montra aussi en plein; il laissa voir une furieuse volonté de vivre. D'abord, des cris contre le roi, si ingrat, qui laissait vivre d'Épernon, cent fois traître, et qui lui, Biron, innocent, le faisait mourir... Car il se disait innocent, soit que ses moines espagnols le lui eussent persuadé, soit que, dans les idées d'alors, et l'habitude des révoltes, ce ne fût que peccadille.

Puis il retomba sur le chancelier, avec des risées terribles, bouffonnant sur sa figure, l'appelant *grand nez*, idole sans cœur, *figure de plâtre*. Il se promenait en long et en large, le visage horriblement bouleversé, affreux, répétant toujours: « *Ha! minimè, minimè!* » (Non, non, encore non!)

On lui dit doucement: « Monsieur, pensez à votre conscience. »

« C'est fait, » dit-il. Et, sans s'en mettre autrement en peine, il se jeta dans un torrent de discours, sur ses affaires, ses biens, ses dettes; on lui devait ceci, cela; il laissait une fille grosse, à qui il faisait tel don... Une mer de paroles vagues qui n'auraient jamais fini. On l'avertit, il revint un peu à lui, et dicta son testament, clair et ferme.

Il avait demandé Sully pour le faire intercéder. Sully fit dire qu'il n'osait.

Il était quatre heures, et Biron passait le temps aux choses de ce monde, sans souci de l'éternité. On le mena à la chapelle, et, sa prière faite, il sortit. A la porte, un homme inconnu paraissait l'attendre : « Qui est celui-ci ? » — Modestement, l'homme avoua qu'il était le bourreau. « Va-t'en, va-t'en ! dit Biron. Ne me touche pas qu'il ne soit temps !... Si tu approches, je t'étrangle ! » Il jura aussi qu'on ne le lierait point, qu'il n'irait pas comme un voleur. Aux soldats qui gardaient la porte : « Mes amis, pour m'obliger, cassez-moi la tête d'un coup de mousquet. »

Inutile de dire que les prêtres du roi n'en tirèrent rien, pas un mot d'Espagne ou de Savoie, nulle confession de sa faute. Il suivit le mot des Jésuites, dont on a parlé ailleurs : « Défense de rien révéler à la mort, sous peine de damnation. »

A tous, il disait : « Messieurs, vous voyez un homme que le roi fait mourir, parce qu'il est bon catholique. » — Et, comme on lui rappelait sa mère : « Ne m'en parlez pas, elle est hérétique. » (Lettres du roi, du 2 et 7 août.)

Il mourut ainsi, en pleine fureur, en pleine vengeance, continuant d'intention son complot, et, de l'échafaud, autant qu'il était en lui, attachant d'avance au roi la furie de Ravaillac.

Sur les planches, il chicana fort, voulant d'abord être debout. On lui dit que ce n'était pas l'usage. Puis il se fâcha de voir dans cette cour une soixantaine d'assistants : « Que font là ces marauds, ces gueux? Qui les a mis là? » Il ne voulut pas du mouchoir, prit le sien, qui était trop court, reprit l'autre. Trois fois il se débanda les yeux. « Tu m'irrites! dit-il au bourreau. Prends garde! je pourrais étrangler moitié de ceux qui sont ici. » Ils n'étaient pas très-rassurés, voyant cet homme non lié, si fort et si furieux; plusieurs regardaient vers la porte.

Le bourreau, vers cinq heures, pensant ne finir jamais, lui dit : « Monsieur, auparavant, ne faut-il pas que vous disiez votre « *In manus tuas, Domine?* » Biron se remit, et l'homme, profitant de ce moment et prenant l'épée des mains du valet, par un vrai miracle de force et d'adresse, lui trancha au vol son cou gras, la tête s'en alla bondissant au pied de l'échafaud.

On voulait le mettre aux Célestins, à côté des vieux Valois. Mais ces moines furent politiques;

on vit déjà l'effet du coup ; ils refusèrent. Et on le mit à Saint-Paul, paroisse de la Bastille.

Pendant ce temps-là, une foule énorme se morfondait à la Grève, où on l'attendait. Des fenêtres y étaient louées jusqu'à dix écus.

La foule des amis de l'Espagne, cagots, bigots, ligueurs, Jésuites, et aussi des gens de haut vol qui voulaient braver le roi, allaient jeter de l'eau bénite, faire dire des messes à son tombeau.

Le roi, après l'exécution, était si défait, dit l'ambassadeur d'Espagne, qu'on l'eût cru l'exécuté. Huit jours après, il fut pris d'un violent flux de ventre qui le tint quelque temps très-faible.

Il n'en eut pas moins conscience d'avoir fait justice. En conversation, il disait souvent et comme un proverbe : « Aussi vrai que Biron fut traître. »

Il fut très-reconnaissant pour l'homme inflexible qui l'avait soutenu dans cette rude circonstance ; il alla voir Sully, lui dit : « D'aujourd'hui, je n'aime que vous. »

Grand témoignage et mérité. L'un et l'autre, en ce coup sévère qui servit tellement la France, et qui lui donna huit ans de repos, méritèrent d'elle ce jour-là autant qu'aux jours d'Arques et d'Ivry.

CHAPITRE VI.

Le rétablissement des Jésuites. — 1603-1604.

La noire intrigue de Biron que le roi ne voulut pas percer jusqu'au fond n'était qu'un petit accident de la grande conjuration qui minait l'Europe, qui déjà avait accompli la partie la plus cachée de son œuvre souterraine, et qui bientôt procéda à l'exécution patente de cette œuvre, la *Guerre de Trente ans*.

Henri IV était l'obstacle, avec Maurice d'Orange, et secondairement le roi d'Angleterre et d'Écosse, Jacques VI, successeur d'Élisabeth. Mais celui-ci avait donné grand espoir aux catholiques. Il ne tarda guère à faire un traité avec l'Espagne. Pour le roi de France, on comptait en venir à bout. On voyait qu'il était malade, atteint de cette cruelle affaire de Biron. On pensait, non sans vraisemblance, qu'il faiblirait de plus en plus. Les zélés qui déjà avaient réussi à le marier à leur guise avec cette fausse Italienne, d'Espagne et d'Autriche, voulaient pour deuxième point faire rentrer les Jésuites en France et leur faire confesser le roi. Le troisième qu'on devait gagner sur le roi ou après lui, c'était un double mariage d'Espagne, pour espagnoliser la France, la neutraliser, l'hébéter. La France, cette tête de l'Europe, branlant, caduque, imbécile, comme elle fit sous Louis le bègue (Louis XIII), dans ses quinze premières années, on pourrait alors s'attaquer au ventre, je veux dire aux Allemagnes, ces profondes entrailles du monde européen.

Ce n'est pas qu'avant 1600 on n'ait travaillé l'Allemagne, mais c'était en préparant les moyens de la grande guerre, surtout en disciplinant l'armée ecclésiastique. Cette besogne préalable était celle du Concile de Trente, la *transformation du clergé*. Il fallait d'abord que ce corps eût l'unité automatique d'un collége discipliné par la férule et le fouet. L'âme du Concile de Trente, Lainez, ce cuistre de génie, bien plus fondateur qu'Ignace, avait mis là son empreinte. Toute la hiérarchie conçue comme une échelle de classes, sixième, cinquième et quatrième, où des écoliers rapporteurs s'espionneraient les uns les autres et se dénonceraient par trimestre.

Cet amortissement du clergé, plus facile que l'on n'eût cru, encouragea à entreprendre une œuvre qui semblait plus hardie : la *transformation de la noblesse*.

Nous devons à M. Ranke (*Papauté*, liv. V, § 9) la connaissance d'une pièce inestimable, tirée des manuscrits Barborini. C'est le plan que le nonce Minuccio Minucci propose à la cour de Rome pour le remaniement moral de l'Allemagne. Son principe dominant est celui-ci : *C'est de la noblesse qu'il faut s'emparer*. Il ne se fie pas au peuple.

Il veut : 1° *qu'on traite les enfants nobles mieux* que les petits bourgeois, pour attirer la noblesse aux colléges ; 2° *qu'on donne les évêchés aux nobles*, « qui seuls ont droit d'y arriver. » Point de bénéfices aux bourgeois, qui pourraient devenir savants ; il faut bien quelques savants, mais peu, très-peu de savants ; 3° *on n'exigera pas de ces nobles prélats qu'ils résident* dans leurs évêchés ; ils seront bien plus utiles à la cour et près des princes.

Ce plan tout aristocratique porte sur cette pensée, très-juste, que la noblesse, plus qu'aucune autre classe, pouvait être corrompue par les places et par l'argent, par le plaisir, par son besoin absolu de vivre à la cour.

Justement, à cette époque, se formaient autour des princes ces grands centres de vie galante et mondaine, les cours, et de moins en moins la noblesse pouvait vivre chez elle. Dans plusieurs pays, les Jésuites n'eurent besoin que d'une chose; il suffit que les protestants ne fussent plus admis chez les princes. En Pologne, l'effet fut terrible; les exclus furent désespérés et se refirent catholiques. En France, il en fut peu à peu de même. Les protestants non chassés furent du moins vus de mauvais œil; il leur fallut s'éloigner. Dans les châteaux commencèrent les lamentations des femmes, les querelles domestiques. Le jour ne fut qu'un bâillement et la nuit qu'une dispute. Le mari y échappait, tant qu'il pouvait, par la chasse; mais il y retombait le soir. Hélas! malheureuse dame, exilée, perdue au désert! Loin du roi, nouveau Dieu du monde, vous ne verrez donc plus que Dieu! Ce soleil vivant vous aurait dorée d'un rayon; à son aimable chaleur auraient éclos les amours. Or, dans le monde monarchique, les amours font les affaires : le mari eût fait fortune...

La noblesse fut vaincue. Tous les *honnêtes gens* se firent catholiques. Des colléges magnifiques furent ouverts par les Jésuites à la jeune noblesse; les enfants des princes eux-mêmes s'y assirent avec les nobles. Ces princes, élèves des Jésuites, Bavarois et Autrichiens, vont être l'épée du parti.

Du jour où la France a faibli en abandonnant l'Italie, Ferdinand d'Autriche exécute chez lui l'opération violente de chasser tous les protestants. Persécution que l'empereur Rodolphe commence en Hongrie, en Bohême, et généralement dans l'Empire, par la destruction des hauts tribunaux qui maintenaient l'équilibre entre les deux religions.

Tous les princes sont tentés par les domaines protestants, ou ceux même des catholiques. Le pape trouve bon que son favori le Bavarois s'approprie les biens des couvents, et il le charge de corriger et de stimuler les évêques.

L'artère du monde est le Rhin. Bade, Mayence, Cologne et Trèves, les évêchés peu éloignés, Bamberg, Wurtzbourg et Paderborn, avaient chassé les protestants. Mais la grande affaire était Clèves, la porte de la Hollande et de l'Allemagne, ce bas Rhin commun à tous, qui touche aux trois nations.

Dès 1598, l'Espagne s'y était jetée, et elle n'en fut distraite que par le long siége d'Ostende. La Hollande ne sauva pas cette place. Elle s'épuisa en efforts, et chacun prévit le moment où la France serait obligée de se mettre de la partie, de soutenir les Hollandais, ou de les laisser périr, ce qui livrait l'Allemagne, avec l'Allemagne l'Europe. De sorte que l'Espagnol, ruiné, séché jusqu'à l'os, un squelette, une ombre, se fût encore trouvé le maître à la fin et le vainqueur des vainqueurs.

Donc, on regardait Henri IV, et tout retombait sur lui. Sa tête était au fond l'enjeu du grand combat de l'Europe.

La mort de Biron lui avait causé un terrible ébranlement. L'on se demandait deux choses :

Mourrait-il naturellement? Ce n'était pas impossible. Dyssenterie au moment fatal, en juillet 1602. Mai 1603, seconde crise de rétention d'urine. Dyssenterie en septembre, en décembre encore. En janvier et en avril 1604, premières atteintes de goutte.

Mourrait-il moralement, d'inquiétude et de chagrin, de tiraillement intérieur? La conjuration générale de bêtise et de bigotisme vaincrait-elle cet esprit si vif et si résistant?

Il semble qu'il fût alors très-bas et très-affaissé. J'en juge surtout par une chose. Sully ne parvenait pas à lui faire comprendre qu'il n'avait à craindre jamais une alliance du parti protestant avec l'Espagne. Et cependant visiblement l'Espagne devait leur faire horreur. L'avénement de l'infante Claire-Eugénie à Bruxelles avait été solennisé par une femme enterrée vive. Le conseil d'Espagne songeait à chasser tous les Morisques. La seule difficulté était que le frère du premier ministre, grand inquisiteur, voulait, non qu'on les expulsât, mais qu'on les passât au fil de l'épée. Or c'était un million d'hommes!

L'Espagne faisait horreur. Le plus suspect des protestants, le plus intrigant, Bouillon, n'osait traiter avec elle. (De Thou.) Il se fût perdu chez les siens.

Ce qu'il faisait réellement, c'était de calomnier le roi dans l'Europe protestante, jusqu'à dire qu'il méditait avec le pape une seconde Saint-Barthélemy (Lettres, VI, p. 10). Il sollicitait le roi d'Angleterre de prendre le protectorat de nos réformés. Cela troublait fort le roi et le rapprochait des catholiques, le faisait même faiblir dans la question des Jésuites.

Moment d'obscurité profonde. Le roi ouvrait les bras à l'ennemi, favorisait, sans le savoir, le grand complot fanatique organisé contre lui-même Et les protestants se défiaient du roi, qui déjà, dans la Bastille, amassait l'argent, les armes, pour la grande guerre nécessaire au salut des protestants.

On ne pouvait agir de face contre un homme de tant d'esprit, mais on le pouvait de côté par des moyens indirects. L'Espagne trouvait à cela d'admirables facilités; le conseil, la cour était espagnole. Ce n'était pas seulement des Villeroy, des Jeannin, qui discouraient en ce sens, mais les gens les plus innocents, des mondains, des étourdis, par exemple Bassompierre, le galant colonel des Suisses. La reine, au lit même du roi, grondait, pleurait pour l'Espagne, pour l'alliance espagnole, pour le double mariage. Et, si le roi se sauvait chez sa Française, Henriette, il y retrouvait l'Espagne; Henriette voulait s'y réfugier, si le roi venait à mourir. Donc l'Espagne en tout et par tout; on la sentait de tous côtés, on la respirait. Ou, si ce n'était pas elle, c'était la Savoie, plus adroite, une sorte d'Espagne française par où le poison arrivait.

Au moment où, de la Savoie, partait un agent secret qui devait travailler les Guises, un Savoyard, très-aimable, l'insinuant, le charmant saint François de Sales, venait prêcher devant le roi.

Celui-ci n'était pas Jésuite. Son maître, le P. Possevino, le grand diplomate de l'ordre, avait senti qu'il servirait bien mieux les Jésuites en ne l'étant pas. Leur but alors étant, comme je l'ai dit, de s'approprier la noblesse, il leur fallait des gentilshommes à eux, qui eussent les grâces et l'élégance mondaines. Tel était François de Sales, blond de barbe, de cheveux, d'un sourire d'enfant, avec un charme féminin qui allait surtout aux dames, qui ravit la cour, le roi. Le Crucifié, dans ses mains, perdant toutes ses terreurs, devenu gai et aimable, n'aimant qu'oiselets, fleurettes des champs, avait pris la gentillesse du rusé petit Savoyard.

Ce n'était pas Possevino, un pédant baroque (à en juger par ses livres), qui avait pu faire ce charmant disciple. C'était la cour, c'étaient les femmes, la douce conversation des Philothées et des Chantal. C'était la camaraderie de l'aimable auteur d'*Astrée*, le sire d'Urfé, ex-amant de Marguerite, réfugié en Savoie, qui, d'après les Espagnols, faisait son roman de bergers.

Le confesseur de madame de Chantal, fort jaloux, dit de saint François : « Ce berger. » Et, en effet, ses sermons, ses petits livres dévots, sont des *Astrées* spirituelles, des bergeries ecclésiastiques.

Le roi, enchanté de voir une dévotion si gaie, si peu exigeante, en contraste si parfait avec le sombre, la roideur des huguenots, inclina fort de ce côté, et, sous cette séduction, se trouva tout préparé à laisser rentrer en France les maîtres du doux prédicateur.

Au voyage qu'il fit à Metz, en 1603, La Varenne lui présenta les Jésuites de Verdun, qui le prièrent de rétablir un ordre pauvre, disaient-ils, modeste, et surtout point intrigant. Le roi dit avec bonté que, de retour à Paris, il aviserait. Tout solliciteur a besoin de suivre son juge ; ils obtinrent que deux seulement, deux humbles, deux tout petits Jésuites, les pères Ignace et Cotton, suivraient l'affaire, et par conséquent accompagneraient le roi. Il consentit. Cotton s'attacha à lui et ne le quitta plus jamais. Jamais, quand il l'eût voulu, il n'eût pu arracher de lui ce lierre tenace, ce plat, froid, indestructible lichen, qui semblait collé à lui. Il s'en moquait tout le jour, mais ne le traînait pas moins. Controversiste ridicule et prédicateur grotesque, il était admirablement choisi pour un roi rieur. C'était un trait de génie d'avoir mis chez lui pour espion un fourbe sous la figure d'un sot.

Voilà l'humble commencement de cette grande dynastie de confesseurs du roi, qui, sous La Chaise et Le Tellier, finiront par gouverner la France.

Le roi, au retour de Metz, fut malade deux fois, coup sur coup, en un même été. En septembre, étant à Rouen, les huîtres normandes lui rendirent son flux de ventre. Il était faible, et isolé, la cour ne l'ayant pas suivi. Mais Cotton et La Varenne ne le lâchaient pas. Ils tirèrent de lui le rétablissement des Jésuites.

Sully assure qu'Henri IV lui avoua qu'il ne se décidait à cela que pour sortir des angoisses où le tenait constamment la peur de l'assassinat, « vie misérable et langoureuse... telle qu'il me vaudroit mieux être déjà mort. »

Tels ils furent reçus, tels ils se maintinrent. Et c'est, selon Saint-Simon, la raison même que le plus doux des Jésuites, le P. La Chaise, donnait en mourant à Louis XIV, pour qu'après lui il prît toujours un confesseur jésuite : « Dans toutes les compagnies il y a de mauvais sujets... Un mauvais coup est bientôt fait, » etc.

Ce qui ne les aida pas peu, c'est qu'ils persuadèrent au roi que l'Espagne les persécutait, et qu'ils n'avaient que lui de protecteur au monde. Cela le toucha. Il les reçut à bras ouverts, et leur dit ce mot étonnant : « Aimez-moi, car je vous aime. »

Pour rentrer, ils s'étaient faits sveltes, minces et bien petits. Il leur suffisait d'une fente. D'abord, point de confession, à moins que les évêques ne les y forçassent. C'était assez que Cotton fût auprès du roi.

Ils étaient hommes de collége, voués tout à

fait aux enfants, n'aimant que l'enfance. A la Flèche, ils se chargeaient de leur enseigner le latin, laissant le roi y ajouter tout l'enseignement mondain du siècle, quatre professeurs de droit et quatre de médecine, deux d'anatomie. Les Jésuites n'avaient aucun préjugé. Les bénéfices du collége devaient s'employer à doter chaque année douze pauvres filles, innocentes et vertueuses.

Tout ce que leur reconnaissance, leur tendresse pour le roi, leur faisait demander, exiger de lui, c'était son cœur qu'ils voulaient voir à jamais dans leur église.

Après sa mort, bien entendu. Et celui des rois et des reines, à jamais, voulant être un ordre essentiellement royaliste.

Accordé. Les gallicans mêmes, des hommes du Parlement (par exemple, le greffier Lestoile), se radoucirent un peu pour eux, trouvant les sermons de Cotton doux, modestes, modérés, pacifiques et pas trop dévots, enfin d'un homme du monde.

Ce qui toucha fort Paris pour ce pauvre père Cotton, c'est que, revenant le soir dans le carrosse de La Varenne, il y fut assassiné. Par les huguenots sans doute? Ce fut le cri général. Mais qu'y auraient-ils gagné? Cotton mort, on n'aurait pas manqué de Jésuites aussi saints et aussi savants. Quoi qu'il en fût, heureusement le ciel avait veillé sur lui; l'assassinat se réduisit à une invisible écorchure, que ces méchants huguenots crurent qu'il s'était faite lui-même.

CHAPITRE VII.

Le roi se rapproche des protestants, leur accorde le temple de Charenton. — 1604-1606.

Richelieu nous a tracé de main de maître le portrait du créateur originaire de sa fortune, qui fut son prédécesseur dans les affections de Marie de Médicis, du signore de Concini. Concini succédait lui-même à ces cousins de la reine, les Orsini, ses premiers *cavaliers servants*. Il rendit au roi le service de les supplanter. Un homme de sa condition était moins embarrassant, et pouvait *servir* la reine avec moins d'éclat et de bruit.

Concini était né en pleine cour, fils du ministre dirigeant de Côme de Médicis, mais cadet, troisième cadet, d'une maison qui n'était pas riche. Il avait eu force aventures, prison, fuite et bannissement. Il avait été domestique du cardinal de Lorraine; mais c'était un homme charmant, un rieur, un beau joueur, un élégant cavalier. La triste Léonora, si disgraciée de la nature, avait cependant osé regarder le brillant jeune homme. A leur départ de Florence, elle l'aida de quelque argent; et l'usage qu'il en fit, ce fut d'acheter un cheval de deux mille ducats, qu'il eut l'impertinence de donner à Henri IV.

Ce petit fait peint l'homme de la tête aux pieds. Il n'était que vanité, folie, insolence. Il passait tout le jour au jeu comme un grand seigneur. Il plut d'autant plus à la reine, qui le maria à sa Léonora, afin de le pouvoir garder. Avec cet arrangement, Marie de Médicis put être sévère à son aise, jalouse de son mari, inexorable et terrible pour la régularité de sa maison. Une de ses filles ayant, la nuit, reçu un amant qui se sauva en chemise, la reine exigea que le roi le fît condamner à mort (par contumace heureusement).

Léonora, modeste et sage, n'aurait visé qu'à l'argent. Mais Concini, un fat, un fou, avec ses goûts de grandeur, ne pouvait manquer de suivre le vent de la cour, qui était tout à l'Espagne. Le grand-duc de Florence, son maître, s'était refait Espagnol. Marie de Médicis ne rêvait que le double mariage espagnol, qui était aussi toute la politique de l'ancien ligueur Villeroy.

Un commis de Villeroy, qui déchiffrait les dépêches, en donnait copie à Madrid. Concini communiquait par une voie plus détournée, par l'ambassadeur du grand-duc auprès de Philippe III; ses lettres passaient par Florence, pour être envoyées à Madrid.

Le roi avait ainsi l'Espagne tout autour de lui, chez lui. En avril 1605, il apprit l'affaire du commis, que Villeroy laissa fuir, et qu'on trouva dans la rivière, non pas noyé, mais étranglé.

Et, au même moment, un coup plus sensible lui était porté. Les Espagnols avaient gagné Entragues, le père d'Henriette, et son frère, le comte d'Auvergne, déjà mêlé à l'affaire de Biron.

Elle-même était-elle innocente? Son père disait oui, son frère disait non.

La faute en était au roi, qui n'avait pas su prendre un parti avec elle, et l'avait exaspérée.

La reine, pour faire digérer son nouveau cavalier-servant, avait trouvé bon qu'Henriette eût un logement dans le Louvre. Mais celle-ci croyait qu'elle ne la souffrait là que pour la faire tuer un matin. Elle avait prié le roi de la marier, ou de la laisser partir. Il ne faisait ni l'un ni l'autre, lui disait qu'il la marierait, et se dépitait contre elle quand elle cherchait un mari.

Il la relevait, il la rabaissait. Il reconnaissait son fils, qu'elle appelait *mon Dauphin*. Il ne pouvait se passer d'elle, et il employait l'homme le plus grave du royaume, Sully, à négocier avec elle dans leurs brouilleries. Une lettre d'Henriette à Sully indique que c'était justement alors qu'il était plus amoureux et d'une impatiente exigence. Elle était fière et révoltée d'avoir à se soumettre ainsi. De plus en plus, elle songeait à fuir en Espagne, et elle entra dans les projets de son père et de son frère.

Qu'elle ait eu dès 1604 l'idée de tuer le roi, qu'elle ait su le fond du complot, je ne le crois pas. Mais certainement elle voulait enlever son fils en Espagne, et le constituer Dauphin contre le Dauphin avec l'appui des Espagnols.

Ceux-ci, qui n'en pouvaient finir avec le grand siége d'Ostende depuis trois années, avaient monté deux machines qui les auraient débarrassés des deux appuis de la Hollande, d'Henri IV et de Jacques VI.

Contre le premier, ils fomentèrent *le complot d'Entragues*.

Contre le second, ils accueillirent, encouragèrent l'infernale *conjuration des poudres*, qui commença en même temps.

Le roi, pour être plus ferme contre Henriette, dans ce procès, avait pris une autre maîtresse, plus belle, mademoiselle de Beuil, qu'il dota, titra à grand bruit, et fit comtesse de Moret. Mais celle-ci n'était qu'un corps. L'autre était une âme, maligne et méchante, il est vrai, mais une âme enfin. Et elle sentait sa puissance. Son père, son frère, furent condamnés ; on menaçait de l'enfermer et de lui ôter ses enfants. Elle ne s'effraya pas. Elle dit toujours bravement qu'elle avait promesse du roi, et que ses enfants étaient les seuls légitimes ; que, du reste, n'ayant rien su, elle ne demandait que trois choses : pardon pour son père, une corde pour son frère, et justice pour elle.

Le roi gracia le père, enferma le frère, et elle, l'éloigna un moment. Mais il la fit revenir. Insigne imprudence. Humiliée, et subissant et cette grâce et cet amour, désormais insupportable, elle devint tout à fait perverse et très-dangereuse.

Dans cette cruelle affaire, il avait senti au cœur la pointe du poignard espagnol. On l'avait pris par sa maîtresse. On chercha une autre ouverture, on entreprit de lui ôter son grand serviteur Sully.

Celui-ci venait de prendre une grave initiative. Il se voyait au plus haut dans l'amitié de son maître. Il avait reçu de lui comme un nouveau ministère, la surveillance des affaires étrangères et du très-suspect Villeroy. (*Lettres* VI, 253.) Il vit que le roi ne pouvait tarder à se mêler directement de la Hollande et du Rhin pour la succession de Clèves : donc qu'il serait obligé de revenir aux protestants. Lui-même, qui les avait fort mécontentés, se rapprocha d'eux. La mort de la Trémouille, celui de leurs chefs qu'aimait le moins Henri IV, permettait le rapprochement. Sully, maria une de ses filles à un protestant illustre et le chef futur du parti, le jeune duc de Rohan. (13 février 1605.)

Cela eut effet. Et un moine, chargé d'espionner les gens qui se rendaient au temple d'Ablon, d'espion se fit prosélyte, jeta le froc, et tout haut se déclara protestant.

De là un curieux duel entre Sully et Cotton.

Cotton tâchait de le noircir, et toute la cour aidait à la calomnie. On parvint à faire naître entre lui et le roi un petit nuage qui, heureusement pour la France, se dissipa au moment même. Lorsque déjà on croyait Sully disgracié sans remède, le roi lui ouvrit les bras. Il faut lire dans les *OEconomies* cette scène touchante dont on a tant parlé et qui a passé en légende.

Par représailles, Sully surprit, montra et publia une pièce secrète où Cotton avait écrit les questions qu'il devait adresser au diable qu'une possédée faisait parler. Pièce qu'on trouva ridicule, mais que nous trouvons tragique, en y voyant certains noms qui vont se représenter à la mort du roi.

Sully, dès lors se constituant avocat des protestants, se rendit lui-même, comme gouverneur du Poitou, à leur assemblée de Châtellerault. La confiance se rétablit. Il leur dit que, s'ils tenaient à leurs méchantes petites places qui n'auraient pu se défendre, on les leur laisserait quelque temps encore. D'autre part, les protestants le reçurent à la Rochelle. Les portes lui en furent ouvertes, quoiqu'il eût avec lui une petite armée, de douze cents chevaux. Ces excellents citoyens, et les meilleurs de la France, qu'on disait amis de l'Espagne, ne pensaient qu'à lui faire la guerre. Ils régalèrent Sully d'un combat naval où vingt vaisseaux fleurdelisés battaient vingt vaisseaux espagnols.

Sully, désormais bien sûr qu'ils ne soutiendraient pas Bouillon, donna au roi l'excellent conseil de venir lui-même en Limousin et en Quercy. Il y vint avec une armée (sept. 1605), mais elle fut inutile. Bouillon avait donné ordre qu'on ouvrît les places au roi. Une enquête contre les agents de l'Espagne, qui voulaient lui livrer des villes. Marseille, entre autres, révéla des coupables, mais généralement catholiques. La grande masse protestante était loyale et dévouée. Revoir leur roi de Navarre après tant d'années, retrouver vieillie, blanchie, la tête chérie des anciens jours, le camarade des souffrances, des misères et des combats, ce fut un attendrissement universel. Les Rochelois vinrent lui dire qu'il ne passât pas si près sans les visiter ; qu'il vînt avec son armée ; que toutes les portes lui seraient ouvertes ; que, si elles n'étaient assez larges, ils abattraient encore trois cents toises de mur. « Vous les entendez ? » dit le roi à toute la cour. Et alors il les embrassa par trois fois en versant des larmes.

Second jour d'unanimité, dans ce pays si divisé. Je compte pour le premier jour, non moins mémorable, celui où l'armée d'Henri III et celle d'Henri de Navarre, la réformée, la catholique, en juin 1589, s'étaient reconnues, embrassées.

Le roi avait pu reconnaître quels étaient véritablement ses amis, ses ennemis, et combien toutes ses faiblesses pour ceux-ci étaient inutiles. Il était à peine revenu à Paris, qu'on apprit (novembre 1605) l'explosion la plus terrible, le complot le plus scélérat, dont il y ait eu jusque-là exemple, de mémoire d'homme.

Rien n'apaisait les fanatiques, nulle concession ne suffisait. Ils étaient divisés entre eux. Pendant que les doux, les patients, les rusés, vous caressaient, pendant qu'un François de Sales charmait et touchait le cœur, un Parson, ou un

Garnet, pouvait vous frapper par derrière.

Les percées hardies, violentes, que faisaient les impatients, trahissaient leurs souterrains. Leur Sigismond III (de Pologne), emporté par les Jésuites, perdit ainsi la Suède. Leur jeune Ferdinand d'Autriche et les princes de sa famille poussaient les choses si vite, que, de Bohême, de Hongrie, de Moravie, on regardait vers la France, et l'on préparait un soulèvement. Venise se plaignait d'avoir une inquisition jésuitique, plus redoutable déjà que l'Inquisition d'État. De partout, un cri s'élevait : « L'Europe est minée en dessous. »

Ils protestaient. Plusieurs même, comme Cotton, semblaient des simples, des crédules. Pendant qu'on en rit, la nouvelle se répand que ces doucereux personnages ont voulu faire sauter le roi d'Angleterre, sa cour, tout le parlement.

Les Jésuites jurèrent que la conspiration était puritaine. Il fallait, pour croire cela, tout le Parlement étant puritain, admettre que ses sectaires avaient conspiré pour se faire sauter eux-mêmes.

Les puritains, grand parti, qui avaient pour arrière-garde tout le royaume d'Écosse, et qui se voyaient désormais assurés dans le Parlement, n'avaient que faire d'un tel crime. C'était trop clairement l'acte désespéré d'une minorité minime que le roi avait sottement flattée, et qui, trompée dans ses espérances, croyait couper d'un seul coup la tête de l'Angleterre, puis régner par les Espagnols.

Le chef réel de l'affaire, Garnet, supérieur des Jésuites, ne fut point mis à la torture; le roi le fit bien traiter. Il nia, puis avoua ; mais là encore il se coupait, disant qu'il avait su la chose *en confession*; et, plus tard, il dit *hors de confession*. Quiconque lira son procès (*State trials*, I, 247-310) dira, non qu'il fut complice, mais qu'il fut l'âme même de la conspiration.

Le monde fut stupéfié. On discutait, on attaquait Mariana, sa théorie sur le droit de tuer les rois. Ici la pratique allait bien autrement loin. Il s'agissait d'anéantir indistinctement le roi, les princes, les pairs, les communes, les assistants, tout ce qu'il y avait de considérable dans le pays; enfin, pour ainsi parler, de faire sauter tout un peuple.

Il y avait tant de poudre entassée sous la salle de Westminster, qu'avec le palais, sans nul doute, toute cette partie de Londres eût sauté en l'air.

Henri IV vit, je crois, dès lors plus clair dans sa situation. En janvier 1606, il dit toute sa pensée à Sully : Préparer la grande guerre, en divisant l'ennemi. Mais avant tout il fallait, en France même, arracher l'épine qui restait encore, réduire le duc de Bouillon.

Le roi alla à lui avec une armée, mais « les bras ouverts. » Pas un protestant ne le défendit. En revanche, les ennemis de la France, les bons amis de l'Espagne, la reine, Villeroy, tous les grands seigneurs conseillaient de le ménager. Le roi le fit en effet, se contentant d'occuper Sedan pour quatre ans, par un gouverneur huguenot.

Bouillon était fini, perdu, surtout dans l'opinion, ayant démenti sa réputation de prévoyance, ayant misérablement livré ses amis. Il ne restait aucun des grands qui pût sérieusement résister.

Mais d'autant plus violemment revenait-on aux moyens du fanatisme populaire. Il se trouvait à chaque instant des fous pour tuer le roi. Un, tout à fait aliéné, l'arrêta sur le pont Neuf, le tira par son manteau et le tint sous le poignard. Un autre, un fou béarnais, se mit à prêcher sur les places contre les huguenots. Des batailles eurent lieu dans Paris, et non sans mort d'homme, entre les deux communions. Un protestant fut attaqué et tué sur le chemin d'Ablon.

Tout cela ne pouvait étonner, quand on entendait les sermons violents, factieux, assassins, qu'on faisait contre le roi, tout comme aux temps de la Ligue. De nombreux couvents surgissaient, foyers ardents de fanatisme, puissantes machines à faire des fous.

Toutes les formes de la pénitence furent étalées, affichées. Les Picpus, les Récollets, les Augustins déchaussés, les Frères de la charité (pour la captation des malades), s'établirent partout à Paris, sous la protection des reines, de Marguerite et de Marie de Médicis. Le 24 août 1605, jour même de la Saint-Barthélemy, les princesses, en grande pompe, menèrent les Carmélites à leur célèbre couvent de la rue d'Enfer, l'école de l'extase espagnole, qui pullula tellement, que cette maison d'Enfer engendra soixante-deux maisons qui couvrirent toute la France.

En juillet 1606, autre scène, et plus dramatique. Les Capucines furent menées par madame de Mercœur et autres princesses de Guise, à travers tout Paris, de la Roquette à la rue Saint-Honoré (la future place Vendôme). Nu-pieds, couronnées d'épines, ces filles de la Passion émurent vivement le public.

Ce spectacle violent de cinq ou six femmes vouées à la vie la plus dure, à une mort anticipée, faisait dire aux exaltés : « A quel degré donc est montée l'abomination publique, qu'il faille une telle expiation ?... Pourquoi laisse-t-on si longtemps vivre l'anathème au milieu de nous? » Ainsi la pitié tournait en colère, arrachait des larmes de rage ; et ces larmes, adressées au ciel, demandaient l'assassinat.

Le roi, devant ces fureurs ascétiques et monastiques de gens qui se frappaient eux-mêmes dans l'espoir de le frapper, fit une chose courageuse, que lui demandait Sully depuis près d'un an. Il mit le temple des réformés à *deux* lieues de Paris, le transportant d'Ablon, distant de cinq lieues, à Charenton, c'est-à-dire presque aux portes de la grande ville.

On ne peut se figurer quelle fut la violence des résistances. On fit réclamer le seigneur du lieu, et il s'ensuivit un procès qui dura soixante années. Sans en attendre l'issue, on fit arriver au roi d'aigres et menaçantes plaintes ; l'Édit de Nantes, disait-on, n'avait autorisé le temple qu'à quatre lieues de Paris. « Eh bien, dit le roi gaiement, qu'on sache que désormais Charenton est à quatre lieues. »

Alors on essaya de la violence populaire, des batteries, des coups de bâton. Mais le roi, sur le chemin, fit mettre une belle potence, qui avertit suffisamment, et l'on n'eut besoin d'y pendre personne.

Ce simple rapprochement du Temple, mis si

près du centre, presque dans Paris, le prêche en ce lieu sonore, d'où tout retentit en France, l'éloquence austère des ministres, en face des échos de la Ligue, des sermons en calembours, en rébus, en madrigaux, où brillait l'esprit des Jésuites, ce fut un grand coup de parti.

Chacun se tint pour averti. Quoique le roi continuât un simulacre de bascule, on vit bien, dans les grandes choses, qu'il inclinait aux protestants. Personne ne fut étonné lorsque, peu après, il entraîna l'Angleterre dans un traité où les deux puissances couvraient définitivement la Hollande de leur garantie.

Les protestants, un à un, lui revinrent, et d'Aubigné même.

La guerre d'Espagne, l'affranchissement des consciences, la liberté religieuse de l'Europe que pouvait fonder Henri IV, c'était l'idée nouvelle du temps. C'est celle qui lui ramena l'intraitable d'Aubigné, et le jeta dans ses bras :

« Je me rendis à la cour, où le roi, sous prétexte de me charger de l'inspection des joutes, me tint deux mois sans me parler de ce qu'il avait sur le cœur. A la fin, comme j'entrais avec lui dans un bois où il allait chasser, il me dit : « D'Aubigné, je ne vous ai point parlé de vos assemblées, où vous avez pensé tout gâter, parce que vous étiez de bonne foi, et que j'étois sûr qu'il ne se passeroit rien contre ma volonté. Un des vôtres, et des meilleures maisons, ne m'a coûté que cinq cents écus. Que de fois j'ai dit, en vous voyant si rétif :

« Oh ! que si ma gent eût ma voix ouï,
« J'eusse en moins de rien pu vaincre et défaire, » etc.

« Je répliquai : « Sire, je savois tout. Mais, « nommé par les Églises, j'ai cru devoir les servir, « d'autant plus qu'elles étoient plus abaissées...» Le roi m'embrassa et suivit sa chasse. Mais, courant après lui, je lui dis : « Sire, en re-« gardant votre visage, je reprends mes an-« ciennes hardiesses. Défaites trois boutons de « votre pourpoint, et faites-moi la grâce de me « dire ce qui vous a mû à me haïr... » Alors il pâlit, comme il faisoit quand il parloit d'affection, et dit : « Vous avez trop aimé la Tré-« mouille ; vous saviez que je le haïssois... »

« Sire, repartis-je, j'ai été nourri aux pieds « de Votre Majesté, et j'y ai appris de bonne « heure à ne pas délaisser les personnes affligées « et accablées par une puissance supérieure. « Approuvez en moi cet apprentissage de vertu « que j'ai fait auprès de vous. » Cette dernière réponse fut suivie d'une seconde embrassade que me fit mon maître, en me disant de me retirer.

« Sur quoi il faut que je dise ici que la France, en le perdant, perdit un des plus grands rois qu'elle eût encore eus; il n'étoit pas sans deffauts, mais en récompense il avoit de sublimes vertus. »

CHAPITRE VIII.

Grandeur d'Henri IV.

Les grands résultats du règne commençaient à apparaître. Toute l'Europe sentait une chose, c'est qu'il n'y avait qu'un roi, et c'était le roi de France.

Le vœu de tous ses voisins eût été d'être conquis. Les Flamands écrivaient aux nôtres : « Ah! si nous étions Français! » Et la Hollande elle-même, dans ses embarras, recevant son meilleur secours de nos volontaires, se surprenait à désirer de devenir France. Les revers du prince Maurice, les craintes que faisait concevoir sa tragique ambition, reportaient vers Henri IV, et plusieurs, déjà fatigués d'une liberté si pénible, eussent voulu être ses sujets (1607, Sully).

Vœu déraisonnable pourtant. On en jugera ainsi, si l'on songe à la si courte durée de ce règne, à ses résultats éphémères, aux calamités si longues qui suivirent... Tel fut, tel est le caractère du gouvernement viager. Marc-Aurèle aujourd'hui, et demain Commode.

Est-ce à dire que la voix publique a eu tort de vanter ce règne? La légende est-elle vaine? Non, le peuple a eu raison de consacrer la mémoire du roi singulier, unique, qui fit désirer à tous d'être Français, qui paya ses dettes, prépara la guerre sans grever la paix et laissa la caisse pleine.

Il n'y a aucune comparaison à faire entre lui et Louis XIV, entre ce règne réparateur et ce règne exterminateur. Le bel accord, si heureux, d'Henri IV et de Sully ne se retrouve point du tout entre Louis et Colbert. Les dépenses d'Henri IV, pour son jeu et ses maîtresses, que je n'excuse nullement, ne sont rien en comparaison de la furieuse prodigalité, de la Saint-Barthélemy d'argent qui signala le grand règne.

Celui-ci est vraiment grand. Avec peu il fit beaucoup. Sully n'était pas ce que fut Colbert. Henri IV n'avait qu'un petit pouvoir, en comparaison de l'épouvantable puissance de Louis XIV, qui trouva tout aplati.

La situation d'Henri IV, relativement, fut misérable. Il dut racheter la royauté et combler ses ennemis.

Les Guises restèrent grands et devinrent plus riches. Leur chef, Mayenne, était gouverneur de l'Ile-de-France, et il enserrait Paris. Son neveu, Guise, avait la Provence, Marseille, la porte par où entra Charles-Quint. M. de Montmorency était roi de Languedoc. L'homme le plus dangereux, d'Épernon, gouverneur de la Saintonge, de l'Angoumois et du Limousin, l'était encore, à l'est, des Trois Évêchés. Le duc de Longueville avait la Picardie, c'est-à-dire nos frontières du Nord. Le duc de Nevers avait la Champagne, Mézières et Sainte-Ménehould, la route ordinaire des invasions allemandes.

Sous ces hauts tyrans subsistait la foule des petits tyrans, gouverneurs de villes, commandants de places; enfin les seigneurs, moins forts comme seigneurs alors, mais plus lourds peut-être encore comme gros propriétaires de terres, que dis-je? comme propriétaires d'hommes. Malgré les rachats innombrables et les adoucissements de nos coutumes, la servitude subsistait dans nombre de nos provinces.

Un des fléaux de l'époque, c'est que les grands

s'appropriaient et tournaient à leur avantage la puissance du roi et des parlements qui devaient les réprimer. Ils n'avaient plus besoin, comme autrefois, de combattre; il leur suffisait de plaider. La lâcheté des hommes de robe mettait la justice à leurs pieds. Les parlementaires, si gourmés, si gonflés dans leur robe rouge, tombaient à l'état de valets quand un de ces dieux de la cour leur faisait l'insigne honneur de les visiter. Chapeau bas, courbés jusqu'à terre, reconduisant le grand seigneur jusqu'à la rue, jusqu'au carrosse; le magistrat promettait tout. *La cour! un homme de cour!* A ce mot, la loi s'effaçait, le droit s'évanouissait. Le courage du président tombait, et, le plus souvent, la vertu de madame la présidente.

Les grands, alors aussi avares qu'autrefois ambitieux, visaient à l'absorption de toutes les fortunes de France. Ils y marchaient par deux voies, d'abord par leur toute-puissance sur les tribunaux, par des procès toujours heureux; deuxièmement par des mariages, en s'adjugeant, bon gré mal gré, toutes les riches héritières.

Le roi se mit en travers et les arrêta. 1° Il rendit les magistrats plus indépendants en leur permettant, pour un léger droit, de rendre leurs charges héréditaires, et de n'avoir plus à compter à chaque vacance avec les rois de province ou les influences de cour ; 2° il interdit aux familles trop puissantes, spécialement à celle des Guises, les grands mariages, qui les auraient encore fortifiées. C'est ce qu'ils ne supportèrent pas, et ce qui leur fit désirer ardemment sa mort.

Ce règne leur apparut comme une dure tyrannie, une cruelle révolution.

C'était là, en effet, son caractère profond, qu'entravé encore à l'extérieur, il avait en lui la force vive d'une révolution sociale qui poussait la royauté, qui la trouvait trop timide, et qui lui disait d'oser.

Sully, qui avait quelque chose des grands révolutionnaires, semble avoir senti cela. Rien de plus dramatique que l'intrépide percée de cet homme de guerre, jusque-là étranger à ces choses, dans l'épaisse forêt des abus, où il entre l'épée à la main. Mais ces abus, entrelacés comme un chaos inextricable de ronces, pour les couper, il fallait avant tout les démêler. Là se place le travail prodigieux du grand homme, sa vie sauvage au milieu de Paris, ses nuits d'écriture et de chiffres, sa rudesse implacable pour les courtisans.

Il se bouchait les oreilles pour ne pas entendre l'attendrissante plainte des abus qu'il fallait trancher. A chaque coup, ils criaient tous, comme ces arbres animés des forêts du Tasse. Mais quoi! la hache de révolution ne respecte rien.

Révolution contre l'hypothèque sacrée de nos créanciers étrangers, et nos impôts dégagés de l'exploitation florentine, des mains pures, irréprochables, des Gondi et des Zamet.

Révolution contre les offices achetés ou si bien gagnés, contre ces honorables receveurs, contrôleurs, comptables de toutes sortes, qui trouvaient moyen de ne point compter, tous couverts du patronage des grands de la cour.

Révolution contre les gouverneurs de provinces, qui virent mettre à côté d'eux un lieutenant général du roi.

Révolution plus hardie contre la seigneurie, essai (non pas de raser encore les châteaux), mais d'empêcher qu'on n'y fît des fortifications nouvelles.

Après ces révolutions, notons les tyrannies de cette administration.

Elle exigea que les seigneurs laïques ou ecclésiastiques qui levaient péages sur les routes et rivières à condition de les entretenir, accomplissent cette condition, sous peine de déchéance. Sully, comme grand voyer, poussa contre eux cette guerre si vivement, qu'en peu d'années tous finirent par obéir. Le commerce circula, et aussi la force publique. Ces routes que refirent les seigneurs, elles servirent à les visiter, à les surveiller.

Les forêts et les cours d'eaux furent pour la première fois gardés et administrés. Autre guerre immense. Guerre aux braconniers, aux soldats devenus voleurs, aux rôdeurs armés.

Les poissons furent protégés; des rivières furent repeuplées, et défense de pêcher au temps du frai. Sully fit ce que demande et attend encore la pisciculture.

L'industrie date de ce règne. Le roi même l'encouragea; moins Sully, tout préoccupé de l'agriculture. Le monde de l'ouvrier, tout autrement mobile et libre que celui du cultivateur, surgit tout à coup. Les soieries, les draps, les verreries, les manufactures de glaces, etc., furent créées ou immensément étendues par Henri IV. Il planta partout des mûriers. Il ordonna qu'en chaque diocèse on en élevât dix mille. Il en mit dans les Tuileries, à Fontainebleau et partout. Cette disposition si sage de mettre à profit les jardins publics pour les cultures d'utilité a été tournée en ridicule par les royalistes du temps de la Révolution, mais elle remonte à Henri IV.

Sully ne goûtait guère non plus les fondations de colonies. Le roi, plus fidèle en ceci aux traditions de Coligny, jugeait qu'un grand peuple inquiet, tant d'esprits aventureux, ont besoin d'un tel débouché. Il encouragea les Champlain, les de Monts, fondateurs de cette France américaine qui n'embrassait pas seulement le Canada, mais un empire de mille lieues de côtes. Regrettables colonies où la sociabilité de la France adoptait les indigènes et les assimilait. La France épousait l'Amérique, au lieu de l'exterminer pour y substituer une Europe, comme ont fait les colons anglais.

Ce règne, si grand par ce qu'il fit, et plus grand par ce qu'il voulut, commença ou projeta. Ainsi le canal de Briare, l'une de ses belles créations, et qui fut un modèle pour l'Europe, devait être suivi du canal des deux mers et d'un vaste réseau de voies analogues qui eussent en tous sens ouvert à la France ses vives artères. Ce système (si bien exposé par M. Poirson) avait jailli du génie des Crappone, des Crosnier, des Louis de Foix, des Viète. Ce dernier, immortel par l'application de l'algèbre à la géométrie.

Henri IV s'occupa fort de la Seine et lui créa d'abord sa route *d'en bas*. Il voulait en rectifier le cours et en assurer la navigation entre Rouen et le Havre; ce qui en eût fait la rivale de la Tamise et posé Rouen comme émule et antagoniste de Londres.

Tout ce qu'on fit pour la guerre, en dix ans, est incroyable. L'artillerie fut créée. Une ceinture de places fortes, chose énorme, fut improvisée, surtout pour couvrir le Nord.

Le roi, qui, toute sa vie, avait fait le coup de pistolet avec sa cavalerie de gentilhommes, et avait vu, pendant la Ligue, l'infanterie faire piètre figure, se fiait peu à celle-ci. Il n'avait pas la patience vertueuse de Coligny, ce martyr de la vie militaire, qui usa la meilleure partie de la sienne à nous faire une infanterie. Cependant, à sa dernière guerre, Henri IV voulait sérieusement en essayer, et peu à peu se passer des mercenaires. Il ne louait que six mille Suisses et levait vingt mille fantassins français.

Infatigable chasseur, vrai gentilhomme de campagne, d'aspect, d'habitudes et de goûts, il n'en aima pas moins Paris, qui ne le lui rendait pas trop. Les grands, le clergé, les corporations, la robe, restaient chagrins et hostiles. Il n'en fut pas moins, on peut le dire, un des créateurs de la ville. Un Paris immense se bâtit sous lui. Toutes les rues du Marais, qu'il nomma du nom des provinces où il avait tant voyagé, souffert, combattu, les rues (de Berri, Touraine, Poitou, Saintonge, Périgord, Bretagne, etc.) devaient aboutir à une grande place qu'on eût appelée *Place de France.*

La *place Royale*, qu'il bâtit à l'instar des villes des Alpes, avec des portiques commodes, et qui ne servit, après lui, qu'aux fêtes, aux tournois ridicules de Marie de Médicis, devait, dans son idée première, recevoir une immense manufacture de soieries.

Dans le quartier Saint-Marceau, il forma l'autre grande manufacture, celle des tapisseries des Gobelins, qui existe encore.

C'est lui qui relia Paris et en fit un tout. La ville centrale, l'île de la Cité et du Palais-de-Justice, tenait à peine au Paris méridional de l'Université et au Paris septentrional du Commerce. Pour suite au vieux pont Saint-Michel, il bâtit le *pont au Change*, et à la pointe de l'île le vaste et magnifique *pont Neuf*, l'un des plus grands de l'Europe. Celui-ci rendit nécessaire la *rue Dauphine*, par laquelle l'ancien faubourg protestant, le faubourg Saint-Germain, est en rapport avec la ville.

Les fines et spirituelles gravures de Callot nous montrent précisément le Paris d'alors, tel que le fit Henri IV, avec le pont Neuf, le beau quai de la place Dauphine, le Louvre et sa superbe galerie, qui donne à la Seine sa principale perspective et son aspect monumental; au centre enfin, sur le pont Neuf, la figure aimable et aimée, statue la plus légitime qu'on ait dressée à aucun roi, quand tous les peuples l'appelaient comme arbitre ou comme maître.

Le Louvre fut sa passion. Dès qu'il entra à Paris, il y employa une foule d'ouvriers qui mouraient de faim, et en trois ans (1594-1596) il fit la partie admirable de la grande galerie qui va du Louvre au pavillon de Lesdiguières. Catherine de Médicis, il est vrai, avait fait le rez-de-chaussée. Cependant l'œuvre est immense. Un entassement gigantesque d'étages fut superposé : « Ossa sur Pélion, Olympe sur Ossa. » Les chiffres de Gabrielle que porte ce bâtiment, mêlés à ceux d'Henri IV, disent assez l'élan de passion, d'espoir, où il fut créé.

Ce qui charme dans ce bâtiment, ce qui est bien d'Henri IV, ce qui est tout différent du Louvre de François Ier, c'est l'attention d'y créer beaucoup de petits logements, une hospitalité facile. Les premiers hôtes devaient être les arts et les sciences, dont les emblèmes sérieux ornent les frontons, avec les jeux de la chasse, les amours de la renaissance. Le Louvre continué et uni aux Tuileries eût été en même temps un palais et un musée de toute activité humaine. En haut, à côté du logement du roi et de son conseil, son long promenoir avec ses tableaux.

Aux deux étages intermédiaires, un vaste dépôt de machines, l'histoire des inventions (en petits modèles). De plus, des logements pour les artistes ou artisans supérieurs, pour les inventeurs qui, sortant de la routine des corporations, eussent été entravés par elles.

Il n'avait pu détruire les corporations de métiers, si puissantes encore. Mais quiconque établissait devant un jury du roi qu'il était capable, était dispensé des épreuves et des épines sans nombre dont ces corporations fermaient l'entrée de leurs arts. Entre ces ouvriers libres, les plus inventifs eussent été logés chez le roi. Celui-ci, qui ne rougissait d'aucune chose bonne et utile, leur ouvrait des boutiques au rez-de-chaussée, pour montrer leurs œuvres au public.

Ce que j'admire le plus dans cette idée originale, ce qui est à mille lieues des rois d'avant et d'après, c'est qu'il n'ait point séparé l'artiste de l'artisan, qui, dans tant de professions, n'est pas moins artiste. A la *Galerie des Antiques,* que Catherine avait créée, eût été joint de plain-pied le *Conservatoire des arts et métiers.*

Il ne voulait rien pour lui qu'il ne communiquât aux autres. Par lui, la *Bibliothèque royale,* mise à Paris, ouverte à tous, devint vraiment celle du peuple, comme eût été le *Musée des métiers* et le *Jardin des Plantes* qu'il voulait créer.

Le roi, le peuple, logeant désormais sous le même toit, dans le Louvre, cet homme curieux, bienveillant, avide du bien, du nouveau et des belles choses, eût descendu de son musée aux ateliers, eût assisté aux progrès industriels, eût causé avec l'ouvrier, comme il faisait avec le paysan, et se fût incessamment informé du sort du peuple.

Quand parut la Maison rustique, le beau *Théâtre d'agriculture* d'Olivier de Serres, Henri IV le lut religieusement une demi-heure par jour.

« Pâturage et labourage, deux mamelles de l'État. » Cet axiome de Sully était au cœur d'Henri IV. Il aurait voulu que les seigneurs, au lieu de mendier à la cour, allassent vivre sur leurs domaines, les vivifier.

« On sent dans Olivier de Serres (dit si bien M. Doniol, *Classes rurales*, 332) l'idéal qui animait Sully. C'est la tradition des laboureurs de Bernard de Palissy qu'Olivier transporte au domaine seigneurial, et que Sully met dans l'État. Une société assise sur le travail de la terre où l'homme aurait cette vigueur morale que donne la vie rustique, où le travail, accepté comme un devoir, fonderait seul la richesse, où la richesse rurale dominerait l'économie politique, c'est la grande et sainte pensée de ces trois grands huguenots. »

Sous Louis XIV, je vois qu'un bon citoyen, Vauban, l'illustre ingénieur qui fortifia toutes nos places, dans les longs et tristes loisirs qu'il avait des mois entiers sous les murs de ces citadelles, s'informait avec sollicitude des causes de la misère, interrogeait le paysan, compatissait à son sort et cherchait les moyens de l'améliorer. Sous le règne d'Henri IV, ce curieux, ce citoyen, c'est le roi lui-même. Notez qu'ici ce n'est pas un solitaire comme Vauban, mais un homme tiraillé de mille influences, et d'affaires et de passions; mais son cœur restait tout entier. Après cette vie mêlée et d'efforts et de misères (j'y comprends surtout ses vices), qui auraient blasé, endurci tout autre, il gardait la même chaleur, le même amour du bien public.

« Quand il alloit par pays, dit Matthieu, il s'arrêtoit pour parler au peuple, s'informoit des passants, d'où ils venoient, où ils alloient, quelles denrées ils portoient, quel étoit le prix de chaque chose. Et, remarquant qu'il sembloit à plusieurs que cette facilité populaire offensoit la gravité royale, il disoit : « Les rois tenoient à deshonneurs de savoir combien valoit un écu; et moi, je voudrois savoir ce que vaut un liard, combien de peine ont ces pauvres gens pour l'acquérir, afin qu'ils ne fussent chargés que selon leur portée. »

CHAPITRE IX.

La conspiration du roi et la conspiration de la cour. — 1606-1608.

Deux conspirations commencent en 1606, qui marchent parallèlement pendant trois années :

Celle du roi pour sauver l'Europe ;

Celle de la cour pour tuer le roi.

La première, celle du roi, se motivait, nous l'avons dit, par le succès effrayant des catholiques en Allemagne, par la discorde et la faiblesse des protestants, qui déjà avaient perdu pied dans dix États considérables. La maison d'Autriche, malgré ses divisions intérieures, la vieille Espagne ruinée, se trouvaient relevées par là, et on les voyait venir pour s'emparer du bas Rhin (Clèves, Juliers). Déjà le haut Rhin presque entièrement était redevenu catholique.

Cette situation effrayait les catholiques même, et tous, du fond même du Nord ou de l'Est (Hongrie, Moravie), regardaient du côté du prince qu'on croyait impartial, non protestant, non catholique, mais *homme* et bienveillant pour tous. Sa victoire, qu'on le dît ou non, se serait trouvée, par le fait, l'avénement du droit nouveau, du droit *humain*, extérieur et supérieur au principe religieux du moyen âge.

Tous les opprimés de la terre se tournaient vers lui, non-seulement les chrétiens, mais les mahométans mêmes. Les Morisques d'Espagne, tenus plusieurs années sous le couteau, n'ignorant pas qu'on discutait leur massacre général, s'adressaient à Henri IV dès 1603. Occasion admirable qui le faisait pénétrer aux entrailles de l'Espagne même. Mais occasion embarrassante, qui aurait mis en lumière l'impartialité réelle du nouveau principe politique, *humain*, et sa parfaite indifférence à l'idée religieuse. Elle l'aurait trop démasqué, et lui eût ôté le pouvoir de diviser les catholiques. Il ne pouvait l'espérer qu'en restant demi-catholique.

La fortune l'embarrassait ainsi, à force de le bien servir. La coalition future qui se préparait pour lui était véritablement immense, mais hétérogène, monstrueuse, se composant d'hommes de toutes religions.

Quelles que fussent ses réserves et ses dissimulations, cette monstruosité ne laissait pas d'apparaître. Les zélés la lui imputaient et n'étaient pas loin de l'envisager comme un perfide et un traître, un Janus à double face, un Judas. Un peuple immense de simples, de dévots aveugles, sincères, désiraient sa mort, et la demandaient à Dieu, s'accordant très-bien en cela avec l'Espagne et ce qui restait de la Ligue, avec les grands et la cour, la famille même du roi et son plus intime intérieur. Mais qui exécuterait, qui ferait le coup? Il fallait un fanatique; c'est ce qui retarda la chose. Si nombreux dans l'autre siècle, ils étaient rares dans celui-ci, et l'on n'avait que des bigots.

Le danger réel du parti, c'est que les catholiques n'étaient pas sûrs eux-mêmes de rester fixement fidèles à l'intérêt catholique. Le roi pouvait les diviser. Le pape même, Paul V, fort peu Français d'inclination, n'aurait pas été fâché que son bon ami le Roi Catholique fût éreinté en Italie par le mécréant Henri IV. Le bigot par excellence, le Bavarois, égalé ou surpassé par son émule Ferdinand d'Autriche, eût laissé faire le roi en Allemagne pour l'abaissement de ses chers alliés, les Autrichiens. Le Savoyard, si Espagnol et mari d'une Espagnole, n'espérant plus la succession d'Espagne quand Philippe III eut des enfants, chercha à faire ses affaires d'un autre côté, et offrit de tourner pour la France contre son beau-frère.

Le parti catholique, si peu sûr de lui, et certain d'être vaincu, avait en revanche une chose pour lui et un avantage ; c'est que le faisceau terrible de forces qui le menaçait n'avait encore qu'un lien très-fragile, la vie d'un individu.

L'espoir du parti de l'avenir (qui n'est point un parti, mais l'*humanité* elle-même) était alors en un homme. Digne ou non, celui-ci seul le représentait, et, lui mort, pour longtemps il restait dissous. Un rhume suffisait pour trancher la question générale du monde, ou bien un couteau de deux sous.

En l'année 1606, le roi d'une part, et de l'autre les ennemis du roi, mirent les fers au feu.

Le roi s'accorda avec Sully sur ce qu'il voulait, et se mit dès lors en lutte avec la reine et la cour qui voulait la chose contraire. « Entamons par l'Allemagne, dit-il, offrons l'Empire à la Bavière ; puis au duc de Savoie la royauté de Lombardie, avec ma fille pour son fils.... Maintenant, comme la reine me fait un cas de conscience de m'écarter de Rome et de la maison d'Autriche d'où elle est sortie, comme elle veut nous joindre à l'Espagne par un double mariage, *je la laisserai en doute du côté vers lequel je penche.* »

Voilà ce qu'on peut appeler la conspiration du roi. Elle reposait sur plusieurs négociations, très-cachées, pour diviser les catholiques et les armer contre eux-mêmes. Elle impliquait une bascule peu glorieuse pour le roi, force caresses aux Jésuites, etc. État trouble qui dura longtemps par l'hésitation de la Savoie et par la fatigue de la Hollande, qui fit trêve avec l'Espagne sans le roi, et le força d'ajourner les projets de guerre, de s'associer à ses négociations, de se faire au moins l'arbitre du traité qu'elle eût fait sans lui.

Dans cette même année 1606 où le roi, à l'Arsenal, arrêtait avec Sully sa grande pensée, à l'église de Saint-Jean en Grève, pendant un sermon, deux personnes, qui semblaient venues par hasard, arrêtèrent une alliance entre d'anciens ennemis, qui s'unirent et se liguèrent pour tramer la mort du roi.

Quoiqu'on ait brusqué, étouffé, le procès de Ravaillac, quoiqu'on ait assassiné le témoin Lagarde et muré aux oubliettes la demoiselle d'Escoman (autre témoin plus terrible), la voix du sang a parlé ! Et il est clair aujourd'hui que le complot partit du Louvre, que la reine en eut connaissance, qu'on n'eut pas besoin de chercher, de payer un assassin, parce que, trois années durant, on en fit un, exalté par des sermons meurtriers et chauffé à blanc par les moines.

Les deux personnes qui se trouvèrent au sermon de Saint-Jean, et qui complotèrent sous les yeux de la foule, étaient un grand seigneur, une grande dame : le duc d'Épernon et Henriette d'Entragues. C'est la déposition expresse de cette femme infortunée qu'on mura, qui ne se démentit point et mourut pour la vérité.

D'Épernon avait vu tomber Biron et Bouillon. Il sentait que son tour venait. Le roi l'avait déjà frappé dans son revenu, lui interdisant des taxes arbitraires, et dans sa puissance, ayant mis sous sa main la place de Metz.

Henriette voyait dans le roi l'obstacle à un grand mariage qu'elle voulait se faire chez les Guises. Le roi l'avait tour à tour mise haut et bas, fait presque reine, éloignée. Cette ambition exaltée, rabaissée, tournait en fureur; elle subissait son amour avec dépit, avec injures. Elle ne lui cachait point sa haine. Tout ce que les anecdotiers, les Tallemant et autres, ont recueilli de dégoûtant sur les infirmités, vraies ou fausses, d'Henri IV, ce sont les reproches même et les dérisions par lesquelles la petite furie se vengeait de ses caresses. Lui, il la trouvait plus charmante, et peu généreusement jouissait de ce triste jeu avec une créature féline qui du chat passait au tigre.

Les Guises s'amusaient d'elle, s'en moquaient au fond, car toute leur pensée était d'avarice. Ils auraient voulu que le roi mourût, non pour épouser Henriette, mais au contraire pour avoir la grande et très-grande héritière, mademoiselle de Montpensier, et pour ne pas donner au bâtard du roi une autre grosse fortune qui allait leur échapper avec mademoiselle de Mercœur.

D'Épernon avait été le mortel ennemi des Guises, et c'est pour les rapprocher et « conclure une alliance » qu'Henriette traita avec lui à Saint-Jean en Grève.

Bientôt à ses alliés un autre s'unit, celui qui disposait absolument de l'esprit de la reine, son chevalier, Concini.

Concini, non content d'avoir le réel de la faveur, en avait voulu l'éclat, le scandale. De ses petites épargnes, il allait acheter, pour un million, une terre princière, la Ferté. Le roi, si patient, eut peur cependant du bruit que cela ferait, et il prit la liberté, non de dire (il n'eût osé), mais de faire dire à la reine, par madame de Sully, que cela lui ferait du tort et qu'on pourrait en jaser.

Cet avis timide, ménagé par la dame autant qu'elle put, jeta le signore Concini dans une épouvantable fureur. Une telle révolte du mari contre le cavalier-servant était dans les mœurs italiennes chose inouïe, intolérable. Le roi s'était méconnu; on le lui fit voir. Non-seulement Concini lava la tête à la dame, mais dit qu'il se moquait du roi, qu'il n'avait pas peur du roi, et que, si le roi bougeait, il lui arriverait malheur.

Le roi n'aimait pas les disputes. Il craignait un peu la reine, acariâtre, têtue, qui, une fois qu'elle boudait, restait intraitable, et des mois entiers. Il la ménageait aussi, parce qu'elle était toujours grosse. Sa fécondité était admirable. De prime abord, en arrivant, elle eut deux enfants en deux ans, et l'interruption fut courte : à partir de 1605, elle ne manqua jamais d'avoir un enfant par année.

Une reine tellement féconde ne craignait aucun divorce. Aussi n'avait-elle pour le roi aucun ménagement. Comme elle avait peu d'esprit et qu'un fou la gouvernait, il en advint un scandale plus grand que n'aurait été l'acquisition de la Ferté.

Concini, dont le grand mérite, outre sa jolie

figure, était sa bonne grâce à cheval, voulut, exigea qu'on lui arrangeât une fête où il pût se montrer solennellement. Il ne prit pas un lieu obscur, mais royalement la place historique du fameux tournoi d'Henri II, les lices de la grande rue Saint-Antoine devant la Bastille. Du moins, ce n'était pas cette fois un combat bien dangereux, mais tout bonnement une course de bague. Du reste la même dépense, et guère moins d'émotion. Les vives rivalités des hommes, la faveur des dames pour celui-ci ou celui-là, leurs palpitations, tout était de même, — et pour un jeu puéril de sauteurs et d'écuyers.

L'heureux faquin, brillant d'audace, tint la partie contre les princes et tous les plus grands de France, envié et admiré, sous les yeux de la reine, qui siégeait là comme juge et dame du tournoi, et qui, de sa faveur visible, l'avouait pour son cavalier.

Il fut très-amer au roi qu'on se gênât si peu pour lui ; cela touchait à l'outrage public. Il n'en parla qu'à Sully, mais d'autres le devinèrent, et quelqu'un lui demanda s'il voulait qu'on tuât Concini.

Il était à cent lieues d'une telle chose, et cependant il croyait que ces gens, épargnés par lui, ne l'épargneraient pas lui-même. Il en était convaincu et le disait à Sully. « Cet homme-là me menace... Il adviendra quelque malheur... Vous le verrez, ils me tueront. »

Cette prévision qu'il avait de sa mort lui fit désirer d'autant plus de régler les affaires des siens. Il insista auprès des Guises pour qu'on accomplît enfin le traité de mariage qu'eux-mêmes avaient sollicité, obtenu par Gabrielle, entre César de Vendôme et mademoiselle de Mercœur. Mais les temps étaient changés ; madame de Mercœur voulait éluder ; elle ne voulait donner ni la fille ni un dédit considérable d'argent que le traité stipulait en cas de refus. On fit jouer à la fille une grande comédie d'effet populaire, qui devait indigner les simples et leur faire détester le roi. Cette enfant, comme d'elle-même, se sauva aux Capucines, dit qu'elle aimait mieux cet ordre si dur, jeûner et marcher pieds nus. Le roi étant fort mécontent de ce violent coup de théâtre, la mère aggravait en disant : « Prenez mon bien, prenez ma vie. »

A tous ces éléments de haine, de conjuration, à ces vœux de mort, un centre manquait. Il vint. Un ambassadeur d'Espagne, superbe, grave et rusé, don Pèdre, vint attiser le feu et jeter, surtout au Louvre, entre le roi et la reine, la pomme de discorde, l'offre du double mariage espagnol. La condition eût été la chose impossible et funeste, l'abandon de la Hollande, que le roi venait de garantir par un solennel traité.

Ce don Pèdre devint le héros du jour. Les dames n'avaient d'yeux que pour lui. On répétait tous ses mots noblement espagnols et castillans. La reine lui faisait la cour et se disait sa parente. Le roi, contre son habitude, fut net et ferme, ne lui donna nul espoir et rabattit ses bravades. Alors il changea de style et le flatta bassement. Un jour qu'un valet, dans le Louvre, passait en portant l'épée d'Henri IV, l'Espagnol l'arrête, la prend, la tourne et retourne, la regarde bien, la baise : « Heureux que je suis, dit-il, d'avoir tenu la brave épée du plus brave roi du monde! »

Il resta huit mois ici, traînant et gagnant du temps, faisant le malade, tâtant nos plaies, les irritant, travaillant le vieux levain du *Catholicon*, donnant courage à tous nos traîtres, aux futurs assassins du roi.

CHAPITRE X

Le dernier amour d'Henri IV. — 1609.

La Hollande fatiguée voulait, exigeait la paix, au moment où tout annonçait le réveil de la grande guerre. Le roi travaillait au traité qui ajournait tous ses projets. En attendant, il s'ennuyait. Le Louvre n'était plus tenable. On eût dit que la régence avait déjà commencé. La cour, visiblement, était d'un côté, et le roi de l'autre. A une entrée du Dauphin, tout le monde se précipita au-devant de lui ; le roi resta seul.

Le jour, ses courses à l'Arsenal ; au soir, le jeu, c'était sa vie. Ajoutez-y la lecture des romans de chevalerie. Le livre de Cervantès n'en arrêtait pas le cours. Le torrent des Amadis (cinquante volumes in-folio !) continuait. Les

Parisiens disaient « que toute sa Bible était l'*Amadis de Gaule*. »

Au printemps de 1609, on lui mit en main l'*Astrée*, livre doux, ennuyeux, où les chevaliers ne sont plus que de langoureux bergers. Le tout faiblement imité des pastorales espagnoles.

Du moins la tendance était pure, la réaction de l'amour. Le nouveau roman put être loué de saint François de Sales. Et l'auteur lui-même, d'Urfé, compare son innocente *Astrée* à la dévote *Philothée*.

La grande réputation d'un livre si faible étonne, mais elle tient à la surprise qu'elle causa, étant en contraste avec l'impureté du temps. Beaucoup paraissaient excédés des femmes; ils les fuyaient, retournaient aux mœurs d'Henri III. Ils haïssaient la nature, la lumière, l'amour. Il leur fallait l'obscurité, des plaisirs sauvages, égoïstes. Le jeune Condé, à vingt ans, était déjà sombre et avare comme un vieux sénateur de Gênes, ou comme ces nobles de Venise, lucifuges et fils de la nuit. Henri IV, qui avait prêché d'exemple l'amour des femmes, était indigné de voir son petit Vendôme à quinze ans avoir tous les goûts d'un page italien.

Pour lui, on le voit dans ses lettres à Corisande, à Gabrielle, il gardait sous l'homme d'affaires une étincelle poétique. Il était tendre à la nature, sensible à toute beauté, et même (chose rare alors) au charme des lieux. Sur la Loire, sur Fontainebleau, il a des paroles émues. Après une longue vie d'épreuves et tant de misères morales, dans cet homme indestructible, l'étincelle était la même, plus vive encore, en finissant.

Le romanesque projet que lui attribue Sully, de vouloir fonder la paix éternelle, de créer, par une guerre courte et vive, un état nouveau de tolérance universelle, d'amitié entre les États, est-il d'un fou? Je ne sais; sans nul doute il est d'un poëte.

Mais c'était surtout par l'amour que ce sens devait éclater en lui. Le voilà, à cinquante-huit ans, qui un matin se retrouve lancé, comme il ne fut jamais, dans la poésie et dans le rêve.

En janvier 1609, la reine organisait un ballet des *Nymphes de Diane*. Le roi et elle étaient (comme toujours) en discorde; ils ne pouvaient s'entendre sur le choix des dames qui feraient les nymphes. Et, comme toujours aussi, la reine l'avait emporté et en faisait à sa tête, de sorte que le roi, de mauvaise humeur, pour ne pas voir aller aux répétitions, avait fait fermer sa porte. Une fois pourtant, en passant, il jette un regard dans la salle. Il se trouve juste au moment où l'une de ces nymphes armées levait son dard et semblait le lui adresser au cœur. Le coup porta, et si bien, que le roi s'évanouit presque... C'était mademoiselle de Montmorency.

Elle était presque encore enfant ; elle avait à peine quinze ans. Mais elle avait le cœur haut, ambitieux ; elle vit le roi, et sans doute se plut à porter le coup.

Il explique très-bien à Sully ce qu'il avait éprouvé. Cette enfant, qui devait un jour être mère du grand Condé, lui parut, dans ce regard, non-seulement unique en beauté, mais *en courage*, dit-il. Il y vit ce dont rien encore ne lui avait donné l'idée, une lueur héroïque, et d'avance l'éclair de Rocroy.

La figure du grand Condé, si triste dans les portraits, fait pourtant conjecturer par son sauvage nez d'aigle et ses yeux d'oiseau de proie, ce que put avoir de vainqueur le sourire, la menace enjouée de son irrésistible mère.

Mademoiselle de Montmorency, dès sa naissance, avait été une merveille, une légende. Sa mère, plus belle que noble, s'était, dit-on, donnée au diable. De là son grand mariage et deux enfants admirables ; cette fille de beauté fantastique, telle qu'on croyait que l'autre monde (ange ou diable) y avait passé.

Le terrible pour le roi, c'était l'âge : elle, quinze ou seize ans ; et lui, cinquante-huit. Un monde de faits, de batailles, d'émotions, était lisible sur ce visage, où l'histoire du temps pouvait s'étudier. Ses ruses y avaient laissé trace, et aussi ses larmes, sa sensibilité facile ; barbe grise ; lui-même disait : « Le vent de mes adversités a soufflé dessus. »

L'irrécusable document que nous avons de ce visage, c'est le plâtre pris sur lui en 93, quand on le trouva si bien conservé. Sauf une légère convulsion qui suivit ce coup de couteau et qui a fait remonter un coin de la bouche, rien n'est altéré. La tête est forte pour un homme de sa taille. Le profil ressemble à François Ier, mais il est bien plus arrêté et surtout plus spirituel ; il est d'un homme, l'autre d'un grand enfant. Le nez, moins long et tombant, semble ferme et courageux. Il incline un peu à gauche, soit par l'effet de la convulsion, soit que dans la vie il ait été tel. Le front est extrêmement beau, non pas d'un vaste génie, mais d'un esprit vif, intelligent et rapide, sensible à toutes choses. Les yeux sont dans une arcade marquée, non profonde. Ils ne sont pas très-grands, mais doux, charmants, infiniment aimables.

L'incertain dans cette figure, c'est la bouche,

moins visible sous la barbe, et un peu tirée de côté. Autant qu'on peut entrevoir, elle ne rassurerait pas trop ; elle semble fuyante et flottante. Ajoutez ce nez indirect qui semble d'un homme incertain.

Le masque, selon le jour et l'aspect, a des expressions très-diverses. Vu de haut, il est funèbre. Face à face et de niveau, il est douloureux. Vu d'au-dessus, il sourit, et paraît comique, sceptique; il dit : oui et non.

Ce qui est sûr et certain en cet homme, ce qui est visible, c'est l'amour. Les yeux fermés couvent de tendres pensées et continuent toujours leur rêve.

La folie croît par les obstacles. D'une part, à l'Arsenal, l'homme positif et sage, l'homme de la grande confiance, montrait l'impossibilité, l'absurdité, le ridicule. D'autre part, au Louvre, on disait qu'elle était engagée, promise; mais c'était justement ce qui piquait le roi, qu'un mariage de cette importance eût été réglé par son compère, le vieux connétable, sans qu'il n'en sût rien. D'Épernon avait travaillé le vieillard, lui avait persuadé de la marier brusquement à leur ami de jeu, le beau Bassompierre, colonel des Suisses, issu des cadets de Clèves, mais qui n'eût jamais aspiré si haut. Ce fat, qui, trente ans après, a écrit ses Mémoires, ne manque pas de faire croire que son mérite avait fait tout.

M. de Bouillon, parent de la demoiselle, à qui on n'avait rien dit du mariage, s'en vengea en donnant au roi le conseil de la donner à son neveu, le jeune prince de Condé. C'était l'avis de Sully et de tous les gens raisonnables. Le roi fut forcé d'avouer que c'était le meilleur parti.

La passion est si rusée, que, dans son for intérieur, il calculait, il espérait que ce mariage ne serait pas un mariage, Condé détestant les femmes.

Ce personnage sournois, taciturne alors (plus tard il devint beau diseur), se tenait près du roi, tout petit et fort servile. Il attendait tout de lui. Il était très-pauvre, sa naissance même était contestée. Était-il sûr qu'il fût Condé? Les Condés, jusque-là rieurs, à partir de celui-ci, ont tous des mines tragiques. Il était né, il est vrai, dans un moment fort sérieux, sa mère étant en prison pour empoisonnement. Un petit page gascon, son amant, avait pris la fuite, et le mari brusquement était mort. Les tribunaux huguenots la jugèrent coupable et la mirent pour toujours entre quatre murs. Mais elle se fit catholique; d'autres tribunaux la lavèrent, ce qui refit légitime cet enfant né en prison. Les Bourbons le renièrent, protestèrent. Le roi, par pitié, n'ayant point d'ailleurs d'autre héritier alors, le soutint Condé, le maintint Condé. Il ne lui donna pas grand'chose, comptant l'enrichir par un mariage. Lui, docile, modeste, attendait, et, en attendant, se liait sous main avec les parlementaires pour qu'ils le soutinssent si sa naissance était contestée, ou, après le roi, l'aidassent à bouleverser le royaume.

Mariée à cette face de pierre, à cet ennemi des femmes, mademoiselle de Montmorency devait s'ennuyer, chercher des consolateurs. Et, comme elle était haute et fière, pour chevalier qui prendrait-elle? le plus haut placé, le roi.

C'était le calcul de celui-ci, peu moral, mais selon le temps. Il lui fallait, au préalable, avaler l'amère médecine du mariage. Il essaya de la tourner en gaieté, en y menant Bassompierre et s'amusant de la figure désespérée qu'il y fit. Mais, malgré cette malice, le rieur, qui avait plutôt envie de pleurer, rentra comme frappé au Louvre ; la goutte le prit et le mit au lit. Lié là et immobile, d'autant plus imaginatif, sous la griffe de sa passion, il n'avait plus la force de la cacher, la disait à tout le monde. On se relayait jour et nuit pour lui lire l'*Astrée*.

Le mariage eut lieu le 3 mars, et Condé savait si bien pourquoi on l'avait marié, qu'il se contenta de palper l'immense dot (deux cent mille écus), mais se tint loin de sa femme, comme d'un objet sacré, réservé et défendu. La mariée semblait déjà veuve, et cela alla ainsi jusqu'à ce que des événements politiques qui survinrent enhardirent Condé, deux mois et demi après le mariage, à ne plus ménager le roi.

Le coup que l'on attendait depuis des années éclata à la fin de mars. Le 25, le duc de Clèves mourut, et la question du Rhin fut posée, le duel ouvert entre les maisons de France et d'Autriche.

Dès 1604, le roi avait dit : « Je ne tolérerai pas à Clèves l'Espagnol ni l'Autrichien. »

Cependant cette chose prévue fut comme « un tonnerre » ; c'est le mot dont Villeroy se servit.

Jeannin, qui négociait, rendit à l'Espagne l'essentiel service de brusquer la trêve avec la Hollande, qui fut signée deux jours après (mars 1609).

Le roi ne s'en déclara pas moins tout prêt à agir. Il se dit guéri, se leva et se montra dans Paris d'abord. Il alla au Pré-aux-Clercs, et s'amusa à une chasse de malade que les bourgeois aimaient fort, la chasse à la pie.

Il ordonna qu'on lui fît une belle et riche cotte de mailles, fleurdelisée d'or, pour porter un jour de bataille, s'il pouvait avoir le bonheur d'y amener Spinola, le général des Espagnols.

Du reste, dom Pèdre avait dit qu'il avait le diable au corps. Il semblait que le Béarnais eût, de race, apporté, gardé la verdeur de la montagne, ce mystère de chaude vie que les Pyrénées versent dans leurs eaux. Il garda cela au tombeau. Sa dépouille, pendant deux cents ans, y resta telle qu'au premier jour.

N'eût-il pas eu cette vie forte, l'Europe le priait à genoux de la prendre, de se refaire jeune.

Venise, dit un contemporain, adorait ce soleil levant; quand on voyait un Français, tous les Vénitiens couraient après lui, criant comme les *Papimanes* de Rabelais : « L'avez-vous vu ? »

A la cour de l'Empereur, on disait : « Qu'il ait l'Empire, qu'il soit vrai roi des Romains, et réduise le pape à son évêché! »

L'électeur de Saxe faisait prêcher devant lui sur l'évidente analogie entre Henri IV et David.

La Suisse avait imprimé un livre, intitulé : *Résurrection de Charlemagne.*

L'affaissement de l'Espagne et de l'Angleterre elle-même, depuis la mort d'Élisabeth, avait mis le roi si haut, que, si on le voyait agir, on l'eût salué de toutes parts pour chef de la chrétienté.

Plus que de la chrétienté même. Les mahométans d'Espagne voulaient être ses sujets.

Position unique, qu'il devait moins à sa puissance qu'à sa renommée de bonté, de modération et de tolérance.

CHAPITRE XI.

Progrès de la conspiration. — Fuite de Condé. — 1609.

On avait vendu, en 1607, à la grande foire de Francfort, plusieurs livres d'astrologie où l'on disait que le roi de France périrait dans la cinquante-neuvième année de son âge, c'est-à-dire en 1610, qu'il ne serait pas heureux dans son second mariage, qu'il mourrait de la main des siens, ne laisserait pas d'enfants légitimes, mais seulement des bâtards. Ces livres vinrent à Paris, et chacun les lut. Le Parlement les fit saisir.

Lestoile, qui les vit, raconte que, la même année 1607, un prieur de Montargis trouva plusieurs fois sur l'autel des avis anonymes de la prochaine mort du roi. Il fit passer ces avis au chancelier, qui n'en tint compte. Le même prieur le contait plus tard à Lestoile en pleurant.

En 1609, le docteur en théologie Olive, dans un livre imprimé avec privilége et dédié à Philippe III, annonçait pour 1610 la mort du roi de France. (*Mém. de Richelieu.*)

On pouvait prédire qu'il serait tué. Chacun le croyait, le pensait et s'arrangeait en conséquence. La prédiction, en réalité, préparait l'événement ; elle affermissait les fanatiques dans l'idée et l'espoir d'accomplir la chose fatale qui était écrite là-haut.

A l'entrée de D. Pèdre à Paris, le roi, étant en voiture avec la reine, se rappela qu'on lui avait prédit qu'il serait tué en voiture, et, le carrosse ayant penché, il se jeta brusquement sur elle, si bien qu'il lui enfonça au front les pointes des diamants qu'elle avait dans ses cheveux. (*Nevers.*)

Ces craintes n'étaient pas vaines. Au départ de D. Pèdre (février 1609), on put voir qu'il n'avait pas perdu son temps. Le vent d'Espagne, le souffle de haine et de discorde, souffla de tous côtés. D'abord au Louvre ; la reine trouvait impardonnable le refus des mariages espagnols. Ces glorieux mariages, qui (dans ses petites idées de petite princesse italienne) étaient l'Olympe et l'Empirée, manqués, perdus par son mari! et les basses idées d'Henri IV de marier ses enfants en Lorraine, en Savoie! Cette fermeté toute nouvelle dans un homme qui cédait toujours, c'était entre elle et lui un plein divorce. Le roi crut, ce mois même (février 1609), l'apaiser et la regagner, lui offrant de renoncer à toute femme, si elle renvoyait Concini. Sans s'arrêter aux rebuffades, il se rapprocha d'elle, et elle devint enceinte (d'une fille, la reine d'Angleterre); mais le cœur resta le même, la rancune plus grande d'être infidèle à Concini.

Celui-ci, loin d'être chassé, était si fort chez elle, si absolu à ce moment, qu'un oncle de la reine, Juan de Médicis, lui ayant déplu, il le fit chasser, quoiqu'il fût fort aimé du roi. Concini et Léonora, plus tard accusés, non sans cause, de l'avoir ensorcelée, l'avaient certainement assotie au point de lui faire croire qu'il faisait jour la nuit; ils lui persuadèrent que son mari (et Henri IV!) au moment même où il se rapprochait d'elle, voulait l'empoisonner. Elle le crut si bien, qu'elle ne voulut plus dîner avec lui, affichant la défiance, mangeant chez elle ce que sa Léonora apprêtait, refusant les mets de son goût que le roi choisissait de sa table et lui envoyait galamment.

Ces brouilleries publiques enhardirent tout le monde contre le roi. Les jésuites jouèrent double rôle, le flattant par Cotton, l'attaquant par un P. Gauthier. On devinait fort bien que, tant que le roi n'entamerait pas la grande guerre, il endurerait tout des catholiques. Ce Gauthier, en pleine chaire, ouvre la croisade contre les huguenots, contre le roi même. Les sermons de la Ligue recommencent à grand bruit. On ne s'en tient pas aux paroles, on les traduit en actes. En Picardie, un temple rasé par un prince du sang, le comte de Saint-Pol. A Orléans, un cimetière des huguenots menacé, violé, s'ils ne fussent accourus en armes. A Paris, sous les yeux du roi, le chemin de Charenton infesté par le peuple, le *bon peuple* des sacristies; les gens qui vont au prêche insultés à coups de pierre, entre autres un malheureux infirme sur qui on lâchait les enfants; ils le tiraient, ils le battaient; n'y voyant pas, il ne résistait guère. La foule appelait ce pauvre homme l'*Aveugle de la Charenton.*

La Rochelle se fortifia, à tout événement.

Le roi ne faisait rien. Les Guises impunément tentèrent plusieurs assassinats. Le jour même où le roi défendit les duels, un des Guises en cherche un. Ils se succédaient près d'Henriette, moins par amour, ce semble, que pour faire pièce au roi. Toute sa vengeance fut de leur faire exécuter le traité de mariage; l'héritière de Mercœur fut donnée enfin à Vendôme. Larmes, fureur et résistance. Les jeunes Guises s'en allèrent à Naples, au foyer des plus noirs complots, où le secrétaire de Biron, où les assassins de la Ligue avaient pris domicile, et (d'accord avec les jésuites) organisaient l'assassinat.

Le roi en eut nouvelle. Il lui arriva d'Italie un Lagarde, homme de guerre normand, qui, revenant des guerres des Turcs, s'était arrêté à Naples, et y avait vécu avec Hébert, secrétaire de Biron, et autres Ligueurs réfugiés. Lagarde raconta au roi qu'un jour, dînant chez Hébert, il avait vu entrer un grand homme en violet, qui se mit à table et dit qu'en rentrant en France il tuerait le roi. Lagarde en demanda le nom; on lui dit : « M. Ravaillac, qui appartient à M. le duc d'Épernon, et qui apporte ici ses lettres. » Lagarde ajoute qu'on le mena chez un jésuite, qui était oncle du premier ministre d'Espagne, le Père Alagon. Ce Père l'engagea fort à tuer le roi à la chasse, et dit : « Ravaillac frappera à pied, et vous à cheval. » Lagarde n'objecta rien, mais partit, et revint en France. Sur la route, il reçut une lettre de Naples où on l'engageait encore à tuer le roi. Reçu par lui à Paris, il lui montra cette lettre. Le roi dit à Lagarde : « Mon ami, tranquillise-toi ; garde bien ta lettre ; j'en aurai besoin. Quant aux Espagnols, vois-tu? je les rendrai si petits, qu'ils ne pourront nous faire du mal. »

Il avait entrevu plus qu'il n'eût voulu, que d'Épernon n'était pas seul là dedans. Il ne devina pas Henriette, mais bien les entours de la reine. Il sentit que Naples et Madrid étaient au Louvre, près de sa femme, que la noire sorcière Léonora avec l'insolent Concini pervertissaient, endurcissaient. Ils l'avaient décidée à faire venir une dévote, la nonne Pasithée (c'était son nom mystique), que déjà on trouve nommée dans les *Questions de Cotton au Diable* : « Est-il bon que la mère Pasithée soit appelée? » Cette mère avait des visions, et savait par ses visions *qu'il était urgent de sacrer la reine*, pour qu'on pût sans doute se passer du roi et trouver au jour de sa mort une régence déjà préparée.

Le roi fut bouleversé de ces idées, n'en parla à personne. Il garda huit jours ce cruel secret, quitta la cour, resta seul à Livry et dans une petite maison de son capitaine des gardes. Puis, n'y tenant plus et ne dormant plus, il vint à l'Arsenal tout dire à Sully (chap. 189, 190) : « Que Concini négociait avec l'Espagne, que la Pasithée, mise par Concini auprès de la reine, la poussait à se faire sacrer, qu'il voyait très-bien que leurs projets ne pouvaient réussir que par sa mort, qu'enfin il avait un avis précis qu'on devait l'assassiner. »

Il se sentait si mal au Louvre, qu'il pria Sully de lui faire arranger à l'Arsenal un tout petit logement; quatre chambres, c'était assez. Ainsi ce prince redouté de toute l'Europe en était à ne plus coucher dans sa propre maison. Le signore Concini l'avait à peu près mis dehors, à la porte de chez lui.

Son malheur, son isolement, rendirent à sa passion une furieuse force. Il avait cru devenir père de la princesse « et en faire la consolation de sa vieillesse. » Mais il se retrouva amant, amoureux fou. Elle en était un peu coupable ; elle l'encourageait. Sans doute, elle en avait pitié. Un tel homme, un tel roi, celui dont l'Espagnol baisait l'épée à genoux, et si persécuté chez lui, entouré de traîtres et d'embûches, c'était sans doute de quoi attendrir un jeune cœur. Sa vieillesse n'était qu'un malheur de plus. Elle le comparait à son triste Condé, sournois, avare, si pressé pour la dot, si peu pour la personne. Elle était dans une situation singulière, mariée, toujours fille. Elle commença à se dire que le roi pourrait divorcer encore. Et son père, le connétable, peu satisfait sans doute de voir ce mariage sans mariage, eut les mêmes pensées.

Dans cette fermentation, la jeune fille fit un

coup de tête. Elle fit faire son portrait secrètement et l'envoya au roi. Coup suprême qui le foudroya et le rendit tout à fait fou.

Il se trouve, pour rendre la situation plus tragique, que, justement à ce moment (17 mai), Condé se ravise, revient. Au bout de six semaines, il se souvient qu'il a épousé la princesse et fait valoir ses droits d'époux. Éclairé par sa mère, qui haïssait le roi (son bienfaiteur), Condé avait compris tout le parti qu'il pouvait tirer de l'aventure, qu'elle allait le poser comme adversaire du roi et l'exhausser énormément, le rendre précieux pour les Ligueurs et pour les Espagnols. Donc il vint, prit possession de sa jeune femme, justement irritée de cet oubli de six semaines, et, d'autorité, l'enleva, la cacha à Saint-Valery, bien sûr qu'on viendrait l'y chercher.

Il est probable qu'elle avertit le roi. Il en perdit l'esprit. Son désespoir lui fit faire une folie près de laquelle Don Quichotte, sur la *Roche pauvre*, jouant le *beau Ténébreux* et faisant ses cabrioles, aurait passé pour un sage.

Il part à peu près seul et déguisé. A mi-chemin, un prévôt le prend pour un voleur, l'arrête. Il lui faut dire : « Je suis le roi. » Il arrive. Condé, averti, enlève encore sa femme, sûr que le roi suivra et s'avilira d'autant plus.

Le secret n'en était pas un; les dames de la

princesse l'avaient bien reconnu. Mais le roi, éperdu d'amour, ne leur demandait rien que de la laisser voir. Son rêve était de la contempler « à sa fenêtre, entre deux flambeaux, échevelée. » Elle eut cette complaisance, et l'effet fut si fort, qu'il tomba presque à la renverse. Elle-même dit : « Jésus ! qu'il est fou ! »

Le lendemain, elle partant, il alla se mettre au passage, sous la jaquette d'un postillon, s'étant appliqué, pour mieux s'embellir, une emplâtre sur l'œil. Elle souffrit de le voir si abaissé, laid et ridicule à ce point. Soit colère, soit pitié, pour lui donner une parole, elle cria du carrosse : « Je ne vous pardonnerai jamais ce tour-là ! »

Grand succès pour Condé. La partie était belle pour lui. Il en pouvait tirer deux avantages : ou de l'argent, beaucoup d'argent, et il inclinait à cela; ou bien (chose plus agréable à sa mère) une rupture avec le roi, qui le constituerait candidat de l'Espagne au trône de France. Si les Espagnols avaient désiré avoir en main le petit bâtard d'Entragues, combien celui-ci valait mieux ! La guerre venant, ils l'opposaient au Béarnais, faux converti, relaps, apostat, renégat. Et, même après la mort du roi, ils lui offrirent, en effet, de déclarer Louis XIII illégitime, bâtard adultérin, et de le porter au trône.

Cependant la petite femme, qui brûlait d'être reine, avait signé secrètement une demande de divorce. Mais la mère et le fils l'enlèvent. Ayant pris de l'or espagnol qu'un médecin leur apporta, malgré ses pleurs, ses cris, ils la mènent d'un trait à Bruxelles.

Toute la situation était changée au profit de l'Espagne. Maintenant, si le roi commençait la guerre préparée depuis dix ans, on allait rire; vieux chevalier errant, il aurait l'air seulement de courir après sa princesse. Tout le monde serait contre lui. Sa cruauté à l'égard de son épouse infortunée, sa tyrannie dans sa famille, sa violence effrayante qui forçait son pauvre neveu de fuir, n'ayant nul autre moyen de soustraire sa femme aux derniers affronts, tout cela éclatait dans l'Europe, au profit du roi catholique, protecteur des bonnes mœurs et défenseur de l'opprimé.

L'Espagne, en si bonne cause, ne pouvait manquer d'assistance. Le ciel devait se déclarer, et, ne fît-il plus de miracles, il en devait un cette fois pour la punition du tyran et la vengeance de Dieu.

CHAPITRE XII.

Mort d'Henri IV. — 1610.

Il y avait à Angoulême, place du duc d'Épernon, un homme fort exemplaire, qui nourrissait sa mère de son travail et vivait avec elle en grande dévotion. On le nommait Ravaillac. Malheureusement pour lui, il avait une mine sinistre qui mettait en défiance, semblait dire sa race maudite, celle des *Chicanous* de Rabelais, ou celle des *Chats fourrés*, hypocrites et assassins. Le père était une espèce de procureur, ou, comme on disait, *solliciteur de procès*. Le fils avait été valet d'un conseiller au Parlement, et ensuite homme d'affaires. Mais, quand les procès manquaient, il avait des écoliers qui le payaient en denrées. Bref, il vivait honnêtement.

Il avait eu de grands malheurs, son père ruiné, le père et la mère séparés. Enfin, un meurtre s'étant fait dans la ville, on s'en prit à lui, uniquement parce qu'il avait mauvaise mine. On le tint un an en prison. Il en sortit honorablement acquitté, mais endetté, ce qui le remit en prison. Là, seul et faisant maigre chère, il advint que son cerveau creux commença à s'illuminer. Il faisait de mauvais vers, plats, ridicules, prétentieux. Du poëte au fou, la distance est minime. Il eut bientôt des visions. Une fois qu'il allumait le feu, la tête penchée, il vit un sarment de vigne qu'il tenait s'allonger et changer de forme. Le sarment jouait un grand rôle en affaires de sorcellerie ; un plus modeste aurait craint une illusion du diable. Mais celui-ci, orgueilleux, y vit un miracle de Dieu. Ce sarment était devenu une trompe sacrée d'archanges qui lui sortait de la bouche et sonnait la guerre ; la guerre sainte, car de sa bouche, à droite et à gauche, s'échappaient des torrents d'hosties.

Il vit bien qu'il était destiné à une grande chose. Il avait été jusque-là étranger à la théologie. Il s'y mit, lut, étudia, mais une seule et unique question, le droit que tout chrétien a de tuer un roi ennemi du pape.

Mariana et autres faisaient grand bruit alors. Qui les lui prêta? qui le dirigea? c'est ce qu'on n'a pas voulu trop éclaircir au procès. Tout au moins il en avait bien profité, et était ferré là-dessus.

A sa sortie de prison, il confia ses visions, et le bruit s'en répandit. On fit savoir au duc d'Épernon qu'il y avait dans sa ville d'Angoulême un homme favorisé du ciel, chose rare alors. Il l'apprécia, s'intéressa à Ravaillac, et le chargea d'aller *solliciter* un procès qu'il avait à Paris. Il devait, sur son chemin, passer d'abord près d'Orléans, au château de Malesherbes, où il eut des lettres du père Entragues et d'Henriette. Ils lui donnèrent leur valet de chambre, qui le fit descendre à Paris, chez la dame d'Escoman, confidente d'Henriette.

Celle-ci fut un peu effrayée de cette figure. C'était un homme grand et fort, charpenté vigoureusement, de gros bras et de main pesante, fort bilieux, roux de cheveux comme de barbe, mais d'un roux foncé et noirâtre qu'on ne voit qu'aux chèvres. Cependant, il le fallait, elle le logea, le nourrit, le trouva très-doux, et, se repentant de son jugement sur ce bon personnage, elle le chargea même d'une petite affaire au Palais.

Il resta deux mois à Paris; que fit-il ensuite ? Lagarde nous l'apprend ; il alla à Naples pour le duc d'Épernon ; il y mangea chez Hébert, et lui dit qu'il tuerait le roi. C'était le moment, en effet, où le roi avait garanti la Hollande et refusé le double mariage d'Espagne. Il ne restait qu'à le tuer. Ravaillac, de retour à Paris, vit la d'Escoman, à l'Ascension et à la Fête-Dieu de 1609. Il lui dit tout, mais avec larmes ; plus près de l'exécution, il sentait d'étranges doutes et ne cachait pas ses perplexités.

Cette d'Escoman, jusque-là digne confidente d'Henriette, femme galante et de vie légère, était pourtant un bon cœur, charitable, humain. Dès ce jour, elle travailla à sauver le roi ; pendant une année entière, elle y fit d'étonnants efforts, vraiment héroïques, jusqu'à se perdre elle-même.

Le roi pensait à toute autre chose. Sa grande affaire était la fuite de Condé. En réalité, et, toute passion à part, on ne pouvait laisser tranquillement dans les mains des Espagnols un si dangereux instrument. Le manifeste qu'il lança visait droit à la révolte. Pas un mot de ses griefs : il ne s'occupait que du peuple ; il n'avait pu rester témoin des souffrances du peuple. C'était dans l'intérêt du peuple qu'il s'était réfugié chez nos ennemis, et qu'il donnait des prétextes pour la guerre et la guerre civile.

Ce manifeste eut de l'écho. Condé avait fort caressé les parlementaires, spécialement M. De Thou. Dans la noblesse mécontente, quelques-uns se mirent à dire que, pas un enfant du roi ne venant de lui, Condé lui succéderait. Au Louvre même, on répandait un quatrain prophétique qu'on disait de Nostradamus, où le *lionceau fugitif* devait trancher les jours du *lion*.

L'Autriche prit du courage quand elle vit ainsi le roi tellement menacé par les siens. L'Empereur décida hardiment la question du Rhin, déclara Clèves et Juliers en séquestre, et les fit saisir par son cousin Léopold. Il fallait de grands calmants et force opium pour faire avaler cela; Cotton n'en désespérait pas, le roi paraissant distrait, affolé par sa passion, et l'Espagne lui jetant l'appât de lui rendre la princesse. Un homme dévoué aux jésuites lui fut présenté par Cotton pour être envoyé à Clèves. Le roi leur en donna l'espoir, mais en envoya un autre, qui conclut (10 février 1610) avec les princes protestants le traité de guerre. Par trois armées à la fois, et trois généraux protestants, Sully, Lesdiguières et La Force, il allait entrer en Allemagne, en Espagne et en Italie. Ses canons étaient partis, une armée déjà en Champagne.

Les jésuites étaient joués. Leur homme, le duc d'Épernon, colonel général de l'infanterie, était laissé à Paris. Nul doute que ce titre même ne lui échappât. Le roi le caressait fort, mais il venait de faire couper la tête à un de ses protégés qui avait fait la bravade, au moment de l'édit contre les duels, de se battre et de tuer un homme; d'Épernon pria en vain, supplia, le roi tint ferme.

Plus cruellement encore la reine fut humiliée dans son chevalier Concini. Ce fat, qui n'avait jamais guerroyé que dans l'alcôve, posait comme homme de guerre. Il affectait grand mépris pour les hommes de robe longue. Dans un jour de cérémonie, le Parlement défilant en robes rouges, seul des assistants, Concini restait couvert. Le président Séguier, sans autre façon, prend le chapeau, le met par terre. Cela ne le corrigea pas. Peu après, affectant de ne pas savoir le privilége du Parlement, où l'on n'entrait qu'en déposant ses armes à la porte, notre homme, en bottes, éperons dorés, l'épée au côté, et sur la tête le chapeau à panache, entre dans une chambre des enquêtes. Les petits clercs qui étaient là courent à lui, abattent le chapeau. Concini avait cru qu'on n'oserait, parce qu'il avait avec lui une dizaine de domestiques. Grande bataille, un page de la reine vient à son secours. Mais les clercs ne connaissent rien. Concini reçoit force coups, est tiré, poussé, houspillé. On le sauva à grand'peine en le fourrant dans un trou, d'où on le tira le soir.

La reine avait le cœur crevé, non le roi. Lorsque Concini se plaignit d'une injure telle pour un homme d'épée comme lui, les parlementaires étaient là aussi pour se plaindre, et le roi, toujours rieur : « Prenez garde, dit-il, leur plume a le fil plus que votre épée. »

Cette fatale plaisanterie fut, sans nul doute, une des choses qui endurcirent le plus la reine. Elle se crut avilie, voyant son cavalier servant, son brillant vainqueur des joutes, qui avait éclipsé les princes, battu par les clercs, moqué par le roi. Elle avait le cœur très-haut, magnanime, dit Bassompierre ; ce qui veut dire qu'elle était altière et vindicative. Pour la *vendetta* italienne, ce n'eût pas été trop qu'une Saint-Barthélemy générale des clercs, des juges, etc. Mais plus coupable était le roi. La reine se boucha les oreilles aux avis que la d'Escoman s'efforçait de faire arriver. Celle-ci avait été au Louvre, lui avait fait dire, par une de ses femmes, qu'elle avait à lui donner un avis essentiel au salut du roi; et, pour assurer d'avance qu'il ne s'agissait pas de choses en l'air, elle offrait, *pour le lendemain*, de faire saisir certaines lettres envoyées en Espagne. La reine dit qu'elle l'écouterait, et la fit languir trois jours, puis partit pour la campagne.

Bien étonnée d'une si prodigieuse insouciance de la reine, la pauvre femme pensa que le confesseur du roi peut-être aurait plus de zèle. Elle alla demander Cotton aux jésuites de la rue Saint-Antoine. Elle fut assez mal reçue. On lui dit que le Père n'y était pas, rentrerait tard, et partirait de grand matin pour Fontainebleau. Désolée, elle s'expliqua avec le père procureur, qui ne s'émut pas, fut de glace, ne promit pas même d'avertir Cotton, dit : « Je demanderai au Ciel ce que je dois faire..... Allez en paix, et priez Dieu. — Mais, mon père, si l'on tue le roi ?... — Mêlez-vous de vos affaires. »

Alors elle le menaça. Il se radoucit : « J'irai, dit-il, à Fontainebleau. » — Y alla-t-il ? on l'ignore. Ce qu'on sait, c'est que l'obstinée révélatrice fut arrêtée le lendemain.

Incroyable coup d'audace ! ceux qui donnèrent l'ordre étaient donc bien appuyés de la reine, ou bien sûrs que le roi mourrait avant que l'affaire vînt à ses oreilles ?

La d'Escoman était si aveugle, que, du fond de sa prison, d'où elle ne devait plus sortir que pour être mise en terre, elle s'adressa encore à la reine. Elle trouva moyen d'avertir un domestique intime, qui alors n'était qu'une espèce de valet de garde-robe, mais approchait de bien près l'apothicaire de la reine. Sans nul doute, l'avis pénétra, mais trouva fermée la porte du cœur.

Ravaillac a dit, dans ses interrogatoires, qu'il se serait fait scrupule de frapper le roi, avant que la reine fût sacrée et qu'une régence préparée eût garanti la paix publique. C'était la pensée générale de tous ceux qui machinaient, désiraient la mort du roi. Le premier était Concini. Il mit toute son industrie à hâter ce jour. Ni nuit, ni jour, la reine ne laissa au roi de repos qu'il n'eût consenti. Elle disait que, s'il refusait, on verrait bien qu'il voulait lui préférer la princesse, divorcer pour l'épouser. Le roi objectait la dépense. Il lui fallut pourtant céder. Elle fit une entrée magnifique, fut sacrée à Saint-Denis.

Le roi, au fond assez triste, plaisantait plus qu'à l'ordinaire. Quand elle rentra dans le Louvre, couronnée, en grande pompe, il s'amusa à lui jeter, du balcon, quelques gouttes d'eau. Il l'appelait aussi, en plaisantant, madame la régente. Elle prenait tout cela fort mal. En réalité, il lui avait témoigné peu de confiance, la faisant, non pas régente, mais membre d'un conseil de régence sans qui elle ne pouvait rien, où elle n'avait qu'une voix qui ne devait peser pas plus que celle de tout autre membre.

Sully dit expressément que le roi attendait de ce sacre les derniers malheurs.

Il était dans un abattement qui étonne quand on songe aux grandes forces qu'il avait, aux grandes choses qu'il était près d'accomplir. La Savoie l'avait retardé, il est vrai. Le pape tournait contre lui et travaillait pour l'Autriche. Cependant il était si fort, il avait tant de vœux pour lui, tant d'amis chez l'ennemi, qu'il ne risquait rien d'avancer.

Qui lui manqua? son propre cœur.

C'est un dur, mais un haut jugement de moralité, une instruction profonde, que cet homme aimable, aimé, invoqué de toute la terre, mais faible et changeant, qui n'eut jamais l'idée du devoir, tomba à son dernier moment, s'affaissa et défaillit.

Il avait eu toujours besoin de plaire à ce qui l'entourait, de voir des visages gais. Toute la cour était sombre, manifestement contre lui.

Il avait eu besoin de croire qu'il était aimé

du peuple. Il l'aimait ; il le dit souvent dans ses lettres les plus intimes. Malgré des dépenses trop fortes de femmes et de jeux, l'administration était sage, et au total économe. L'agriculture avait pris un développement immense. Le roi croyait le peuple heureux. En réalité, tout cela ne profitait guère encore qu'aux propriétaires du sol, aux seigneurs laïques, ecclésiastiques. Ils vendaient leur blé à merveille, mais le pain restait très-cher, et le salaire augmentait peu. On vivait avec deux sols en 1500 ; en 1610, on ne vivait plus avec vingt, qui font six francs d'aujourd'hui ; l'ambassadeur d'Espagne les donnait à chacun de ses domestiques, et ils se plaignaient de mourir de faim.

Quand le roi, en 1609, aux approches de la guerre, ordonna quelques impôts, le président de Harlay, vénérable par son âge et par son courage au temps de la Ligue, opposa la plus vive résistance. Le roi s'indignait, mais les mêmes choses lui furent dites par le vieil Ornano, gouverneur de Guyenne, qui vint mourir à Paris ; il lui assura que le Midi ne pouvait payer, succombait sous le fardeau.

Il fut touché, retira deux de ses édits fiscaux. Mais en même temps il faisait (toujours dans sa triste bascule) une concession au clergé qui désespéra le Midi ; pour le

Béarn, tout protestant, le rétablissement forcé des églises catholiques et la rentrée des jésuites ; pour nos Basques, une commission contre les sorciers, qui les jugeait tous sorciers et qui eût voulu brûler le pays.

Sans savoir tout le détail de ces maux, il entrevoyait cette chose triste, que le peuple souffrait, gémissait, et qu'il n'était pas aimé.

Une scène lui fit impression. Un mendiant vient prendre le roi aux jambes, lui dit que sa sœur, ruinée par l'impôt et désespérée, s'est pendue avec ses enfants. Forte scène, et qui aurait mérité d'être éclaircie. Le roi venait au moment même de retirer deux impôts. On n'en dit pas moins dans Paris qu'il était dur et sans pitié.

Un jour que le roi passait près des Innocents, un homme en habit vert, de sinistre et lugubre mine, lui cria lamentablement : « Au nom de Notre-Seigneur et de la très-sainte Vierge, sire, que je parle à vous! » On le repoussa.

Cet homme était Ravaillac. Il s'était dit qu'il était mal de tuer le roi sans l'avertir, et il voulait lui confier son idée fixe, qui était de lui donner un coup de couteau.

De plus, il lui eût demandé si vraiment *il allait faire la guerre au pape*. Les soldats le disaient partout, et, de plus, qu'ils ne feraient jamais guerre dont ils fussent si aises.

Troisièmement, Ravaillac voulait savoir du roi même ce que lui assuraient les moines, *que les huguenots préparaient le massacre des bons catholiques.*

Tout cela faisait en lui une incroyable tempête. Une violente plaidoirie se faisait dans son cœur, un débat interminable. Il semblait que le diable y tînt sa cour plénière. Souvent il n'en pouvait plus, était aux abois. Une fois, il quitta son école, sa mère, s'alla réfugier dans un couvent de Feuillants; mais ils n'osèrent le garder. Il eût voulut se faire jésuite. Les jésuites le refusèrent, sous prétexte qu'il avait été dans un couvent de Feuillants.

Il ne cachait guère sa pensée, demandait conseil. Il parla à un aumônier, à un feuillant, à un jésuite. Mais tous faisaient la sourde oreille et ne voulaient pas comprendre. Au feuillant, il avait demandé : « *Un* homme qui voudrait tuer *un* roi, devrait-il s'en confesser?» Un cordelier auquel il parla en confession de *cet homicide volontaire* (sans rien expliquer) ne lui demanda pas même ce que ce mot signifiait. C'est une chose effrayante de voir que, sur la mort du roi, tous entendaient à demi-mot, ne se compromettaient pas, mais laissaient aller le fou.

Ainsi rejeté, livré à lui-même, il eût fait

le coup, sans une idée qui lui vint et qu'il ajourna. Il songea que c'était le temps de Pâques, et que c'était le devoir de tout catholique de communier à sa paroisse. La sienne était à Angoulême. Il quitta Paris, et y retourna. Mais là, à la communion, il sentit qu'un cœur tout plein d'homicide ne pouvait pas recevoir Dieu. Il voyait d'ailleurs sa dévote mère, bien plus agréable au ciel et plus digne, qui communiait. Il s'en remit à elle de ce devoir, laissa le ciel à sa mère et garda l'enfer pour lui.

Lui-même a raconté cela plus tard, avec d'abondantes larmes.

Au pied même de l'autel, pendant la communion, sa résolution lui rentra au cœur, et il s'y sentit fortifié. Il revint droit à Paris. C'était en avril (1610). Dans son auberge, il empoigna un couteau, le cacha sur lui. Mais, dès qu'il l'eut, il hésita. Il reprit machinalement le chemin de son pays. Une charrette, sur la route, allait devant lui. Il y épointa son couteau, en cassa la longueur d'un pouce. Arrivé ainsi à Étampes, un calvaire qui était aux portes lui montrait un *Ecce Homo*, dont la lamentable figure lui rappela que la religion était crucifiée par le roi. Il revint plein de fureur, et dès lors n'hésita plus.

De peur pour lui-même, aucune. Un chanoine d'Angoulême lui avait donné un cœur de coton qui, disait-il, contenait un morceau de la vraie croix. Il est probable qu'on voulait l'affermir, le rassurer. Un homme armé de la vraie croix pouvait croire qu'invisible ou défendu par le ciel, il traverserait tout danger.

Ravaillac, si indiscret, était fort connu, et, de même qu'on avait su fort longtemps que Maurevert, l'assassin gagé des Guises, devait tirer sur Coligny, on n'ignorait nullement que le tueur du roi fût dans Paris. Le dimanche, un ancien prêtre, devenu soldat, rencontrant près de Charenton la veuve de son capitaine qui allait au prêche, lui dit de quitter Paris, qu'il y avait plusieurs bandits apostés par l'Espagne pour tuer le roi, l'un entre autres habillé de vert, qu'il y aurait grand trouble dans la ville, et danger pour les huguenots.

Il paraît que, même en prison, ces bruits circulaient, et parvinrent à la d'Escoman. Acharnée à sauver le roi, elle décida une dame à avertir un ami de Sully à l'Arsenal; cette dame était mademoiselle de Gournay, fille adoptive de Montaigne. Sully, sa femme et l'ami, reçurent l'avis, mais délibérèrent, le transmirent au roi, en ôtant les noms (sans doute de d'Épernon, de Concini et de la reine) :

« Si le roi en veut savoir davantage, dirent-ils, on le fera parler aux deux femmes, la Gournay et la d'Escoman. » L'avis devenait dès lors fort insignifiant. Le roi, qui en avait reçu tant d'autres n'y fit aucune attention.

Il était si incertain, si flottant, si trouble, qu'il ne distinguait guère ses amis de ses ennemis. Il montra de la confiance à Henriette d'Entragues, lui renvoyant à elle-même un homme qui l'accusait; et il montra de la défiance à Sully, ne voulant pas qu'il fît d'avance un traité avec une compagnie qui eût assuré les vivres.

Ce renversement d'esprit semblait d'un homme perdu qui va à la mort. Tout en se moquant de l'astrologie, il craignait ce moment prédit, le passage du 13 au 14. Il devait partir dans trois jours, justement comme Coligny, quand il fut tué. La nuit du 13, ne pouvant trouver de repos, cet homme si indifférent se souvint de la prière, et il essaya de prier.

Le matin du vendredi 14, son fils Vendôme lui dit que, d'après un certain Labrosse, ce jour lui serait fatal, qu'il prît garde à lui. Le roi affecta d'en rire. Vendôme en parla à la reine, qui, plus ébranlée qu'on n'eût cru, par une contradiction naturelle, supplia le roi de ne pas sortir. Il dîna, se promena, se jeta sur son lit, demanda l'heure. Un garde dit : « Quatre heures, » et familièrement, comme tous étaient avec le roi, lui dit qu'il devrait prendre l'air, que cela le réjouirait. » — Tu as raison.... Qu'on apprête mon carrosse. »

Quand la voiture sortit du Louvre, il ne dit pas d'abord où il allait, et il ne voulut pas de gardes, pour ne pas attirer l'attention. Il allait à l'Arsenal, voir Sully malade. Mais, selon une tradition, il eût eu l'idée de passer d'abord chez une beauté célèbre, la fille du financier Paulet, une rousse qu'on appelait la *Lionne*, pleine d'esprit, et de voix charmante. Un jour qu'elle chantait, trois rossignols, disait-on, en moururent de jalousie. Le roi avait pensé à elle pour en faire la maîtresse de son fils Vendôme, une maîtresse qui l'eût relevé, qui en aurait fait un homme, un Français, qui l'eût retiré de ses vilains goûts italiens.

Il faisait beau temps, le carrosse était tout ouvert. Le roi était au fond, entre M. de Montbazon et le duc d'Épernon. Celui-ci occupait le roi à lire une lettre. A la rue de la Féronnerie, il y eut un embarras, une voiture de foin et une de vin. Ravaillac, qui suivait depuis le Louvre, rejoignit, monta sur une borne, et frappa le roi... « Je suis blessé ! » En jetant ce cri, le roi leva le bras, ce qui permit le second coup qui lui perça le cœur. Il mourut au moment même. D'Épernon jeta dessus un manteau, et, disant que le roi n'était que blessé, il ramena le corps au Louvre.

Une tradition veut qu'au moment où le coup fut fait Concini ait entr'ouvert la chambre de la reine, et lui ait jeté ce mot par la porte : « *È ammazato.* »

Nous n'aurions pas rappelé cette tradition, si la reine elle-même n'eût redit ce mot avec un accent de remords, de reproche, lorsque Concini fut à son tour assassiné.

CHAPITRE XIII.

Louis XIII. — Régence. — Ravaillac et la d'Escoman. 1610-1614.

La terrible instabilité du gouvernement monarchique éclate à la mort d'Henri IV. Ce qui succède, c'est l'envers de ce qu'il a voulu : la France retournée comme un gant.

Au dehors, tout ce grand système d'alliances, cette toile longuement ourdie, emporté d'un seul coup. Le double mariage espagnol (vraie cause de la mort d'Henri IV) va se faire. La Guerre de trente ans redevient possible, et la France espagnolisée gravite en moins d'un siècle aux grandes guerres du grand roi, à la Révocation de l'édit de Nantes, à l'expulsion de six cent mille hommes, à la sublime banqueroute de deux milliards cinq cents millions.

Le trésor que Sully avait amassé, défendu, est gaspillé en un moment. Le domaine qu'il dégageait, est rengagé, les propriétés de l'État vendues. Tous les établissements de ce règne abandonnés, les bâtiments interrompus, les canaux délaissés. Les manufactures de soieries, de glaces, la Savonnerie, les Gobelins, fermés et les ouvriers renvoyés. Le Louvre, qui allait s'encanailler en logeant les grands inventeurs, le Louvre reste aux courtisans. Adieu le Musée des métiers et le Jardin des plantes; ces folies du roi, et mille autres, dorment aux cartons de Sully.

Des Tuileries, de l'Arsenal, on arrache ses arbres chéris, les mûriers d'Henri IV. On eût volontiers jeté bas ses monuments. Mais on eut peur du peuple. Par un revirement inattendu, le peuple s'aperçut qu'il aimait Henri IV. La légende commence le jour de la mort; elle ira grandissant par la comparaison de ce qui est et de ce qui fut.

Ce qui domina dans Paris, au moment, ce fut une terreur extraordinaire. On se crut perdu. Les femmes s'arrachaient les cheveux, moins de deuil encore que de peur. Il en fut de même partout. L'horreur de la Ligue revint à l'esprit, et on en frissonna. De là, un calme surprenant, je dirai effrayant. Car cette grande sagesse tenait à une chose, c'est que la France, n'ayant plus ni idée, ni passion, ni intérêt moral, ne se sentait plus vivre. Elle était toute dans le roi, dans un homme qu'on avait tué. Et il en restait quoi? un marmot de huit ans, qui, le 15, remit le royaume à sa mère, et qui, le 29, eut le fouet. (Lestoile, p. 599.)

La royauté, nulle en 89, à la mort d'Henri III, devant la vie forte et furieuse qu'avait alors la France, est tout ce qui reste à la mort d'Henri IV. On se demande ce qu'est cet enfant, au physique, au moral. Heureusement, son médecin nous éclaire parfaitement : ne le quittant ni nuit, ni jour, il a écrit (en six énormes volumes in-folio) le journal de ses fonctions, tout le menu de ses dîners, et chaque soir les résultats de sa digestion. Si le moral procède du physique, on peut étudier là-dessus. (*V. la note.*)

La sagesse accomplie du peuple, son calme et son indifférence, l'aplatissement des factions, des anciennes fureurs, étonna bien l'Espagne. On avait cru tout au moins qu'il y aurait un petit massacre des huguenots, et ils furent avertis de fuir. Il se trouva un Jésuite qui osa dire en chaire cette parole meurtrière : « Nous n'en aurions pas pour un déjeuner. » Mais rien ne bougea. Au contraire, à Paris et partout, les catholiques disaient qu'ils protégeraient les huguenots.

Le roi fut tué à quatre heures. Jusqu'à neuf, on fit dire partout qu'il n'était que blessé. Mais, à six heures et demie, on avait proclamé l'étrangère (qui parlait encore italien), l'Autrichienne, petite-nièce de Charles-Quint et cousine de Philippe II. Et l'ennemi gouvernait au Louvre.

Les princes étaient absents. Et on eût peu gagné à leur présence. Soissons était un sot; et son neveu Condé, que Soissons et tous les Bourbons disaient adultérin et fils d'un page gascon, avait l'esprit brouillon de la Garonne, la faim d'argent d'un cadet de Gascogne, tenu très-longtemps au pain sec. Il eût sucé la France à mort.

D'Épernon, qui avait rapporté le roi au Louvre, prit sa place en quelque sorte, s'y logea militairement, et donna tous les ordres, comme colonel général de l'infanterie. Les gouverneurs de province étaient à Paris, et tous très-maniables; la mort du roi les faisait rois. D'Épernon prit avec lui l'ombre de la Ligue, M. de Guise, le fils du Balafré, et l'homme le plus riche de France, du reste homme de peu, petit galant camus. Guise saluait de toutes ses forces, mais personne n'y prenait garde, et les femmes haussaient les épaules. D'Épernon, piaffant à cheval, rajeuni de dix ans, occupe par les gardes le pont Neuf et tous les abords du Palais de Justice. Il entre au Parlement avec Guise. Mais celui-ci se tint modestement debout. D'Épernon s'assied, prend séance, et, furieux sans cause, se met à menacer les magistrats. Quoique Condé y eût quelques amis, ces hommes de justice, très-agréablement flattés qu'on leur demandât la régence, et d'ailleurs serfs des précédents, n'avaient garde de s'élever contre la reine. L'heureuse régence de Catherine de Médicis frayait la voie à Marie de Médicis. Une étrangère? d'accord, mais c'est l'essence même du droit monarchique. Le roi étant l'État, le salut corporel du roi est toute l'affaire. Or la mère et nourrice est la meilleure gardienne de cet enfant qui contient tout.

A ces gens tout gagnés, le furieux, frappant sur son épée (son secrétaire l'assure lui-même), dit: « Elle est au fourreau... Mais, si la reine n'est déclarée régente à l'instant, il y aura carnage ce soir... » Cette éloquence éblouit le Parlement, qui déclara sur l'heure, envoya à la reine. La chose alla si vite, que les gardes non avertis arrêtèrent honteusement ces envoyés au passage, constatant la captivité du corps qui donnait la régence.

L'enfant royal ayant fort bien dîné le jour de la mort de son père, le lendemain matin, s'étant levé gaiement, bien déjeuné et bu un bon coup de vin blanc; alors (dit son médecin), *intrepidus*, il monta une jolie petite haquenée blanche, alla au Parlement, et donna à sa mère l'autorité que le Parlement lui avait déjà donnée la veille. Il ordonna, de sa petite voix, que sa mère serait *régente pour avoir soin de son éducation;* en d'autres termes, il commanda qu'elle lui commandât, l'éduquât, le châtiât. Le 29, il disait : « Du moins, ne frappez pas trop fort. »

Une chose, très-indécente, dans la séance royale, et qui fit voir où on était tombé, c'est qu'après les premières harangues Concini, qui était là avec son plumet et son importance, oubliant les horions dont il avait la marque, se met à dire d'une voix claire : « La reine doit maintenant descendre. » A quoi le premier président, octogénaire, Harlay, de sa voix creuse et du fond de son deuil, lui dit : « Ce n'est à vous de parler ici. » Chacun fut accablé en voyant à qui une femme étrangère et la moquerie de la fortune venaient de jeter la France.

Le peuple, dans les rues, criait en pleurant : « Vive le roi! » Ce qui eût fait pleurer bien plus, ce fut de voir au Louvre Sully, qui, le 14, s'était tenu clos à l'Arsenal, mais qui, le 15, fut traîné à la cour par le duc de Guise, pour faire la révérence aux assassins du roi. Chose lamentable! pour sauver sa fortune, il lui fallut embrasser d'Épernon.

Celui-ci fut miraculeux de sang-froid, d'impudence. Il avait empêché qu'on ne tuât Ravaillac. Ce qui lui fit beaucoup d'honneur, et fort peu de danger; car ce terrible fou n'avait pas eu d'incitation directe; avec un homme si bien né pour la chose et si naïvement meurtrier, il suffisait de l'entourer de personnes bien pensantes, intelligentes, et de sermons indirectement provocants.

On l'avait traîné au Louvre et mis d'abord à l'hôtel de Retz, qui était contigu. Là, qui voulait venait le voir et lui parler. Cotton vint entre autres, et lui dit : « Mon ami, prenez bien garde de faire inquiéter les gens de bien. » Ravaillac en rit, s'en moqua. Il était d'un calme extraordinaire, comme un homme qui a peu à craindre et se sent bien appuyé.

Il semblerait pourtant que d'Épernon s'inquiétât et eût peur qu'il ne jasât trop, et qu'il le mît chez lui, à l'hôtel d'Épernon. C'est de là qu'on le tira, le 17, pour le mener à la Conciergerie. (L'Estoile, éd. Michaud, II, 593.)

Dès le 17, on put voir que personne n'avait envie de s'exposer pour Henri IV, et qu'il n'y aurait pas de justice. Le comte de Soissons, qui avait dit, juré qu'il le vengerait, arriva à Paris, accompagné de beaucoup de gentilshommes. Mais, quand il vit d'Épernon si fort au Louvre, quand il eut parlé à la reine, qui lui ferma la bouche en lui donnant la Normandie, il avoua en sortant que c'était une grande princesse, et d'Épernon fut son meilleur ami.

Le Parlement fut plus embarrassé. Le peuple était furieux, insensé de fureur, à mesure qu'il se rassurait. On le voyait devant la Conciergerie, où était Ravaillac, qui jetait des pierres au prisonnier à travers un mur épais de dix pieds. On examina d'abord à quelle torture il serait mis, et l'on écarta la plus dure. On ne chercha nul éclaircissement ni à Angoulême, où on pouvait prendre les prêtres qui l'avaient armé de la vraie croix, ni à Paris, où on avait sous la main le soldat qui, d'avance, avait tout dit, jusqu'à la couleur de l'habit de Ravaillac. Le vieux Harlay eut l'idée de faire venir les parents de l'assassin, et il ne le fit pas, soit que le parlement y fût contraire ou que lui-même ait pensé qu'un trop grand éclat amènerait la guerre civile.

Les Jésuites, appelés par le bonhomme Harlay, se tirèrent d'affaire lestement, disant qu'ils ne se souvenaient de rien, et que de pauvres religieux comme eux ne se mêlaient pas des grandes affaires. Leur unique affaire, c'était leur maison ; le jour même de la mort du roi, ils y mirent cinquante ouvriers pour l'agrandir et l'embellir, comme on la voit aujourd'hui (collége Charlemagne), avec un galant petit dôme ; et, pour l'église, la façade à la mode, à trois étages de colonnes, avec consoles et pots de fleurs.

Ils ne tinrent pas quitte Henri IV. On lui tira son cœur, dont les Jésuites s'emparèrent. Dans je ne sais combien de carrosses, ils s'en allèrent le portant à la Flèche, peu rassurés pourtant et craignant que le peuple ne leur fît un mauvais parti. Pour cette cérémonie, ils prirent l'heure insolite de cinq heures du matin, et tous leurs bons amis de la noblesse montèrent à cheval pour les rassurer.

Cependant Ravaillac ne dénonçait personne. Il voulait mourir seul, et avait dit d'abord qu'il ne regrettait rien, ayant réussi. Plus tard, il parut ébranlé et avoua que c'était un mauvais acte ; mais que cependant il l'avait fait pour Dieu, et qu'il espérait dans sa grande miséricorde. Il montra une extrême douceur, quand le Jésuite auquel il s'était adressé lui dit avec injures qu'il ne l'avait jamais vu. Au nom de sa mère, il pleura. Il dit qu'il avait fait la dépense de trois voyages pour avertir le roi, et que, s'il avait pu lui parler, il eût échappé à la tentation.

On lui dit qu'on lui refuserait la communion, et il répondit : « J'ai agi d'un mouvement humain et contre Dieu. Je n'ai pu résister (l'homme ne peut s'empêcher du mal), mais Dieu me pardonnera, et il me fera participer aux communions que les religieux, religieuses, et tous bons catholiques font par toute la terre. »

Ce qui lui fut terrible, ce fut qu'on lui montra que ce petit reliquaire dont les prêtres l'avaient armé à Angoulême, en lui disant qu'il contenait un fragment de la vraie croix, ne contenait rien du tout, et qu'ils s'étaient moqués de lui. Il dit vivement : « L'imposture retombera sur les imposteurs. » (De Thou.)

Il nia toujours que personne lui eût conseillé le meurtre. Mais pour les excitations indirectes, que devait-on croire? Il n'indiqua que les sermons. Du reste, l'extrait du procès-verbal qu'on a publié porte : « Ce qui se passa à la question *est sous le secret* de la Cour. »

La chose ainsi limitée, circonscrite, resserrée sur une même tête, le Parlement combina un supplice pour satisfaire le peuple et soûler sa vengeance. Pour le crime de lèse-majesté au premier chef on avait un supplice horrible, l'écartellement, précédé et assaisonné du tenaillement. On s'en fût tenu là. Mais M. de Guesle, procureur du roi, un magistrat bavard et insupportable érudit, tint à orner ce jugement des petits agréments qu'il avait lus dans les vieux livres, ajoutant aux tenailles le plomb fondu, l'huile et la poix bouillantes, et un ingénieux mélange de cire et de soufre. Le tout voté d'enthousiasme.

Si on eût laissé faire la foule, l'homme aurait été mis en pièces à la porte de la prison. Ce fut une scène horrible, plus cuisante pour Ravaillac que le fer et le feu. Il s'éleva une si épouvantable tempête de malédictions, que le pauvre misérable, qui avait cru le peuple pour lui, tombant dans cette mer de rage, s'abandonna entièrement. Il vit à quel point on l'avait trompé. Sur l'échafaud encore, il se tourna lamentablement vers le peuple, demandant en grâce qu'on donnât à l'âme du patient qui allait tant souffrir la consolation d'une prière, un *Salve Regina*. Mais la Grève tout entière hurla : « Judas à la damnation ! »

Les princes et tout ce qu'il y avait de grands personnages avaient des fenêtres et se montraient fort curieux. Ils n'étaient pas rassurés, l'usage exigeant qu'entre les tortures on lui demandât des révélations.

À l'un des entr'actes, ce spectre effroyable, qui n'était plus qu'une plaie, mais gardait une âme, déclara qu'il parlerait. Le greffier, qui était là, fut bien obligé d'écrire.

Quand on se remit de nouveau à écarteler Ravaillac, la chose allant lentement, un gentilhomme, envoyé sans doute pour abréger, offrit un cheval vigoureux qui, d'un élan, emporta une cuisse. Dès lors, le tronc tiraillé, promené de tous côtés, allait battant contre les pieux. Cependant il vivait encore. Le bourreau voulait l'achever, mais il n'y eut pas moyen : les laquais sautèrent la barrière, et, comme ils portaient l'épée, ils plongèrent cent fois ces nobles épées dans ce tronc défiguré. La canaille prit les lambeaux; le bourreau resta, n'ayant plus en main que la chemise. On brûla la viande à tous les carrefours. La reine put voir du Louvre les Suisses qui, sous son balcon, en rôtissaient une pièce.

Le procès, que devint-il? Je l'avais cherché en vain aux registres du Parlement. La place y est vide. Une note des papiers Fontanieu (Bibl.), qu'a copiée M. Capefigue, nous apprend que le rapporteur le mit dans une cassette et le cacha chez lui dans l'épaisseur d'un mur; que la feuille écrite sur l'échafaud fut gardée par la famille Joly de Fleury, qui la laissa voir à quelques savants, et que, quoiqu'elle fût peu lisible, on y distinguait le nom du duc d'Épernon et même celui de la reine.

Les voilà tous bien rassurés. Ravaillac en cendres vole dans l'air, et pas un atome n'en reste. La curée peut commencer :

1° L'Espagne eut le pouvoir. L'ambassadeur d'Espagne avec le nonce, Concini et d'Épernon, forment le conseil secret qui dicte à la reine ce qu'elle dira aux ministres; on garde les vieux ministres d'Henri IV, Villeroy, Jeannin, Sillery;

2° Le trésor de la Bastille est partagé entre la bande. Guise eut deux cent mille écus; Condé, deux cent mille livres de rentes, etc., etc.

3° Le mariage qu'avait le plus craint Henri IV, celui de Guise avec la grande héritière de France, mademoiselle de Montpensier, s'accomplit. Henriette d'Entragues cria, réclama; mais la reine, devenue sa meilleure amie, lui fit entendre raison;

4° Concini en prit de l'émulation. Il voulut donner sa fille au fils du premier prince du sang. Pourquoi pas? Visiblement, il succédait à Henri IV. Outre le marquisat d'Ancre, il s'était fait donner les places du Nord, les villes de la Somme, Péronne, Amiens, et il voulait au Midi avoir Bourg en Bresse, la barrière contre la Savoie. Ainsi le royaume n'avait rien perdu; sous l'épée de Concini, au défaut de celle du roi, il pouvait dormir en paix.

Concini ne couchait pas, il est vrai, dans le lit du roi, mais il occupait un hôtel qui, par un pont jeté sur les fossés du palais, l'y faisait entrer à toute heure de nuit; les Parisiens, sans ambages, l'appelaient le *pont d'amour*. La reine avait eu la faiblesse d'accorder ce grand mariage qui eût proclamé sa honte et la royauté de Concini. Mais elle ne tint pas parole, soit qu'alors le beau Bellegarde eût fait du tort à Concini, soit qu'elle eût quelques remords et fût plus froide pour lui, ne lui pardonnant pas sans doute de l'avoir trop bien instruite du crime qu'on allait faire pour elle.

L'argent s'en allait si vite, que, pour ralentir un peu la débâcle, Villeroy lui-même proposa de rappeler le grand *refuseur*, Sully. A peine y fut-il que personne ne le supporta, moins la reine que tout autre. Elle voulait tirer de la caisse un million antidaté, comme dépensé par Henri IV. Cette fraude était habituelle. Et le chancelier employa cinq années durant le sceau du feu roi pour fausser les dates. Sully refusa le million et se retira chez lui, ne voulant couvrir les voleurs.

Pour endormir l'opinion, on avait laissé Rohan, gendre de Sully, mener au Rhin quelques troupes. On avait confirmé l'Édit de Nantes, diminué la gabelle, et retiré quelques édits. Ainsi le gouvernement, de trois manières à la fois, fondait, s'évanouissait, recevant moins et donnant plus ; enfin, gaspillant sa réserve. On licencia les troupes, à la grande joie de l'Espagne.

Tout le monde restait armé, excepté l'État. L'insolence des jeunes nobles était incroyable. Ils bâtonnaient les magistrats. La nuit, ils couraient à grand bruit, réveillaient toute la ville. Les plus grands ennemis d'Henri IV le regrettaient. Henriette, elle-même, disait de ces coureurs de nuit : « Oh! si notre petit homme pouvait revenir! comme il empoignerait le fouet pour chasser ces petits galants et tous les marchands du Temple! »

La reine, poussée à bout, surmenée par Concini, qui n'avait ni sens ni mesure, fut maintes fois vue se retirant dans une embrasure de fenêtre, et le mouchoir à la main. Elle pleurait, en pensant à *l'autre*, si bon, qui la supportait tant!

Le mouvement emportait tout. L'Université et le Parlement avaient accusé les Jésuites; d'Épernon les appuya, allant à tous leurs sermons, et finit par dire : « Qui les attaque m'attaque. » Le Parlement se rejeta sur un livre du cardinal Bellarmin, qui faisait des rois les sujets de Rome. Le président dit que cela revenait à canoniser Ravaillac. Mais le roi fit défense expresse à son Parlement de soutenir les droits de la royauté et la sûreté des rois.

L'homme populaire du moment, c'était ce Condé (vrai ou faux). Popularité bien injuste. En caressant le Parlement et les huguenots, il n'en était pas moins le partisan avoué des Jésuites, le serviteur de l'Espagne dans l'affaire des deux mariages. On crut, fort à la légère, que Condé ou Soissons, son oncle, abandonnerait d'Épernon, et on laissa échapper contre celui-ci la voix du cachot, celle de cette dame d'Escoman qui s'était montrée si hardie à vouloir sauver Henri IV. Notre chroniqueur Lestoile est ici grand historien. On voit bien qu'il va mourir, et qu'il a plus que jamais le respect de la vérité.

« Comme un de mes amis disait au président de Harlay que cette femme parlait sans preuves, ce bon homme levant les yeux et les deux bras au ciel : « Il n'y en a que trop, dit-il, il n'y en « a que trop ! Et plût à Dieu que nous n'en vis- « sions point tant ! »

D'Épernon alla le voir et lui demander nouvelles du procès : « Je ne suis pas votre rapporteur ; je suis votre juge. » Il insista effrontément *comme ami* : « Je n'ai point d'amis. »

D'Épernon ne cachait point qu'il voulait la *mort* de la d'Escoman.

Ce méchant homme avait pour maîtresse la plus méchante femme de France, une bourgeoise fort laide, d'un bec infernal, la Du Tillet. C'est celle que Tallemant admire, et dont il ramasse l'ordure. On jeta cette femme à la d'Escoman, pour la dévorer de paroles. Moyen d'amuser le public, deux filles qui se chantent pouille, se jettent au nez leurs scandales, se gourment, se roulent. La d'Escoman, galante ou non, mais si dévouée, si courageuse, n'en reste pas moins à jamais un martyr de l'humanité.

D'Épernon se serait défait de Harlay, de manière ou d'autre. Mais il avait quatre-vingts ans. On lui fit entendre qu'il devrait se retirer, vendre sa charge, ce qui serait un beau denier pour sa famille. Ce qui le décida aussi, c'est qu'il réfléchit que si on poussait la chose, si on déshonorait la reine, toute autorité périssait. Le 5 mars 1612, Harlay étant encore là, un étrange arrêt fut porté, qui *ne déchargeait personne*, mais qui, *vu la qualité des accusés*, ajournait tout, élargissait quelques subalternes, et ne retenait en prison que la d'Escoman, dont l'accusation subsistait, et qui, à ce titre, eût dû être d'abord élargie.

Harlay avait cru avoir pour successeur son ami De Thou, l'illustre historien. Mais la reine s'écria : « *Non farò maj.* » Harlay fut obligé de vendre à une âme damnée des Jésuites.

Paris jugea ce jugement. Lestoile dit tristement de la dame d'Escoman : « A se bander contre les grands *pour le bien public*, on ne gagne que coups de bâton. »

Ce gouvernement ne descendait pas, il se précipitait, tombait comme une pierre au fond d'un puits. Il était grand temps qu'il eût l'appui de l'Espagne. Le 30 avril 1612, Villeroy signa le double mariage et le traité de secours ; l'Espagnol y promettait d'entrer au besoin avec une armée pour appuyer la reine. Le trône, isolé de tous, n'avait d'ami que l'ennemi.

Concini avait irrité à la fois les princes, les grands, les ministres même. Un homme fort intrigant, ancien agent de Biron, le vieux de Luz, lui conseillait d'ôter la Bourgogne à Bellegarde. Les Guises, amis de Bellegarde et de d'Épernon, assassinèrent ce de Luz aux portes du Louvre. La reine se sentit insultée, eut l'idée de faire tuer les Guises et d'Épernon. Pour oser une telle chose, il fallait l'appui de Condé, et, pour l'obtenir, Concini voulait qu'on lui donnât le château de Bordeaux. Cela tourna la girouette. Elle s'emporta contre Condé, se donna toute aux Guises, leur fit don de cent mille écus, et le chevalier de Guise, qui avait tué de Luz, et tué encore son fils, eut de cette femme insensée la lieutenance de Provence. Bellegarde, première origine du débat, se fit donner les places des deux assassinés.

Concini, jaloux de Bellegarde, complotait (contre la reine!) avec Condé et Bouillon. Elle le calma en lui donnant le bâton de maréchal, qu'il avait si bien gagné.

La reine s'avilissant ainsi, les princes, Condé et Vendôme, espéraient en profiter. Ils prennent les armes. La reine jette tout à leurs pieds, promet tout. Ils se croient maîtres, mais personne ne les soutient. La reine n'a qu'à montrer son petit roi à cheval. Le peuple se rallie à l'innocence de l'enfant. Elle se sent usée cependant, et se retire derrière son fils, en le déclarant majeur.

Elle frémissait sous cet abri. Celui qu'elle craignait le plus, ce n'était aucun des vivants. Pour qui aurait été le peuple? pour le signore Concini ou pour le prétendu Condé?

Le vrai vivant, c'était le mort. Henri IV risquait de ressusciter. Par la voix de la d'Escoman, il réclamait, accusait du fond de la Conciergerie.

Et, à côté de cette femme, un témoin terrible arrivait, un homme assassiné, Lagarde, assassiné par d'Épernon pour avoir averti le roi et d'avance nommé Ravaillac. Lagarde venait montrer ses plaies devant la France, mandée aux États généraux.

CHAPITRE XIV.

États généraux. — 1614.

Le contraste était beau en 1614 entre la cour et la France. Si la seconde était desséchée jusqu'aux os, l'autre, au contraire, splendide, éclipsait les jours d'Henri IV, humiliait l'Espagne, notre amie, à qui nous demandions l'infante.

Le grand cœur de la reine éclatait aux tournois de la place Royale, où tous, pour dépasser les folies espagnoles, se ruinaient en chevaux, en costumes. Cette mascarade coûta plus qu'une campagne. Bassompierre, héros de la fête, n'y suffit qu'avec un cadeau de la reine, un office de haute magistrature, qu'elle lui donna à vendre.

Mareuil reproche à Henri IV d'avoir été économe en amour. A tort, certainement. Mais c'est qu'apparemment il le compare à sa femme, qui fut si généreuse. Elle n'était pas à elle-même; son amour était une guerre où Concini ne la ménageait pas, et, à chaque traité, elle payait les frais de la guerre, en femme de quarante ans.

Lui-même, de fat à fat, raconte à Bassompierre tout ce qu'il a tiré de la grosse dame. Les vastes terres d'Ancre et de Lésigny, deux hôtels dans Paris, le bâton de maréchal de France, la charge d'intendant de la maison de la reine, les gouvernements d'Amiens, Péronne, etc. Un argent fabuleux, cinq cent mille écus à Florence et à Rome, six cent mille placés chez un financier, et un million ailleurs. Il était en mesure d'acheter pour sa vie la souveraineté de Ferrare. J'oubliais le meilleur, la boutique que tenait la Léonora, son trafic de places, d'offices, d'ordonnances même!

La reine lâchant tout, qui se fût fait scrupule de demander, d'exiger et de prendre? Mais, quoi qu'on tirât d'elle, on ne lui en savait nul gré. Chacun volait fièrement, et restait mécontent. Qu'avaient eu les Condé? Rien que cinq millions. Aussi leur mécontentement était au comble. Et les Guises? Rien que six millions, sans parler des gouvernements, des places, du mariage énorme de Montpensier. Les princes, Nevers, Vendôme et Longueville, les seigneurs, Épernon, Bouillon, n'ayant guère eu chacun qu'un petit million, voulaient extorquer davantage, grondaient et menaçaient. Toute la noblesse se faisait pensionner, et n'en criait pas moins. Cependant le fameux trésor de la Bastille avait tari. La France tarissait. L'argent d'alors valait, comme métal, trois fois plus qu'aujourd'hui, dix fois plus comme moyen d'acheter les denrées. Il fallait le tirer d'un peuple trois fois moins nombreux, autant qu'on peut conjecturer, et peut-être vingt fois plus pauvre.

Ce peuple, si on l'eût protégé, serait encore, à force de travail, parvenu à payer. Mais, lorsque tous les gens d'épée pillaient noblement le pays, il était difficile de lever pour eux en argent ce qu'ils avaient déjà pris ou détruit en denrées. Ces pensions qu'ils exigeaient, d'où les eût-on tirées? De la terre dévastée par eux, des récoltes foulées, mangées par leurs chevaux?

Malheur aux gens du roi qui se fussent permis de rappeler son autorité! Un trésorier de France fut assez fou pour vouloir empêcher les taxes de guerre que le duc de Nevers levait en Champagne contre le roi. Il fut enlevé, mené chez le duc, condamné à mort par ses juges.

Le duc ne daigna le faire pendre ; il l'habilla en fou, avec le bonnet à grelots et la marotte en main, vous le mit sur un âne, et le promena partout, pour qu'on vît bien le cas qu'il faisait du roi de France.

Ces princes, qui avaient exigé les États, dès qu'ils furent accordés, n'en voulaient plus. Quand le bailli du roi en Nivernais hasarda de faire crier la convocation, la duchesse fit arrêter ses crieurs. Les nobles trouvèrent au-dessous d'eux d'aller aux élections, et n'y figurèrent que par leurs valets. En réalité, ces États ne leur semblaient qu'un trouble-fête, qui pouvait éplucher de trop près la liste des pensions.

Le Tiers n'élut, n'envoya que des juges, avec des avocats et des officiers de finances. Gens fort capables d'examiner de près. Quand ils se trouvèrent réunis, tous en robe noire et en bonnet carré, ils avaient l'air d'un tribunal pour juger les nobles et la cour.

La passion ne leur manquait pas pour tenter de sévères réformes. L'hérédité des charges les constituait depuis dix ans en une sorte de noblesse haïe et insultée de l'autre. Noblesse, il est vrai, achetée et sortie de l'argent, mais qui, dans ces familles, était relevée par des habitudes graves, et encore plus par leur nouvelle indépendance. Ils n'avaient plus à solliciter les grands à chaque vacance. Ils ne sentaient plus trembler la balance dans leurs mains. La justice, devenue un fief patrimonial, marchait forte devant le fief, et la robe égalait l'épée.

Ce qui malheureusement leur faisait tort, c'était bien moins l'achat des charges, bien moins le droit annuel qu'ils acquittaient pour les perpétuer dans leurs familles, que les émoluments variables qu'ils tiraient de la justice. Payés par les plaideurs, et sur chaque procès prélevant des *épices*, ce misérable casuel les abaissait, les empêchait de prendre une grande attitude, ni de fortes racines dans la nation. Que dis-je? quoique très-vaniteux, à les prendre en eux-mêmes et dans le secret de leur cœur, ils n'étaient pas bien fermes. Ces profits variables, trop généralement arbitraires, contestés des plaideurs, leur abaissaient le cœur. Leurs charges étant toute leur fortune, ils s'en croyaient comptables à leur famille. Ils craignaient fort qu'on n'y touchât. Ils étaient, avant tout, pères et propriétaires. Le nom le plus illustre, le vieux Harlay, par faiblesse pour les siens, venait de donner un triste exemple; il avait vendu (ce qui jusquelà ne se faisait pas encore) une charge de premier président.

Nos évêques, valets ou parents des maîtresses, de Gabrielle, d'Henriette, fils de Zamet et de La Varenne, etc., n'en méprisaient pas moins les magistrats, les appelant « une espèce mécanique et *épicière*. » Plusieurs, comme Sourdis, nommé par Gabrielle archevêque de Bordeaux et cardinal, cumulaient l'insolence de la pourpre et de la noblesse, piaffaient en matamores, marchaient sur les pieds à tout le monde. Ce Sourdis alla un jour, avec ses estafiers, briser la porte des prisons de Bordeaux, en tirer des hommes qui étaient là sous arrêt du Parlement, sous la main de la Loi.

Callot a immortalisé les nobles gueux de cour, ces capitans râpés, traînant leur inutile épée autour du Louvre, mendiant une aumône ou flairant un repas aux cuisines de monseigneur d'Ancre. Celui-ci leur crachait dessus, et les appelait *faquins à cinq cents livres.* C'était le taux d'un gentilhomme.

Gibiers de recors et d'huissiers, ils n'en étaient pas moins hardis contre les juges, vaillants à bon marché contre les hommes de plume, parfois de main légère et prompte aux voies de fait. Si l'on voulait poursuivre, point de témoins. Peu de gens se souciaient de se mettre sur les bras tous ces ferrailleurs qui se soutenaient entre eux.

A ces insultes accidentelles joignez-en une permanente. Les nobles de robe étaient soumis à la gabelle du sel. Les nobles d'épée s'en moquaient. Les gabeleux, qui fouillaient les maisons pour constater le sel acheté illicitement, n'eussent pas osé entrer chez eux. Ils fouillaient chez les juges. En septembre 1613, la Cour des aides avait eu la hardiesse d'ordonner qu'on irait *partout*, et que *tous* payeraient, en proportion du nombre des personnes. Essai audacieux qui n'allait pas moins qu'à *l'égalité en matière d'impôts*. La chose fut écrite, non faite, resta sur le papier.

Voilà donc deux noblesses qui arrivent, deux armées, front à front. Toutes deux se caractérisent, la noblesse par sa pétulance (au point que le vieux maréchal La Châtre ne put la supporter et se retira). Le Tiers marqua par son humilité; quoiqu'il eût le cœur bien gros, il alla faire compliment aux nobles et au clergé. A l'ouverture, il parla à genoux.

Ce n'était point du tout le Tiers État du

seizième siècle, comme il avait paru si fièrement à Poissy, mêlé d'esprits divers et de classes diverses, vrai représentant de la France. En 1614, ce n'était qu'une classe, tous juges et gens de loi. Et cependant plus de jurisconsultes. Des praticiens, point d'administrateurs, si du moins l'on en juge par l'informe chaos qu'offrent les cahiers des États. Il est visible qu'à juger des procès, ces gens-là ne sont pas devenus de grands politiques. Cependant il y avait quelques hommes de talent, le lieutenant civil de Mesmes, éloquent, vif, hardi; le prévôt des marchands, Miron, frère du Miron célèbre qui changea tant Paris sous Henri IV. Dans les magistrats de provinces, quelques-uns brillèrent. Nommons par gratitude l'estimable chroniqueur des États, Florimond Rapine, avocat du roi au présidial de Saint-Pierre. Nommons surtout et désignons à la reconnaissance du pays le héros de l'assemblée, Savaron, président au présidial de Clermont. Jeune, il avait porté les armes; magistrat plus tard, érudit, il se bornait à la petite gloire d'éditer son compatriote, le vieux Sidoine Apollinaire. La grandeur de la situation, l'amour de la justice et le sentiment des misères du peuple tirèrent de sa poitrine des paroles inouïes, qui alors purent tomber par terre, mais pour revenir foudroyantes par Sieyès et par Mirabeau.

Les voleurs avaient peur. Tout en faisant les fiers, au nom du roi qu'ils avaient dans les mains, ils avaient vu l'agitation, la fureur de Paris au procès de Ravaillac, et savaient par où on pouvait les prendre. Celui qui eût eu le courage de relever la chemise sanglante d'Henri IV l'eût trouvée chaude encore, à brûler le Louvre.

On ne pouvait faire une réforme, mais bien une révolution. C'était au Tiers État à y regarder et savoir ce qu'il voulait. Il était tout de magistrats, lié avec le Parlement. La révolution se fût faite par la voie judiciaire.

Le grand secret n'était pas un secret. Le vieux Harlay, qui avait tout étouffé quand la régence donnait encore espoir, était retiré, mais non mort. Le rapporteur de Ravaillac existait, et ses dépositions, *reçues sous le secret de la cour*, n'avaient pas encore été détruites. Elles existaient dans la cassette, murée à l'angle des rues Saint-Honoré et des Bons-Enfants, avec la feuille dictée par Ravaillac sur l'échafaud, entre les tenailles et le plomb fondu, et l'on pouvait y lire les noms d'Épernon et de la reine.

Le témoin Dujardin Lagarde, assassiné par Épernon, Lagarde vivait pourtant; il était à

Paris, et demandait réparation. Pour réparation, il eut la Bastille.

La dame d'Escoman, ajournée, non vraiment jugée, était à la Conciergerie, toujours dans la main du Parlement, qui, par elle, avait une hypothèque terrible sur le Louvre. Si, par Lagarde, on mettait Épernon à jour, derrière lui, par la d'Escoman, on allait à la reine. Le duc en trois jours eût été en Grève, et elle fût partie pour Florence.

Le jugement d'Épernon, qui eût frappé les grands d'une impuissance constatée, aurait sauvé cent millions d'hommes qui sont morts de misère par la perpétuité du régime quasi féodal, que la monarchie n'a nullement fini, mais continué par la noblesse jusqu'en 89.

Pour cela, il fallait tenir Paris et savoir s'en servir. Il fallait que le Tiers État, au lieu de venir avec toutes les petites jalousies de la province, se jetât de cœur dans la grande ville, où est la chaude vie de la France, qui n'est que la France même, incessamment filtrée par un brûlant organe. Paris n'avait jamais été tant ligueur qu'on croyait. Et d'ailleurs il ne l'était plus. Au contraire, il saluait de ses vœux la guerre d'Henri IV, qu'il croyait une « guerre contre le pape. » Paris protégea Charenton.

La cour étourdiment avait assigné au Tiers de siéger à l'Hôtel de Ville. Il y aurait trôné et serait devenu un centre. Par sotte jalousie de Paris, il aima mieux être rayon, un rayon pâle dans la gloire de la noblesse et du clergé. Il alla se loger sous les pieds de ses ennemis. Tandis que les deux ordres privilégiés siégeaient pompeusement dans les salles hautes et décorées du couvent des Grands-Augustins, le pauvre Tiers vint se cacher au réfectoire humide des moines, dans un rez-de-chaussée sale et noir, où personne n'allait le chercher. Paris n'eût su où le trouver.

Ils se laissèrent donner pour président un homme mixte, ni chair, ni poisson, le prévôt Miron, que la cour appuyait comme propre à donner des paroles, en éludant les actes. On put le juger dès l'entrée. Quand ce malheureux trésorier, pilorié, promené sur un âne par le duc de Nevers, apporta sa requête, l'affaire ne fut pas mise en délibération, sous ce prétexte étrange *que l'heure était sonnée* (d'aller dîner). L'homme, il est vrai, s'était présenté seul, les autres trésoriers n'ayant osé le soutenir, « l'ayant désavoué de *l'injure* qu'il avait faite au duc, » en faisant son devoir, et suivant les ordres du roi!

Je ne vois pas non plus dans le gros livre

de Rapine que le président ait saisi l'assemblée de la réclamation de Lagarde. Pas un mot d'une affaire si grave que Lagarde lui-même dit avoir présentée aux États.

Ce livre de Rapine est bien étrange, quelquefois hardi dans la forme, mais très-timide au fond. Les choses capitales sont cachées dans des parenthèses. On apprend en passant, et par occasion, en une ligne, que « tous les cahiers des députés demandoient la *suppression des pensions*. » C'était la guerre à la noblesse que le Tiers apportait. Rien n'indique qu'il ait suivi ce mandat des provinces. Il procéda obliquement, demandant 1° surséance, pendant la durée des États, aux levées d'argent extraordinaires ; 2° suppression des trésoriers qui payaient les pensions. La reine se récria sur ce dernier article, disant que les offices des trésoriers étaient à elle, un don qu'elle avait reçu de la galanterie du feu roi. Le Tiers État, non moins galant, maintint ces trésoriers des pensions. Cela devait faire croire qu'il respecterait les pensions elles-mêmes.

Cependant ce seul mot de *pensions* avait fait frémir la noblesse. Ce même jour, 13 novembre, un homme à elle, un député du sauvage Forest, sans consulter ses collègues de même province, vint, comme de sa tête, avec les semblants de sa liberté montagnarde, proposer d'abolir le droit annuel qui assurait aux magistrats l'hérédité des charges.

Guerre pour guerre. Si le Tiers touchait aux pensions des nobles, les nobles leur jetaient cette pierre, les menaçaient dans leurs fortunes.

Mais tout cela était trop lent. Le duc d'Épernon, qui sans doute craignait que, dans cette dispute entre les ordres, l'aigreur ne donnât du courage, et qu'on ne mît sur le tapis l'affaire de Lagarde et de Ravaillac pour l'envoyer au Parlement, d'Épernon résolut de frapper un coup de terreur sur celui-ci, qui effrayât le Tiers, bridât les langues sur ce sujet sacré. Probablement il était averti de ce qu'on voulait faire par l'espion et le traître qu'on avait mis pour successeur de Harlay, le président Verdun, l'âme damnée de la reine, de d'Épernon et des Jésuites.

Le coup fut monté ainsi. Un soldat du duc défia un homme et le tua, fut emprisonné par le bailli de Saint-Germain. D'Épernon, comme colonel général de l'infanterie, réclame le prisonnier, prend des gardes au Louvre, et force la prison (14 décembre).

Le 15, la noblesse, exaltée, enhardie par l'outrage fait aux lois et aux magistrats, déclare au Tiers qu'elle demandera au roi qu'il ne lève point le droit annuel, c'est-à-dire *ne garantisse plus l'hérédité des charges achetées.* Ces charges, non garanties, tombaient dès lors au dixième de leur valeur. Les magistrats, qui y avaient mis tout leur patrimoine, étaient ruinés.

Cette menace, apportée au Tiers, eut un effet inattendu. On vit alors une chose qu'on ne voit guère qu'en France, où les hommes, mis en demeure, s'élèvent parfois tout à coup au-dessus d'eux-mêmes. Un noble éclair passa sur l'assemblée. Ces magistrats accueillirent avec enthousiasme la proposition qui les ruinait. Plusieurs s'écrièrent qu'il fallait abolir cette honteuse vénalité des charges, fermer la porte aux richesses ignorantes, et ne l'ouvrir qu'à la vertu.

La proposition fut formulée par le lieutenant général du bailliage de Saintes, président du gouvernement de Guyenne. Cette province si misérable, rasée, exterminée par l'atrocité des impôts, et qui n'avait plus que des larmes, avait ému son cœur, et elle lui inspira de grandes paroles, dignes de la *Nuit du 4 août.*

Ce magistrat demande trois choses : 1° qu'on ne paye plus le droit qui garantissait l'hérédité des charges; 2° que la taille soit réduite à celle d'Henri III ; 3° que le roi, s'il se trouve trop appauvri par les demandes, sursoie au payement des pensions.

L'enthousiasme alla montant. Et la majorité adopta le sacrifice complet, proposé par M. de Mesmes, *l'abolition expresse de la vénalité des charges*.

Deux députés, au moment même, s'échappèrent et coururent aux chambres du clergé et de la noblesse, qui, surpris de cette vigueur, essayèrent de gagner du temps, admirant, exaltant un si beau sacrifice, mais demandant *qu'on l'ajournât avec l'affaire des pensions*, qu'on n'occupât le roi que de l'affaire du sel et de la suspension du droit annuel. On ne fut pas pris à ce piége, et on leur envoya l'homme le plus ferme de l'assemblée, Savaron, président de Clermont, qui leur dit : « Laissons là le droit annuel; allons à la racine du mal. La noblesse dit que la vénalité lui ferme l'entrée aux charges... Que la vénalité périsse !

« Les pensions en sont à ce point que le peuple, désespéré, pourra bien faire comme ses aïeux les Francs, qui brisèrent le joug des Romains... Dieu veuille que je sois faux prophète !... Mais, enfin, c'est ce brisement qui a fondé la monarchie... »

Ceci à l'adresse des nobles. Et l'hypocrisie

du clergé, sa secrète entente avec la noblesse, il la nota d'un mot : « Tous vos discours sucrés ne réussiront pas à nous faire avaler la chose... Vous craignez pour le roi s'il perd un million et demi que lui rapporte le droit des magistrats. Et vous ne craignez pas de lui laisser la charge des pensions, qui est de cinq millions ! »

Et au roi : « Sire, soyez le roi très-chrétien... Ce ne sont pas des insectes, des vermisseaux, qui réclament votre justice et votre miséricorde. C'est votre pauvre peuple, ce sont des créatures raisonnables; ce sont les enfants dont vous êtes le père et le tuteur... Prêtez-leur votre main pour les relever de l'oppression !... Que diriez-vous, Sire, si vous aviez vu en Guyenne et en Auvergne les hommes paître l'herbe à la manière des bêtes ?... Cela est tellement véritable, que je confisque à Votre Majesté mon bien et mes offices, si je suis convaincu de mensonge ! »

Cette voix, sortie du cœur du peuple, donnait courage au Parlement. Dès le premier discours, qui fut du 15, il avait procédé contre le duc d'Épernon. Celui-ci joua le tout pour le tout. Le 19, le Parlement, à sa sortie, trouva le duc avec ses bandes qui remplissaient la Grand'-Salle et la longue galerie des Merciers, fort obscure en cette saison. Ces *bravi*, qui, sans nul scrupule, eussent fait un carnage de toute la Justice de France, commencèrent par des cris, des risées, des menaces. Puis ils passèrent aux gestes, et l'on ne sait si réellement il y eut des coups. Ce qui est sûr, c'est qu'ils ruaient des éperons à travers les robes, les accrochaient et les tiraient pour faire tomber les magistrats. Ceux-ci retournèrent sur leurs pas, s'enfermèrent dans leurs salles. Le duc resta maître du champ de bataille. La Justice, créée pour donner la chasse aux brigands, fut chassée par eux cette fois; les voleurs enfermèrent leurs juges.

Que fit le Parlement le lendemain? Rien du tout. Et rien encore pendant cinq jours. Ce corps certainement était neutralisé par la trahison de son président.

La noblesse ne douta pas que le Tiers ne fût effrayé de l'aventure du Parlement. Le 20, par le clergé et directement par un de ses membres, elle demanda, exigea que Savaron lui fît excuse. A quoi il répondit fièrement : « J'ai porté les armes cinq ans, et j'ai moyen de répondre à tout le monde en l'une et l'autre profession. »

Mais les nobles n'eussent daigné croiser l'épée avec un homme de robe longue. Un d'eux,

Clermont d'Entragues, dit que Savaron devait être fouetté par les pages, berné par les laquais.

Le clergé, *au nom de la paix*, voulait que le Tiers avalât ceci, et fît excuse à la noblesse de l'injure qu'il n'avait pas faite. De Mesmes fut envoyé effectivement aux nobles, mais ce fut pour poser la question sur un terrain plus haut : « Les trois ordres sont trois frères, enfants de la France. Au clergé, la bénédiction de Jacob et le droit d'aînesse. A la noblesse, les fiefs et dignités. Au Tiers État, la justice. Le Tiers, dernier des frères, reconnaît son aîné au-dessus de lui. Mais la noblesse doit voir un frère en lui. Elle donne la paix à la France, nous aux particuliers...

« Au reste, n'a-t-on pas vu souvent dans les familles que les aînés ravalaient les maisons, que les cadets les relevaient? »

Ce fut un coup de poignard pour la noblesse. Pour la première fois, l'égalité timide avait réclamé ce nom de frères, de cadets, de frères inférieurs, mais déjà en rappelant que les aînés pouvaient déchoir, les cadets sauver la famille...

« Des fils de savetiers nous appeler frères! » Ce fut le cri des nobles. Ils crièrent en tumulte jusqu'à neuf heures du soir. Et alors, quoiqu'il fût si tard, ils allèrent demander vengeance au roi. Ils trouvèrent porte close, les ponts levés, le roi couché.

Ce même jour 24 décembre, le Parlement, enfin réveillé, s'était souvenu de l'injure du 19, et s'était mis à procéder. Le Tiers déclara, le 27, que de Mesmes avait bien parlé, et qu'on l'avouait de tout.

Au point où étaient les choses, Condé avait la partie belle. Cette popularité qu'il cherchait jusque-là par de mauvais moyens, il pouvait la gagner par le salut de la France. S'il eût été le 27 aux États et au Parlement, il eût entraîné tout. Il n'osa, et resta chez lui.

La reine ne perdit plus de temps pour faire jouer la grande machine, le roi, — pour comprimer par lui le Tiers, le Parlement, sauver d'Épernon, relever la noblesse.

Jour mémorable. Le roi fut posé, ce jour-là, roi des nobles contre le peuple.

C'est le sens de tout ce qui suit pour deux cents ans. Nous attendons 89.

Le 28, ce petit garçon de treize ans et demi, en son Louvre, répétant sa leçon apprise, ordonne au Tiers État *de faire excuse à la noblesse*.

Et il ordonne au Parlement *de cesser les poursuites contre son cousin le duc d'Épernon*.

Le prince de Condé, lâchement, fit semblant de croire que le Tiers avait l'intention de s'excuser et lui conseilla de le faire.

Le Parlement, battu, bloqué chez lui par d'Épernon, ne fut pas quitte pour cela. Il lui fallut endurer sa présence. Cet homme, qui portait le meurtre au front et le sang d'Henri IV, au lieu de figurer sur la sellette, comme il devait, vint trôner comme duc et pair. Ceux qu'il avait bafoués et outragés le soir, il les brava de jour. Il n'excusa, n'expliqua, ne regretta rien. La tête haute, en quelques mots brefs, il assura la cour de sa protection.

Le Tiers fut traité de même. Le petit roi ne daigna lire ses trois propositions et les renvoya à ses gens. Il n'avait qu'un mot, et sa mère un mot : « Faites au plus tôt votre cahier. » C'est-à-dire : Partez au plus vite.

On avait été jusqu'à écrire d'avance les excuses que devait faire le Tiers. Celui-ci, exaspéré, n'en tint compte, dit qu'il ne s'expliquerait pas devant la noblesse, mais devant le roi. Il prit même un rôle agressif. Il menaça d'*écrire aux provinces* si on ne donnait prompte réponse à ses propositions. Enfin, il demanda *qu'on lui communiquât l'état des finances*.

Cette demande, si simple et si prévue, jeta

un trouble extrême à la cour et aux chambres du clergé et de la noblesse. On put juger alors de la parfaite entente, de l'union de tous les voleurs. Le clergé envoya au Tiers État le doucereux évêque de Belley, Camus, l'auteur fadasse de tant de plats romans de bergeries dévotes, mêlés de l'*Astrée* de d'Urfé et de la *Philothée* mignarde de saint François de Sales. « Les finances, dit-il, sont l'Arche sainte de l'ancienne Loi... Gardons-nous d'y toucher... » — A quoi un membre du Tiers dit vivement : « Mais nous sommes sous la Loi nouvelle, qui veut le jour et la lumière. »

Le ministre Jeannin, très-fidèle à l'ancienne Loi, voulut bien apporter cette Arche, mais non l'ouvrir. On communiqua quelques chiffres incomplets, inexacts et faux. Et encore on défendit de les copier. Le Tiers enfin fut obligé de dire qu'une telle communication lui était superflue, qu'il n'en prendrait pas connaissance.

Jeannin, pour rester au pouvoir, avait pris la tâche honteuse de mentir pour la cour et de couvrir ses vols. Il dit effrontément que le trésor des quarante millions de la Bastille n'était que de cinq; il supposa que la dépense avait augmenté de neuf millions, et la recette diminué de huit! Chiffre impossible et ridicule; car, alors, on n'eût pas vécu. Enfin, pour embrouiller complétement, et dérouter tout examen, à l'article des levées d'argent, il additionne pêle-mêle la recette avec la dépense!

Malgré les défenses expresses, le Tiers copia ce chaos, et l'envoya dans les provinces.

Cependant on cherchait, on trouvait contre lui, on lui jetait aux jambes des barres pour l'arrêter et des pierres pour le faire tomber.

Les magistrats qui composaient le Tiers sortaient en grande partie de familles de finances. La noblesse crut les embarrasser en proposant une chambre de justice qui examinerait et poursuivrait les financiers (5 décembre).

Les nobles, débiteurs de ceux-ci, se fussent acquittés à bon compte, en les payant d'une corde. Le Tiers se montra ferme encore; malgré ses rapports de famille, il déclara trouver très-bon qu'on recherchât les financiers.

La seconde pierre qu'on lui jeta fut une réforme de la Justice, dont on le menaça, et la troisième (lancée par le clergé), une réduction des conseillers d'État. Le Tiers, en vrai Romain, vota cette réduction, qui fermait aux magistrats leur plus belle perspective.

La seule vengeance qu'il prit, ce fut d'écrire en tête de son cahier, comme premier article et *loi fondamentale*, la défense du roi contre le clergé, la condamnation des doctrines qui avaient armé Ravaillac, l'indépendance du pouvoir civil, l'injonction à tous ceux qui auraient des offices ou des bénéfices de signer cette doctrine, enfin la proscription des souteneurs de l'autorité étrangère.

Les historiens, qui ne voient là qu'une bassesse, une flatterie, n'ont aucun sentiment de la situation ni du moment. Le sang du roi fumait encore.

Ces souteneurs du pape, qui étaient-ils? Les bons amis de Ravaillac, ceux qui l'avaient poussé, regardé faire, et qui profitaient de son crime. Qui? D'Épernon et Concini, les Jésuites, les mauvais Français, nos Espagnols de France et les excréments de la Ligue.

L'article les marquait tous. On ne pouvait pas encore les mettre en Grève; on les piloriait dans la Loi.

Quand Samson mit le feu à la queue des trois cents renards, qui s'en allèrent criant, brûlant les blés des Philistins, ces animaux ne firent pas plus de bruit que les défenseurs des Jésuites et les prélats ultramontains.

Ils vinrent, l'un après l'autre, déclamer, pleurer et crier au sein du Tiers sur le malheureux sort de la Religion. Ils y jetèrent l'incident pathétique des catholiques cruellement persécutés, disaient-ils, en Béarn par les huguenots. Le président Miron, prenant rôle dans la comédie, appuya cette lamentation de ses sanglots et de ses larmes.

Le Tiers n'en fut pas dupe. Peu favorable aux protestants, il tint ferme contre les Jésuites. Contre la cour, c'était la même chose. On put le voir à la peur de celle-ci, qui se fit tout à coup bienveillante pour les magistrats, leur fit dire que les charges non-seulement passeraient aux fils, mais aux héritiers quelconques et aux veuves.

Ce miel intempestif, donné si lâchement et par peur, n'adoucit rien. Les magistrats en sentirent mieux leur force, et le Parlement, adoptant l'article, en fit un arrêt, et lui donna la force judiciaire (31 décembre).

Il ne restait qu'à mettre les noms dans cet arrêt pour en faire la condamnation des grands coupables qui bravaient la Justice.

Leur arme, leur ressource suprême, connue dans la première dispute, ce fut encore le roi. Avec le petit mannequin, ils pouvaient assommer la raison et la loi. Cette fois encore le Tiers, le Parlement, furent accablés par le roi même, qui évoqua l'article à lui, et leur interdit de défendre sa royauté, sa vie! prenant parti pour ceux qui tuaient les rois, pour les assassins de son père!

C'étaient eux justement qui le liaient; il n'était pas libre. La complicité de la cour et de la reine même dans la mort d'Henri IV enhardissait tellement le parti jésuite, que le cardinal Du Perron, son organe, dit au roi en personne que, s'il ne cassait l'arrêt du Parlement, le clergé en concile *excommunierait ceux qui refusent au pape le droit de déposer les rois.*

Cent vingt membres du Tiers protestèrent pour que l'article restât écrit au cahier, malgré l'ordre du roi. Ils protestèrent de vive voix, mais tous ne signèrent pas la protestation. Ce qui permit au président Miron de nier la majorité. En vain Savaron monta sur un banc. On étouffa sa voix. Le président cria que le roi le voulait ainsi, et l'avait dit lui-même, de sa bouche et sans interprète. On prit un moyen terme. On effaça sans effacer, en écrivant l'article pour dire qu'on ne l'écrirait pas.

Tout le débat finit sur ce premier article, qui fut en même temps le dernier. La comédie honteuse finit comme ces arlequinades où le *Deus ex machinâ* qui fait le dénoûment est tout simplement le bâton.

Un sieur de Bonneval, membre de la noblesse, sans cause ni prétexte, bâtonne un magistrat du Tiers. Et, d'autre part, Condé, furieux contre la reine, qui lui fait intimer de ne point faire visite au Tiers, fait bâtonner par un des siens un gentilhomme de la reine. De là, entre la reine et lui, une basse et grossière dispute. « Je n'ai pas peur de vous, disait Condé. Que me ferez-vous ? » Le roi les sépara. La reine avait mandé pour la défendre toutes les bandes de M. de Guise.

Condé alla au Parlement, et dit froidement qu'il avouait son gentilhomme d'avoir assommé l'homme de la reine, que ce n'était que représailles. « MM. de Guise, dit-il, ont bien assassiné de Luz. Et le maréchal d'Ancre a bien fait assassiner Rubempré. M. d'Épernon a bien... » Condé acheva-t-il ? dit-il que d'Épernon avait assassiné Lagarde, le dénonciateur de Ravaillac ? Nous savons seulement qu'il nomma d'Épernon. Cela suffit : la reine, tout à coup souple comme un gant, fit tout ce que voulait Condé. Il eut pour son homme des lettres d'abolition, et l'homme de la reine garda ses coups de bâton. Le Tiers, plus ferme, fit condamner, au moins par contumace, le député de la noblesse qui avait bâtonné un de ses membres, et il fut exécuté en effigie.

Voilà un pas de fait. Concini, Guise et d'Épernon, ont été nommés *assassins*. Le peuple ajoutait *d'Henri IV*. Que serait-il arrivé si le Parlement n'avait fait la sourde oreille? S'il eût relevé la chose, il eût eu Paris pour auxiliaire, et son glaive innocent, dont riaient les bandits, aurait eu le fil et la pointe. La cour, devant un tel procès, eût été trop heureuse de recevoir les conditions du Tiers.

Une politique nouvelle eût commencé, anticléricale, antiespagnole. Le cahier du Tiers l'indiquait.

Le président y avait glissé une demande des mariages *d'Espagne*. On effaça le mot *Espagne*.

Le cahier contenait une révolution contre le clergé. Il demandait :

1° Qu'il y eût une justice sérieuse pour les prêtres, qu'ils fussent jugés, non par les leurs, intéressés à les blanchir toujours, mais par les juges laïques ;

2° Que la justice d'Église fût gratuite, qu'elle parlât français, qu'elle n'arrêtât personne sans l'intervention de la justice laïque ;

3° Que le curé ne fît plus payer pour les baptêmes, mariages et sépultures, et qu'il en remît les registres au greffe ;

4° Que les villes reprissent l'administration des hôpitaux, et que leurs administrateurs reçussent les aumônes dues par les évêchés et couvents ; que tout ecclésiastique qui aurait plus de six cents livres par an en payât un quart pour les pauvres; que chaque monastère nourrît un soldat invalide; les autres invalides nourris aux Hôtels-Dieu, partie aux frais des hôpitaux et partie aux frais du clergé;

5° Que le clergé n'acquît plus d'immuables (sauf un cas), et ne reprît point par rachats forcés ses anciens immeubles aliénés qui avaient passé de main en main.

Ces articles terribles qui perçaient le cœur du clergé lui firent craindre extrêmement que le Parlement ne lançât le grand procès qui eût donné la force au Tiers. Il se serra tremblant sous la cour et sous la noblesse. Les trois puissances furent d'accord pour mettre le Tiers à la porte, finir brusquement les États. Le roi exigea le cahier et fit la clôture le 23 février. Et quand, le lendemain, le Tiers crut pouvoir revenir pour achever les affaires, comme il l'avait demandé, il trouva porte close, et déjà les bancs enlevés, les tapisseries détachées. Le chroniqueur Rapine, dans sa douleur naïve, s'écrie qu'en effet les voleurs avaient sujet de craindre « une assemblée nouvelle, où peut-être Dieu et notre mère, notre douce Patrie, l'innocence de notre roi, auroient suscité quelqu'un pour nous tirer de ce sommeil qui nous assoupit quatre mois.

« Et que deviendrons-nous? Nous venons tous les jours battre le pavé de ce cloître, pour savoir ce qu'on veut faire de nous. L'un plaint l'État, l'autre s'en prend au chancelier. Tel frappe sa poitrine, accuse sa lâcheté; un autre abhorre Paris, et désire revoir sa maison, sa famille, oublier la liberté mourante...

« Et pourtant, après tout, dit-il en se relevant avec force, sommes-nous autres que ceux qui entrèrent hier à la salle des Augustins? »

Ce mot-là a attendu deux cents ans sa réponse. « Nous sommes, a dit Sieyès, ce que nous étions hier. » — « Et nous jurons de l'être. » C'est le serment du Jeu de Paume.

CHAPITRE XV.

Prison de Condé. — Mort de Concini. — 1615-1617.

Plus d'assemblées pendant deux siècles. Mais celles du clergé continueront, poursuivant un but fixe, la *proscription progressive des protestants*, dont il fait au roi l'expresse condition de ses secours d'argent, et l'*extermination des libres penseurs*, sous le nom d'athées.

Le Tiers restait cependant à Paris, et il fut tout un mois, du 24 février au 24 mars. Tout dissous qu'il était, sa présence eût donné une grande force au Parlement. Il semble que l'un et l'autre se soient attendus. Ils ne firent rien du tout. Et ce fut seulement le 28, lorsque le Tiers était parti, que le Parlement prit la parole, et par arrêt invita les princes et les pairs à venir siéger. Arrêt opposé du Conseil. Le Parlement tient bon, et, le 22 mai, vient lire ses remontrances au Louvre. C'étaient celles des États, sur la ruine des finances. Mais, de plus, le Parlement, entrant dans la politique même, priait le roi de revenir *aux alliances de son père*, donc, de ne point s'allier à l'Espagne. Il censurait l'audace insolente du clergé et des amis du pape. Il demandait qu'on fît rendre gorge « à des gens sans mérite qui avaient reçu des dons immenses, » et qu'on ne confiât plus les grandes charges aux étrangers, qu'on ne peuplât plus le royaume de moines italiens, espagnols, qu'on fît recherche des juifs, magiciens et empoisonneurs, qui, depuis peu d'années, se coulaient aux maisons des grands. C'était désigner Concini et sa femme, qui s'entouraient de ces gens. Et, si cette désignation semblait obscure, le Parlement aurait nommé.

Les ministres furent atterrés; mais Guise et d'Épernon offrirent leur épée à la reine. Il eût fallu, pour soutenir le Parlement, que Condé fût ici, mais il était parti avec les princes, aimant mieux faire la guerre de loin. Il s'adressa à la fois au pape et aux huguenots, et, en réponse aux prières de la reine, qui l'invitait à aller avec le roi au-devant de l'infante, il lança un manifeste où il nommait Concini, comme capital auteur des maux publics.

On n'a pas répondu au Tiers, dit-il. On a fait rayer de ses cahiers l'article qui défendait la vie des rois, *rayer celui qui demandait la recherche du parricide commis sur le feu roi.* On a voulu tuer Condé et les princes. On précipite les mariages d'Espagne, ce qui fait croire aux huguenots qu'on veut les exterminer. Le clergé, malgré le roi, a juré le concile de Trente (la royauté du pape). Le roi est prié de ne pas partir sans répondre aux États et sans chasser les Italiens.

Concini, mort de peur, aurait voulu céder. D'Épernon ne le permit pas; il fit entendre à la reine qu'il fallait faire sur l'heure le mariage d'Espagne, et s'assurer par là du secours de l'étranger. Du moment qu'on tenait le roi, on tenait tout. En le mariant, on le précipitait vers l'Espagne et vers Rome, et l'on tranchait tout l'avenir.

Les princes, trop faibles, n'empêchèrent rien. Condé, tout à la fois ami des jésuites et des huguenots, n'eut aucune force populaire. L'assistance que ces derniers lui prêtèrent ne fit que les compromettre. La reine, malgré tout, mena le roi à la frontière.

L'infante Anne d'Autriche entra en France pour épouser Louis XIII; Élisabeth de France passa en Espagne pour épouser Philippe IV (9 novembre 1615). Dès lors, la reine avait vaincu. Condé négocia, s'arrangea pour un million et demi, et la position de chef du conseil. Il traita pour lui seul, sans dire un mot des autres.

Le peuple, qui avait cru que son retour entraînait le départ du favori, et qui le vit plus puissant que jamais créer un nouveau ministère, entra en grande fureur. Elle éclata. Concini avait fait bâtonner par deux valets un certain cordonnier nommé Picard, qui, sergent de la garde bourgeoise, avait refusé de le laisser entrer à la porte Bucy sans passe-port. La foule saisit les deux valets et les pendit à la porte du cordonnier. Picard devint le héros du peuple.

Condé, rentrant, fut reçu en triomphe (juillet 1616). Il n'y fut pas longtemps sans dire à son nouvel ami, Concini, qu'il ne pouvait le protéger contre la haine universelle. Lui parti, Condé restait maître, et il ne manquait pas de gens autour de lui pour lui dire que, Louis XIII étant bâtard adultérin, il était le seul héritier légitime du trône. Il semblait avoir tout pour lui, la noblesse, Paris, le Parlement. Il se trouva pourtant quelqu'un au Louvre (était-ce le nouveau ministre Barbin, ou la créature de Barbin, le jeune Richelieu?) qui osa croire qu'ayant le roi, on pouvait braver tout, même arrêter Condé. Cela s'exécuta, sans coup férir. Le faux lion, pris comme un agneau, descendit à cette bassesse d'offrir de dénoncer les siens (1ᵉʳ sept. 1616).

Paris remua peu. Seulement la populace pilla l'hôtel de Concini ; mais, quand on vit le roi, la reine, aller au Parlement, avec les amis même de Condé, quand on sut qu'il voulait s'emparer du trône, on rentra dans l'indifférence. Le jeune Richelieu, l'auteur probable de ce conseil hardi, quoique évêque, eut un ministère.

Une nouvelle prise d'armes des princes menaçait Concini. Et l'on parlait de plus d'une étrange ligue où Sully, Lesdiguières, se seraient armés avec d'Épernon.

Le Louvre était-il sûr ? Avant même l'arrestation de Condé, Concini et la reine avaient cru entrevoir que l'enfant-roi leur échappait. Il était triste et sombre. La reine, deux ou trois fois, lui offrit de lui remettre le pouvoir. Timide au dernier point, il la pria de le garder.

Le changement du roi tenait à l'action secrète d'un certain Luynes qu'on avait mis auprès de lui pour la volerie des faucons. Il avait des goûts fort sauvages, de combats d'animaux, d'escrime et de chasse, de petits métiers mécaniques. Nulle attention aux femmes, si bien que, trois ans durant, ayant à côté de lui sa petite reine, fort jolie alors, il ne songea pas seulement qu'il fût marié. Ce solitaire n'avait besoin que d'un camarade.

Luynes était Provençal, d'origine allemande, d'humeur douce, de parole aimable. Son grand-oncle était un Albert, joueur de luth allemand, musicien de François Ier, dont il obtint pour son frère, qui était prêtre, un canonicat de Marseille. Le chanoine eut deux bâtards; l'un fut un très-bon médecin, attaché à la mère d'Henri IV, et qui lui prêta dans ses malheurs tout ce qu'il avait, douze mille écus. L'autre suivit les armes, fut archer du roi, et se battit devant Charles IX et toute la cour en champ clos à Vincennes; il tua son adversaire. Montmorency se l'attacha, et le fit gouverneur de Beaucaire.

Ce gouverneur, en considération des douze mille écus qu'Henri IV ne rendit jamais, obtint de faire entrer son fils comme page d'écurie chez le roi. L'enfant, qui est notre Luynes, était si joli, qu'on le fit page de la chambre. Il arrivait sous d'excellents auspices, avec cette charmante figure et la réputation d'une famille admirable en fidélité.

Luynes et ses frères, fort agréables aussi, n'imitèrent point la cour, qui ne voyait que le présent, suivait Concini, oubliait le roi. Ils visèrent à l'avenir, et ils s'attachèrent à l'enfant. Luynes se tint si bas, si doux, parut si médiocre, que la reine n'en prit aucune défiance.

Ce ne fut qu'au voyage de Bayonne qu'on vit combien il tenait le roi. Celui-ci, qui ne parlait guère, ne commandait jamais, dit qu'il voulait que ce fût Luynes qui allât complimenter l'infante. Haute mission pour un homme qui n'avait près du roi d'autre charge « que de lui siffler la linotte. » Concini fut jaloux. Trop tard. Luynes, qui se sentit en péril, acheta la capitainerie du Louvre, afin de demeurer jour et nuit près du roi.

Il y avait dans le Louvre un autre ennemi de Concini, un homme qui n'avait jamais voulu le saluer, le jeune Vitry, capitaine des gardes. Vitry le père, fort ami de Sully, fut le seul, au jour de la mort du roi, qui n'adora pas le soleil levant. Quand il mourut lui-même et que son fils eut sa charge, Concini dit : « *Per Dio !* il ne me plaît guère que ce Vitry soit maître du Louvre. Cet homme-là peut faire un mauvais coup ! »

Le jeune roi, par Luynes ou Vitry, dut savoir de bonne heure les tristes mystères de la mort de son père. Si la reine avait laissé tuer son mari, elle pouvait fort bien encore, obsédée des mêmes gens, les laisser détrôner son fils. Il était fort jaloux de son frère Monsieur, bien plus aimable, né dans une heure plus gaie, à la première aurore de Concini, et qui avait toutes les grâces féminines d'un jeune Italien. Ce frère, aimé de la mère et de tous, avait le mérite, d'ailleurs, d'être fort jeune, et, s'il eût été roi, une seconde régence eût commencé. Tout cela n'était pas absurde. Et, quand on voyait, dans la chambre la plus voisine de la reine, à peine séparée par un mur, sa sorcière Léonora entourée de médecins juifs, de magiciens, troublée de plus en plus, et comme agitée des furies, n'y avait-il rien à craindre? Le roi ayant été malade juste au moment où il avait sa petite femme, on le crut, il se crut lui-même peut-être ensorcelé. Il commençait à se dire comme Henri IV : « Ces gens ont besoin de ma mort. »

Luynes, qui avait trente ans, avec ses frères, hommes d'épée, n'était pas seulement un camarade complaisant pour cet enfant seul et inquiet ; c'était comme un garde du corps qui le rassurait. Mais Luynes même était fort timide, dit Richelieu. Il pensa que le roi, si jeune, ne le défendrait pas, et il voulait traiter. Il fit demander à Concini de lui donner une de ses nièces en mariage. Concini l'aurait accordée, pour se remettre bien avec le roi et pour en obtenir, à son prochain veuvage, une fille naturelle d'Henri IV. Il agissait déjà comme si sa femme Léonora était morte. Elle n'était pas si folle qu'elle ne devinât tout cela. Elle y mit son *veto* et empêcha tout rapprochement avec Luynes.

Celui-ci, rebuté, visa moins haut; il s'adressa aux ministres de Concini. Il demanda la nièce de l'un d'eux pour son frère, et Richelieu conseillait fort ce mariage. Mais on refusa encore. Et Luynes, ayant tout épuisé, et bien sûr qu'on voulait le perdre, agit pour perdre Concini.

La reine avait fait une chose ou coupable ou bien imprudente. Elle avait envoyé les gardes du roi à l'armée, et lui avait donné ses propres gardes. Luynes montra au roi qu'il se trouvait prisonnier de sa mère.

Mais que faire? l'enfant royal n'avait personne à lui. Deux gentilshommes d'assez mauvais renom, qui soignaient ses oiseaux, un commis, un soldat, un jardinier, ajoutez-y Travail ou le Père Hilaire, le huguenot capucin (V. plus haut), voilà les conjurés illustres avec qui le roi de France conspira pour sa liberté. Il n'y avait pas, dans tout cela, un homme d'exécution. Le jeune Montpouillan, camarade du roi, disait qu'il poignarderait bien Concini, mais dans le cabinet du roi. C'était mettre celui-ci en péril. On s'adressa à Vitry, capitaine des gardes, *pour l'arrêter*, ou *le tuer*, s'il faisait résistance.

On avait bien *arrêté* le prince de Condé, dit Richelieu; on aurait pu en faire autant pour Concini. Étrange oubli des circonstances : le roi n'avait *personne*, et son homme, Vitry, capitaine des gardes, n'avait point les gardes avec lui. Concini, au contraire, ne marchait qu'entouré d'une trentaine de gentilshommes. A grand'peine Vitry en réunit quinze, les cacha, les arma de pistolets sous leurs habits.

Il le prit au moment où il venait le matin faire sa visite ordinaire à la reine. Il était sur le pont du Louvre avec cette grosse escorte. Vitry était si effaré, qu'il le passa, sans le voir, l'ayant devant les yeux. Averti, il retourne : « Je vous arrête!..... — *A mi!* (A moi!) » — Il n'avait pas fini, que trois coups, quatre coups de pistolets partaient, lui brûlaient la cervelle... « C'est par ordre du roi, » dit Vitry. Un seul des gens de Concini avait mis l'épée à la main (24 avril 1617).

Le Corse Ornano prit le roi, le souleva dans ses bras, le montra aux fenêtres. Le peuple ne comprenait pas. On avait dit d'abord que Concini avait blessé le roi. Mais, quand on sut, au contraire, que c'était lui qui était tué, il y eut une explosion de joie dans toute la ville.

La reine mère était très-effrayée. Son seul cri fut : « *Poveretta di me!* » Cependant qu'avait-elle à craindre ? Quelque antipathie qu'eût son fils pour elle, il ne pouvait songer à la mettre en jugement. On se contenta de lui ôter ses gardes. On mura, moins une seule, les portes de son appartement.

Elle ne montra nulle pitié pour Concini ou sa veuve. Quelqu'un disant : « Madame, Votre Majesté peut seule lui apprendre la mort de son mari. — Ah! j'ai bien autre chose à faire!... Si on ne peut la lui dire, qu'on la lui chante... qu'on lui crie aux oreilles : *L'Hanno ammazato.* »

Mot terrible, c'était celui même que Concini avait dit à la reine, au jour de la mort d'Henri IV, en lui apprenant la nouvelle qu'elle ne connaissait que trop bien !

Léonora tremblante lui demandait asile. Elle refusa. Alors cette femme, chez qui la reine tenait les diamants de la couronne (comme ressource en cas de malheur), se déshabilla et se mit au lit, en cachant ces diamants sous elle. On la tira du lit; on fouilla tout, on mit la chambre au pillage, on la mena à la Conciergerie. Paris était en fête. La foule cherchait et déterrait le cadavre de son mari, qu'on brûla solennellement devant la statue d'Henri IV, en signe d'expiation. On dit qu'un forcené lui mordit dans le cœur, et en dévora un morceau.

Le roi avait fait dire au Parlement qu'il avait ordonné d'arrêter Concini, qui, ayant fait résistance, avait été tué. Il ne parlait de sa mère qu'avec respect, disant « qu'il avait supplié sa dame et mère de trouver bon qu'il prît le gouvernail de l'État. » Le Parlement vint le féliciter.

Le procès si facile qu'on pouvait faire à Concini et à sa femme (spécialement pour certaines intelligences avec l'ennemi, que la reine avait pardonnées), ce procès fut habilement étouffé, détourné. On en fit un procès de sorcellerie. C'était l'usage, au reste, de ce siècle. Les tyrannies libidineuses des prêtres dans les couvents de femmes, quand par hasard elles éclatent, tournent en sorcellerie, et le Diable est chargé de tout.

Léonora elle-même se croyait le Diable au corps, et elle s'était fait exorciser par des prêtres qu'elle fit venir d'Italie, dans l'église des Augustins. Comme elle souffrait cruellement de la tête, Montalte, son médecin juif, fit tuer un coq, et le lui appliqua tout chaud, ce qu'on interpréta comme un sacrifice à l'Enfer. On trouva aussi chez elle une pièce astrologique, la nativité de la reine et de ses enfants. Il n'est nullement improbable qu'elle ait cherché, quand son crédit fut ébranlé, à retenir la reine par la sorcellerie. C'était la folie générale du temps. Luynes y croyait aussi. Il avait fait venir, dit Richelieu, deux magiciens piémontais pour lui trouver des poudres à mettre dans les habits du roi et des herbes dans ses souliers.

Quoi qu'il en fût de la sorcellerie de Léonora, tout cela ne valait pas la mort. Et ses vols même, ses ventes effrontées de places et d'ordonnances, n'auraient mérité que le fouet.

La tradition de la cour, très-favorable à ces gens-là, comme ennemis d'Henri IV, n'a pas manqué d'inventer, de prêter à Léonora des paroles fières, insolemment hardies, par exemple : « Mon charme fut celui de l'esprit sur la bêtise. » Elle fut décapitée en Grève, et puis brûlée.

La reine se retira quelque temps à Blois.

D'Épernon, dont Luynes avait peur, ne fut pas inquiété. Seulement, on garda contre lui le témoin Dujardin Lagarde, à qui on donna pension, en le priant toutefois de tenir prison, le roi n'étant pas sûr autrement de le sauver des assassins. Il y écrivit, et fit imprimer, publier son factum. (1619, *Archives curieuses*, XV, 145.)

L'infortunée dame d'Escoman semblait devoir enfin triompher, dans de telles circonstances. Mais Luynes ménageait trop la reine; il craignait son retour. Il lui accorda en 1619 une faveur signalée. C'était que la sentence de 1613, qui arrêtait tout, « *vu la qualité des accusés!* » fût réformée, au profit de la reine, l'accusation déclarée calomnieuse, la reine et d'Épernon innocentés, et la d'Escoman condamnée.

Le Parlement se prêta à cette volonté de la cour, se payant de l'idée du repos public, voulant relever l'autorité, réhabiliter la reine exilée, qu'on chansonnait par tout Paris. La d'Escoman fut condamnée à finir ses jours entre quatre murs, au pain et à l'eau.

Il y avait un égout dans Paris, les *Filles repenties*, où l'on entassait les coquines ramassées dans les mauvais lieux, lesquelles y continuaient leur métier avec des prêtres. (Lestoile, 1610, édit. Michaud, p. 561.) C'est là qu'on mit la pauvre d'Escoman. On lui bâtit dans la cour du couvent une loge murée, sauf un petit trou grillé. Elle gisait là par terre et dans l'ordure, grelottante, affamée, pleurant pour le rebut des chiens.

Ce fut la récompense de la personne humaine et intrépide qui s'était dévouée pour sauver Henri IV, et qui seule en France demanda justice de sa mort.

CHAPITRE XVI.

Des mœurs. — Stérilité physique, morale et littéraire.

Je ne pouvais interrompre le fil de l'histoire politique tant qu'Henri IV n'était pas vraiment fini et clos dans le tombeau. Maintenant qu'il a sur la tête la pesante pierre des mariages espagnols, il ne bougera plus. La France est liée à la politique catholique. Elle fera la guerre à l'Espagne, mais pour lui succéder en marchant dans le même esprit.

C'est le moment de regarder les grands faits moraux de l'époque, plus importants qu'aucun fait politique.

Ils sont tous en trois mots : *sorcellerie, couvents, casuistique*. Et ces trois n'en font qu'un; ils signifient : *stérilité*.

On a surfait énormément ce temps. Cette vaine agitation de cour, d'intrigues, de duels, ces *raffinés* du point d'honneur, ces fondations de couvents, tout cela, regardé à la loupe, a paru important. Des esprits fins, ingénieux et d'agréable érudition, des Ranke, des Cousin, des Sainte-Beuve, ont mis en relief les moindres curiosités de la vie religieuse d'alors, les disputes d'ordres et de cloîtres, les conversions célèbres, et il n'est pas une ligne, une parole des belles pénitentes d'alors qui n'ait été notée et célébrée.

J'aime le microscope, et je m'en sers. Nous lui devons une grande partie des progrès récents des sciences naturelles. En histoire, il a ses dangers. C'est de faire croire que des mousses et des moisissures sont de hautes forêts, de voir le moindre insecte et l'imperceptible infusoire à la grosseur des Alpes. Tous les petits personnages de ce pauvre temps-là se sont amplifiés dans nos micrographes historiques. Les Borromée et les Possevin sont de grands hommes, l'oratorien Bérulle est un grand homme, et le gentil saint François de Sales, puis tout à l'heure Jansénius et Saint-Cyran. Gens de mérite certainement, mais étrangement grandis par les coteries de leur temps et l'exagération du nôtre.

Eh bien, qu'ils soient grands hommes. Mais alors retirons ce titre à Shakspeare et à Cervantès (qui meurent ensemble alors, 23 avril 1616). Fermons le seizième siècle, et laissons là sa forte et âpre histoire, celle de d'Aubigné, pour l'honnête platitude de Matthieu. Nous avions un poëte de verve étincelante (par qui Rabelais tourne à Molière), le puissant Mathurin Régnier ; étouffons-le, et, à la place, intronisons sur le Parnasse le vide incarné : c'est Malherbe.

Sobre, sage écrivain, où vous ne risquez pas de trouver une idée. Du rhythme, et rien dedans. C'est la muse au pain sec. Si la littérature représente la société, je reconnais dans ce poëte le grand homme d'un temps de jeûne, où les bergers se mirent à brouter avec les moutons.

J'ai médit du pédant Ronsard, capitan, matamore, monté sur son cothurne grec. Je ne m'en dédis pas. Mais qui méconnaîtrait le grand effort qu'il y eut en cette mauvaise école ? Quelle chaude passion dans le maître ! quelle flamme aux *Amours* de Ronsard ! Tout au moins le tempérament, la pointe et l'aiguillon du mâle.

L'étincelle s'en trouve aux lettres d'Henri IV, si vives et si charmantes. Mais tout est fini dans Malherbe. La brutalité sotte avec laquelle il triomphe d'une femme, qui, dit-il, l'a comblé, montre assez qu'il n'aima jamais. (Ode de 1596.)

Cette défaillance en amour, en poésie, tient à une chose, l'aplatissement moral, l'avénement de la prose, du *positif* et de l'argent. Du moment qu'on perdit l'idéal de liberté qui avait apparu au seizième siècle, du moment où les sages, un Du Plessis-Mornay, découragèrent les hautes pensées, chacun, protestants, catholiques, se rangea et se fit petit; chacun commença à s'occuper de ses petites affaires. Le charme d'Henri IV, sa séduction, sa corruption, n'y firent pas peu. Il avait trop souffert, il ne voulait que le repos, le plaisir. Il n'estimait personne, croyait fort peu aux hommes, plus à l'argent. On a vu qu'à la fin il se méfiait de Sully. D'Aubigné raconte un fait triste. Le roi, rêvassant toujours son épouvantail, la république calviniste, voulait décidément le mettre à la Bastille. Le huguenot, qui le connaissait, pour avoir enfin son repos, lui demande pour la première fois récompense de ses longs services, de l'argent, une pension. Dès lors, le roi est sûr de lui; il le fait venir, il l'embrasse; les voilà bons amis. Le même soir, d'Aubigné soupait avec deux dames de noble cœur. Tout à coup l'une d'elles, sans parler, se mit à pleurer et versa d'abondantes larmes. Avec trop de raison ! Le jour où d'Aubigné avait été forcé de prendre pension et de demander de l'argent, le grand seizième siècle était fini, et l'autre était inauguré.

On a vu un homme héroïque, le président Harlay, à son âge de quatre-vingts ans, faire une triste affaire d'argent. On verra les Arnauld, famille d'Auvergnats très honnêtes, de huguenots convertis, la vraie fleur de la robe, employer pourtant des moyens équivoques pour mettre deux abbayes dans leur famille.

Malgré l'effort sincère de dévotion qui les trompait eux-mêmes, c'est, en réalité, un temps très-pauvre, de grande sécheresse, où toutes choses ont baissé, les moyens, le cœur et l'espoir, « un temps serré, transi et morfondu. »

Cela ne se voit bien qu'en entrant dans une maison. Voyons celle du greffier Lestoile, honorable bourgeois de Paris. Il n'aime guère les protestants, et, d'autre part, il n'est guère catholique. Il croit que Rome, c'est Sodome, et toutefois il veut se tenir *à ce tronc pourri* de la papauté. Malade, il fait venir un moine, mais pour disputer avec lui.

Sa fortune a baissé, son âme aussi. En 1606, il achetait; et, en 1610, il vend. Son cabinet, ses livres, ses médailles, ses chères petites curiosités, il faut qu'il s'en sépare. Cela ne suffit pas; il lui faut emprunter. Vieux tout à coup, il tousse, il ressent l'âge qu'il avait oublié; il entend même un peu le léger bruit qui se fait à la porte... peu de chose, la mort qui frappe à petits coups. Mais il a des enfants, et il s'aperçoit qu'il est pauvre. Il a pour ses enfants de pauvres ambitions; l'un, il veut le *fourrer* dans la ferme des sels (une caverne de voleurs, dit-il); l'autre pourrait être page, et où? dans la maison de Guise! On voit que le cœur s'apetisse... Nous cinglons à pleines voiles dans les temps de la platitude.

Voilà ce que c'est que d'avoir été imprévoyant, généreux, charitable, comme l'a été Lestoile. Voilà ce que c'est que d'avoir des enfants. Un suffirait, ou deux, et c'est beaucoup. Songez d'ailleurs que la bonne bourgeoisie qui achète souvent une terre noble ou une charge qui ennoblit a grand intérêt à faire un aîné ou un fils unique qui ait tout et fasse un gros mariage.

On touche là aux pensées secrètes qui vont déterminer les mœurs du siècle.

Pendant que la terre devient stérile et que la subsistance va toujours tarissant, *l'homme aussi veut être stérile.*

Et je ne parle pas seulement du paysan affamé et écrasé d'impôts, mais du noble qui n'en paye pas, du bourgeois, qui, comme magistrat, en est exempt, ou, comme *élu*, syndic, etc., répartit l'impôt sur les autres de façon à ne rien payer.

Il est bien juste que l'on vienne au secours de tous ces pauvres riches, des gens aisés, exempts de charges. Leur second fils sera d'Église, riche de bénéfices, léger d'enfants (du moins connus). Les filles mourront *en religion.* L'œuvre monumentale du siècle, c'est de bâtir partout ces vastes abris mortuaires où l'ennui les tuera sans bruit.

Cependant, dit le père, il est bien dur d'avoir des filles qu'il faut doter pour les couvents. Pourquoi engendrer des enfants, s'il faut ainsi les faire mourir ? Réflexion judicieuse que l'on soumet à son père spirituel. C'est à celui-ci de chercher, d'imaginer. On ne le lâchera pas. Demain, après-demain, toujours, on lui demandera d'inventer quelque moyen subtil de faire que la stérilité volontaire ne soit plus péché. C'est l'origine principale de la casuistique.

On ne veut pas pécher. Ou, s'il y a péché, on veut qu'il soit au confesseur, qui doit, non pas l'absoudre, mais le légitimer d'avance. Qu'il y prenne garde. S'il veut que son confessionnal ne soit pas déserté, reste à la mode, il faut qu'il trouve des recettes pour qu'on fraude le mariage en conscience.

Sinon, qu'arriverait-il ? j'ose à peine le dire.

Mais je crois qu'on fuirait l'église. Car ces gens-ci, au fond, sont moins dévots qu'ils ne le croient eux-mêmes.

Dans certaines contrées, le noble commençait déjà à fréquenter l'église du Diable, l'assemblée du sabbat, l'orgie stérile où le peuple des campagnes était guidé par les sorcières dans les arts de l'avortement.

C'est là, en réalité, la cause principale qui étend si prodigieusement l'action des sorcières en ce siècle. Les vivres ont enchéri horriblement, et la rente pèse infiniment plus qu'aux temps féodaux. On ne peut plus nourrir d'enfants.

Le roman d'Henri IV, de Sully, d'Ollivier de Serres, ne s'est pas vérifié. C'était le *bon seigneur* vivant sur ses terres, et traitant paternellement son paysan, par intérêt bien entendu. Ils avaient supposé que le loup se ferait berger. Mais le contraire arrive. Ce seigneur ne veut plus vivre qu'à la cour; il traîne là, à mendier une pension, pendant que sa terre dépérit et que ses gens jeûnent, maigrissent. Le paysan se donne au Diable.

Et la paysanne encore plus. Écrasée de grossesses, d'enfants qui ne naissaient que pour mourir, elle portait, plus que l'homme encore, le grand poids de la misère. J'ai dit au quinzième siècle le triste cri qui lui échappait dans l'amour : « Le fruit en soit au Diable! » Et que lui servait, en effet, de faire des morts? ou, s'ils vivaient, d'élever pour le seigneur un misérable, un maladif, qui maudirait la vie et mourrait de faim quarante ans?

Lorsque la femme disait cela vers 1500, on vivait pour deux sous par jour. Combien plus le dira-t-elle en 1600, où on ne vit plus avec vingt sous! La mort devient un vœu dans cette misère. Mais il vaut mieux encore ne pas naître; c'est par tendresse pour l'enfant qu'on ne veut plus qu'il vienne au monde. La stérilité, qu'on pourrait appeler une mort préventive avant la naissance, est toute la pensée de ce temps.

Cela rend au Diable, vieilli, affaibli, discuté, une force immense d'expansion. Il est, avec les casuistes et les couvents, et en concurrence avec eux, le maître de la stérilité. Ce ne sont plus de sauvages bergers, de misérables serfs, qui viennent à lui timidement. C'est une foule mêlée, même des nobles et des belles dames (aux Pyrénées surtout) qui figurent à ses assemblées. L'évêque du sabbat est un seigneur avec qui le Diable, qui sait son monde, ouvre la danse. Prêtres et femmes de prêtres n'y manquent pas, et toute classe enfin y est représentée. Une de ces réunions, près Bayonne, compta douze mille âmes. Dès lors, plus de mystère. Tout le peuple était au sabbat.

CHAPITRE XVII.

*Du sabbat au moyen âge, et du sabbat au dix-septième siècle.
L'alcool et le tabac.*

Je ne puis dire avec précision ce que fut le sabbat abâtardi du dix-septième siècle sans poser d'abord, dans son caractère original, le sabbat du moyen âge, tel que je le vois en France. On sentira alors l'opposition, et on pourra mesurer le changement.

J'ai dit ailleurs (*Renaissance*) ce que fut la sorcière, une création du désespoir. L'assemblée des sorcières, le sabbat, est la suite ou la *reprise de l'orgie païenne* par un peuple qui a désespéré du christianisme. C'est une *révolte nocturne de serfs* contre le Dieu du prêtre et du seigneur.

Le Diable avait eu toujours une grande attraction, comme dieu des morts, qui pouvait rendre à l'homme tout ce qu'il regrettait. De là l'évocation magique, l'appel aux morts (qu'on voit déjà dans la Bible). Le noir esprit apparaissait ici comme un consolateur qui, tout au moins pour un moment, pouvait rendre la félicité. La mère revoyait, entendait le fils qu'elle avait tant pleuré. La fiancée perdue sortait de son cercueil pour dire : « Je t'aime encore, » et pour être heureuse une nuit.

Roi de la mort, Satan devint roi de la liberté sous la grande Terreur ecclésiastique, quand tout flamboya de bûchers, quand un ciel de plomb s'abaissa sur les populations tremblantes, et que le monde se sentit abandonné de Dieu.

Je veux dire du Dieu de l'Église. Les dieux de la forêt, de la lande ou de la fontaine, reprenaient force. Contraint, le jour, d'adorer ce qu'on détestait, ou de répéter du latin, la nuit on rentrait dans la vie. Le cœur serré et l'esprit contracté se détendait vers la nature. Mais ces âmes de serfs, déformées de leurs chaînes, même alors restaient fort bizarres. La nature leur semblait charmée. « Pourquoi, dit-on à un berger, ton grand amour de la prairie ? — Le Diable prit la figure d'un veau quand il voulut plaire à ma mère. » Une femme possédée retournait toutes les pierres : « Ces pauvres pierres, dit-elle, furent si longtemps sur un côté, qu'elles prient de les tourner sur l'autre. »

Cette femme donne aux pierres la vraie pensée de l'homme. Comme Ézéchiel, qui coucha des années sur le même côté, le peuple, rendu de lassitude, ne voulait que se retourner. La règle du sabbat, c'est que tout serait fait à rebours, à l'envers.

Mais décrivons d'abord la scène.

On s'assemblait de préférence autour d'une pierre druidique, sur quelque grande lande. Une musique étrange, « surtout de certaines clochettes, y chatouillait » les nerfs, peut-être à la manière des vibrations pénétrantes de l'harmonica. Nombre de torches résineuses qui couraient çà et là jetaient une lumière jaune, en opposition aux brasiers de flamme rouge. Ajoutez une lumière bleue qui ne semblait pas de ce monde. Ces sons et ces lueurs troublaient l'esprit, transfiguraient la mouvante réalité, les ombres qui allaient et venaient, les démons dans leurs peaux de boucs. « Les hommes y devenaient des bêtes et les bêtes y parlaient. »

Une colonne de vapeur fantastique divisait la scène, et faisait un demi-rideau. « Derrière trônait le Diable, en figure ténébreuse qui ne

18

veut être vue clairement. » Ce qu'on y distinguait le mieux, c'étaient les attributs virils du dieu Priape, dont il avait les cornes et le velu, étant couvert d'une peau de bouc noir. Il faisait grand'peur aux nouveaux venus, aux enfants qu'on amenait. A cela près, le Diable (en France) est plus burlesque que terrible. Parfois, espiègle, on le voyait sauter du fond d'une grande cruche. Aux deux cornes du Priape antique dont son chef était décoré, on en ajoutait volontiers une troisième, qui était une lanterne pâle. Et, pour que ce seigneur des serfs ne cédât en rien aux autres seigneurs, pour qu'il fût aussi un *monsieur*, ses cornes honorablement étaient surmontées d'un chapeau.

L'esprit des vieux noëls et la gaieté rustique étaient dans tout cela. Ce peuple, dans ce court moment de liberté, jouait ses tyrans, se jouait lui-même. Le sabbat était une farce violente, en quatre ou cinq actes, où il se régalait de la contrefaçon hardie de son cruel tyran, l'Église, et de son vampire féodal.

Tout était-il critique? y avait-il un culte positif? et le Diable, en effet, était-il vraiment Dieu, père et roi de cette foule? Je ne vois pas cela clairement. Quoi qu'en disent les juges, sa primatie est bien plus apparente que réelle. Il semble moins une divinité vivante qu'un symbole émancipateur. Un mannequin, un arbre, un tronc sans branche, faisait souvent ce rôle, et il suffisait d'un Satan de bois.

On avait si cruellement abusé de l'idée de *paternité* et de divinité, que le serf n'avait nulle tendance à la reproduire au sabbat. La *fraternité* seule y dominait visiblement. Une fraternité, il est vrai, barbare et sensuelle, un grossier communisme.

Ce communisme, du reste, n'était guère plus au sabbat qu'ailleurs; il était partout. Les serviteurs même du château vivaient pêle-mêle entassés dans les galetas. Les *communs* succédèrent, où tout était mêlé encore. Le logis à part ne commence que fort tard, et par la *mansarde*, c'est-à-dire sous Louis XIV.

Pour les serfs ruraux, l'intérêt du maître n'était pas de les isoler par familles, mais de les tenir réunis en une *villa* ou vaste métairie où un seul toit abritait, avec les bêtes, une tribu de même sang, un cousinage ou parentage d'une centaine de personnes. Quoique parents, le maître les considérait comme simples associés, et pouvait à chaque décès reprendre les profits de tous. De famille ou mariage qui eût autorisé l'hérédité, il ne daignait s'en informer. Le famille pour lui, c'était cette masse de gens qui mangeaient « à un pain et à un pot, » qui « levaient et couchaient ensemble. »

L'Église cependant exigeait le mariage. Mais c'était une dérision. Pendant que le prêtre faisait sonner haut le sacrement, multipliait les empêchements et les difficultés de parenté, il absolvait, faisait communier le baron, dont le premier droit était le mépris du sacrement. Je parle du Droit du seigneur (si impudemment nié de nos jours). L'exigeait-il lui-même? Qu'importe? Forcée de monter au château pour offrir le denier ou le plat de noces (*V.* Grimm et toutes les coutumes), la mariée, dédaignée du seigneur, était le jouet des pages.

Faut-il s'étonner, après cela, de cette dérision universelle du mariage, qui est le fond de nos vieilles mœurs? L'Église n'en tenait compte, ne le faisant pas respecter. La noblesse n'avait d'autre roman que l'adultère, ni les bourgeois d'autre sujet de fabliau. Le serf n'y songeait même pas, mais il tenait beaucoup à la famille, à cette grande famille ou cousinage où tout était à peu près commun. Il n'était jaloux que de l'étranger.

Le sabbat du moyen âge, réunion peu nombreuse, n'était souvent que l'assemblée d'un *parentage*. On ne se fiait guère aux voisins, et on ne les eût pas admis à la complicité de ces orgies de révolte. Cela aide à comprendre l'extrême liberté qui y régnait. Tout semblait permis en famille.

Premier acte. Dérision du mariage et contrefaçon du Droit du seigneur, tout à fait semblable, du reste, au début des orgies de Bacchus et de Priape. La nouvelle mariée s'offrait au Diable, qui l'épousait pour l'assemblée. On la faisait reine du sabbat.

Autre comédie. Les enfants, les simples, qu'on amenait pour la première fois, et qui étaient fort effrayés, rendaient hommage au seigneur Diable. Mais tout, au sabbat, devait se faire à rebours, à l'envers. Donc on les contraignait à faire hommage la tête en bas, les pieds en l'air et en tournant le dos.

L'osclage, le baiser du vassal au seigneur, ou du novice au supérieur, qui symbolisait l'offrande de la personne, devait se faire aussi à rebours, au dos du Diable, lequel, en retour, étonnait parfois le tremblant récipiendaire en lui soufflant l'esprit par une dérision indécente dont on riait beaucoup. Puis il lui remettait une gaule pour bâton pastoral, et lui disait : « Pais mes ouailles. » Et l'ouaille était un crapaud proprement habillé de vert.

Deuxième acte. Tout ceci n'était que pour rire. Mais voici le solide. Ce peuple famélique, jeûnant presque toujours, chose rare, ce jour-là, il mangeait. Ceci n'était pas le moindre des miracles du Diable. Il n'y avait aucun couteau sur table, de peur que le repas ne fût ensanglanté. Avant les danses, on avait soin de renvoyer les enfants, en leur enjoignant d'aller paître les crapauds au ruisseau voisin.

Ces danses, vives, violentes, étaient le prélude de la fameuse ronde du sabbat, qui, de tous ces couples, emportés dans un tourbillon, faisait un élément, une force aveugle. Ils tournaient dos à dos, les bras en arrière, sans se voir, ne regardant que la nuit, la fumée, le brouillard de la prairie fuyante. Bientôt personne ne connaissait plus son voisin, ni soi-même. Par moments, les dos se touchaient, se heurtaient de façon rustique. On ne se sentait que dans l'ensemble, et comme membre du grand corps, confus, haletant, qui tourbillonnait.

Troisième acte. Cette unité brutale, confuse et de vertige, en préparait une autre. La société communiait.

Et de quoi? Non pas de Dieu, mais d'elle-même. Elle se mangeait, et était son hostie. C'est la donnée de toutes les sociétés secrètes du moyen âge, fondées sur la fraternité, en haine de la paternité.

Mais comment se *mangeait-elle?* Les juges font semblant de croire que c'était au sens propre. Il est trop évident que des réunions si fréquentes, qui se renouvelèrent pendant des siècles, ne mangeaient pas de chair humaine.

La chair dont on communiait était (*fictivement*) celle d'un enfant de la société et de son dernier mort.

La cérémonie, du reste, était gaie et combinée pour faire rire la foule, pour venger le peuple du prodigieux ennui des offices dont on l'assommait. C'était la messe à l'envers, la messe noire. Le célébrant, à l'élévation, se tenait la tête en bas, les pieds en l'air, avec une hostie de dérision, une rave noire, qu'il mangeait lui-même.

Il y avait là beaucoup de jongleries. Des diables agiles sautaient à travers les flammes, montrant aux nouveaux venus stupéfiés comment il fallait mépriser les feux d'enfer.

Les sorcières de profession effrayaient les simples. Elles baptisaient un crapaud, l'habillaient comme un enfant, et, après cette espèce d'adoption, ces tendres mères simulaient l'infanticide, en attaquant, démembrant l'animal avec les dents. Elles lui coupaient la tête avec un couteau, en roulant les yeux effroyablement, défiant le ciel, et lui disant : « Ah ! Philippe, si je te tenais !.. »

Quatrième acte. Dieu ne répondant pas au défi par la foudre, on le croyait vaincu, anéanti. Toutes les lois que l'Eglise imposait en son nom semblaient avoir péri, spécialement celles qui troublaient le plus la famille rustique, les empêchements canoniques de mariages entre parents. Le paysan n'aime que les siens, point du tout l'étrangère. Sous ce rapport, il garde l'esprit des tribus primitives. Il préfère sa parente, et, s'il y a quelque bien, il désire qu'il reste en famille. Dès l'enfance, la petite femme qu'il a en vue, c'est la compagne des premiers jeux, la cousine, la nièce, parfois la jeune tante. L'Église, qui interdisait la cousine au sixième degré, était directement hostile aux attractions naturelles. Dans la liberté du sabbat, on y revenait violemment, avec fureur. Le cousinage équivalait au mariage, et la petite société, dans un mélange aveugle, cherchait sa communion dernière, son rêve absolu d'unité.

Est-il vrai que le frère s'unît même à la sœur, comme en Égypte, à Sparte et à Athènes? Il est difficile de savoir si le fait est réel, ou une de ces fables répétées tant de fois pour donner l'horreur des sociétés secrètes.

Cinquième acte. Au départ de la foule, la clôture du sabbat se faisait par la mort du Diable. Lui aussi, il devait périr. Habilement il s'escamotait, laissait tomber au feu sa peau de bouc, et semblait s'évanouir aux flammes.

La foule s'écoulait, les lumières s'éteignaient. Sur la lande redevenue solitaire, tout semblant détruit, et Satan et Dieu, la sorcière restait victorieuse, et seule se faisait son sabbat réservé.

Seule? Elle l'était toujours, sans époux, sans famille. Objet d'horreur pour tous, et faisant peur à tous, même aux affiliés du sabbat, qui eût voulu en approcher? Et elle-même à qui se fût-elle confiée? A qui eût-elle voulu transmettre ses dangereux secrets? Son fils, enfant sans père, était le seul à qui elle se livrât. Contre la haine universelle du monde et cet accablement de malédiction monstrueuse, elle opposait un monstrueux amour. C'était celui du mage d'Orient; il ne se renouvelait qu'en épousant sa mère. De même, disait-on, pour perpétuer la sorcière, il fallait ce mystère impie. A ce moment douteux où pâlissent les dernières étoiles, la mère et son jeune hibou, élixir de malice, accomplissaient leur triste fête. La lune fuyait ou se cachait.

Ces sauvages horreurs, si elles furent réelles, semblaient avoir disparu au seizième siècle. Je vois, au dix-septième, des familles régulières de sorciers, pères, mères, fils, filles. Ils rentrent dans la classe des hommes. Le Diable n'y perd rien. Et l'impiété peut-être augmente. Si le fils n'est plus un monstre d'amour, il l'est souvent de haine, d'horrible ingratitude et de perfidie. Il n'est pas rare, dans les procès, de voir l'enfant, gagné, corrompu par les juges, leur servir d'instrument contre les siens, et parfois faire brûler sa mère.

Au sabbat, comme ailleurs, l'intérêt domine tout. C'est l'avénement de l'argent. Satan ne se contente plus de sa rude pierre druidique, il prend un trône doré. Les sorcières, sous leurs haillons, apportent au banquet de la vaisselle d'argent. Il n'est pas jusqu'aux crapauds qui ne deviennent élégants; j'en vois qui, comme de petits seigneurs, sont vêtus de velours vert.

Le sabbat, pour les sorcières, devenait vraiment une *affaire*. Elles faisaient payer un droit de présence; elles tiraient amende des absents. Elles vendaient leurs drogues ce qu'elles voulaient à tous ceux qui avaient peur d'elles.

Ce que la cérémonie avait perdu en terreur, en attrait d'imagination, elle le regagnait en plaisanterie. Le burlesque dominait. Au début du premier acte, la personne qui ouvrait le sabbat subissait une ablution très-froide, saisissante, qui devait faire faire mainte amusante grimace. C'était un divertissement dans le genre de Pourceaugnac. On ne peut en douter, d'après la description de l'instrument du supplice, « qui est long d'environ deux pieds, en partie de métal, puis tortillé et sinueux. » L'emploi d'une telle machine est un trait tout moderne. Du reste, ce divertissement était grossier, indécent, mais non impudique. Les enfants y assistaient et n'étaient renvoyés qu'aux danses.

Un point plus grave, c'est le quatrième acte. Les femmes disent unanimement que l'amour des démons leur était pénible, désagréable et douloureux, et qu'elles n'y étaient que victimes. La question capitale de savoir si l'amour diabolique est fécond avait partagé le moyen âge. Peu d'auteurs croient à la fécondité. Nos Français, spécialement Boguet au Jura, Lancre au pays basque, qui ont la plus vaste expérience dans ces contrées où tous allaient au sabbat, affirment que l'amour y était stérile, et « que jamais femme n'en revint enceinte. »

Cela jette un jour triste sur le sabbat de ce temps. Froide, égoïste orgie! L'amour non partagé!... Cela seul aurait dû, ce semble, convertir toutes les femmes, les éloigner. Et, au contraire, elles s'y précipitent toutes.

Pourquoi? Il faut le dire, dans ces grandes misères, hélas! c'est que l'on y mangeait. Les veuves, chargées d'enfants, trouvaient, en les offrant au Diable, un patron large et généreux qui régalait les pauvres avec l'argent des riches.

Les filles y cherchaient les danses. Elles étaient folles surtout des danses moresques, dramatiques, amoureuses.

Si la foi au Diable était faible, si l'imagination tarissait, on y suppléait par d'autres moyens. La pharmacie venait au secours. De tout temps, les sorcières avaient employé les breuvages du trouble et de la folie, les sucs de la belladone, et peut-être du datura, rapporté de l'Asie Mineure. Le roi du vertige, l'herbe terrible dont le Vieux de la Montagne tirait le haschich de ses Hassassins, ce fameux Pantagruélion de Rabelais, ou, pour dire simplement, le chanvre, fut certainement de bonne heure un puissant agent du sabbat.

A l'époque où nous sommes, l'appât du gain avait conduit les apothicaires à préparer toutes ces drogues. Nous l'apprenons par Leloyer. Ce bon homme est terrifié de voir que l'on vend maintenant le Diable en bouteilles : « Et plût au ciel, dit-il, qu'il ne fût pas si commun dans le commerce ! »

Mot instructif et triste. A partir de cette époque, on recourut de plus en plus à cette brutalité de prendre l'illusion en breuvages, la rêverie en fumigation. Deux nouveaux démons étaient nés : l'alcool et le tabac.

L'alcool arabe, l'eau-de-vie distillée chez nous au treizième siècle, et qui, au seizième, est encore un remède assez cher pour les malades, va se répandre, offrir à tous les tentations de la fausse énergie, la surexcitation barbare, un court moment de furie, la flamme suivie du froid mortel, du vide, de l'aplatissement.

D'autre part, les narcotiques, le pétun ou nicotiane (on l'appelle maintenant le tabac), substitue à la pensée soucieuse l'indifférente rêverie, fait oublier les maux, mais oublier les remèdes. Il fait onduler la vie, comme la fumée légère dont la spirale monte et s'évanouit au hasard. Vaine vapeur où se fond l'homme, insouciant de lui-même, des autres, de toute affection.

Deux ennemis de l'amour, deux démons de la solitude, antipathiques aux rapprochements sociaux, funestes à la génération. L'homme qui fume n'a que faire de la femme; son amour, c'est cette fumée où le meilleur de lui s'en va. Veuf dans le mariage même, qu'il le fuie, il fera mieux.

Cet isolement fatal commence précisément avec le dix-septième siècle, à l'apparition du tabac. Nos marins de Bayonne et de Saint-Jean-de-Luz, qui l'apportaient à bon marché, se mirent à fumer sans mesure, trois et quatre fois par jour. Leur insouciance naturelle en fut étrangement augmentée. Ils restaient à part des femmes, et elles s'éloignaient encore plus. Dès le début de cette drogue, on put prévoir son effet. Elle a supprimé le baiser.

Les jolies femmes de Bayonne, fières, hardies, cyniques, déclaraient au juge Lancre que cette infâme habitude des hommes leur faisait quitter la famille et les rejetait vers le sabbat, disant, en femmes de marins : « Mieux vaut le derrière du Diable que la bouche de nos maris. »

Ceci en 1610. Date fatale qui ouvre les routes où l'homme et la femme iront divergents.

Si celle-ci est solitaire, dépourvue du soutien de l'homme, je crains pour elle un amant. C'est ce consolateur sauvage, ce mari de feu et de glace, le démon des spiritueux. C'est lui qui, de plus en plus, sera le vrai roi du sabbat.

Cela rendra, dans quelque temps, le sabbat même inutile. La sorcière, en son grenier, seule avec le diable liquide qui la brûle et qui la trouble, se fera la folle orgie, toutes les hontes du sabbat.

Les femmes, dans tout le Nord, ont cédé aux spiritueux. Et les hommes partout au tabac. Deux déserts et deux solitudes. Des nations, des races entières, se sont déjà affaissées, perdues dans ce gouffre muet, dont le fond est l'indifférence au plaisir générateur et l'anéantissement de l'amour.

En vain les femmes de nos jours se sont tristement soumises pour ramener l'homme à elles. Elles ont subi le tabac et enduré le fumeur, qui leur est antipathique. Lâche faiblesse et inutile. Ne voient-elles donc pas que cet homme, si parfaitement satisfait de son insipide plaisir, ne peut, ne veut guère? Le Turc a fermé son harem. Laissez que celui-ci de même s'en aille par le sentier où nos aînés d'Orient nous ont précédés dans la mort.

CHAPITRE XVIII.

Géographie de la sorcellerie, par nations et provinces. — Les sorcières basques.

Nous sommes loin du quinzième siècle; on ne voit plus au dix-septième le cas terrible avoué au livre du Marteau des sorcières, quand le juge, tenant la sorcière liée à ses pieds, se sentait pris par son regard, ensorcelé au tribunal, défaillait sur son siége. Nos juges maintenant, il est vrai, sont d'une autre classe, non plus moines, mais juristes. Le Diable est né juriste, et ceux-ci le combattent avec ses propres armes, de procureur à procureur.

Le brouillard uniforme qui couvrait ces procès et les rendait presque semblables, tant que le juge fut un moine (un homme sans patrie), s'éclaircit quelque peu avec les juges laïques, et l'on commence à entrevoir les différences nationales, provinciales, qu'offrait la sorcellerie.

Il y eut peu de sorciers en Italie, beaucoup d'astrologues et de magiciens. On ne s'arrêtait pas à ce semblant du culte diabolique. On était tout d'abord athée.

En Allemagne, au contraire (*V.* Mythologie de Grimm), la sorcellerie reste chargée d'un vaste et sombre paganisme. Par l'amour de la nature propre à l'âme allemande, déguisant en fées ou démons les antiques dieux de la contrée, elle leur garde un amour fidèle.

L'Espagne, en cela et en tout, offre un étrange combat. Les Juifs, les Maures, s'y mêlaient de magie, et avaient leurs pratiques propres. Le centre et la capitale de la magie européenne, en 1596 (*V.* Lancre, *Incréd.*, 781), aurait été Tolède. C'était une grande école de magiciens, sous les yeux de l'Inquisition.

Magie blanche, si on veut les croire, innocente, comme celle du célèbre médecin Torralba (1500), guidé par un esprit tout bienfaisant, le blanc, blond, rose Zoquiel, qui sauva la vie à un pape. (Llorente, II, 62.) L'Inquisition lui fit son procès trente années et eut à peine la force de le condamner. L'école de Tolède avait un chapitre de treize docteurs et soixante-treize élèves. Ils obtenaient, disent-ils, puissance sur le Diable par les œuvres de Dieu, jeûnes, pèlerinages, offrandes à Notre-Dame.

Mais, à côté de cette magie bâtarde qui mariait l'enfer et le ciel, se propageait dans les campagnes la magie diabolique ou sorcellerie. L'Espagne devient alors une solitude, et, à mesure que le désert gagne par l'épuisement de la terre, par l'émigration, par la ruineuse liberté des troupeaux, le peuple se réduit au berger. Si ce pâtre ne chausse la sandale et ne se fait moine mendiant, il n'en reste pas moins sans femme ni famille. La femme, en ce pays, naît veuve et de bonne heure sorcière (on en voit de vingt ans). Sur la lande sauvage, la *lane du bouc*, comme ils disent, la sorcière, le berger, se retrouvent. Voilà le sabbat.

Mais la grande puissance d'imagination pour cela et pour tout se trouve aux montagnes, à la côte, au pays même de l'excentricité, chez les Basques de Navarre et Biscaye. Ces fous hardis, amoureux des tempêtes, du même élan qui les poussait aux mers du nouveau monde, se plongent dans le monde outre-tombe et découvrent des terres nouvelles au royaume du Diable. Leur supériorité est si bien reconnue, que des deux côtés des monts ils font des conquêtes. La sorcellerie basque envahit la Castille, et, tandis qu'elle pousse ses colonies en Aragon jusqu'aux portes de Saragosse, d'autre part, à travers les Landes, elle va faire le sabbat à Bordeaux, au nez du Parlement, dans le palais Gallien.

Dans nos autres provinces, la sorcellerie semble indigène, un triste fruit du sol. Elle devient une maladie contagieuse dans les pays misérables surtout où les hommes n'attendent plus de secours du ciel. En Lorraine, par exemple, deux démons sévissaient, une cruelle féodalité militaire, et, par-dessus, un passage continuel de soldats, de bandits et d'aventuriers. On ne priait plus que le Diable. Les sorciers entraînaient le peuple. Maints villages, effrayés, entre deux terreurs, celle des sorciers et celle des juges, avaient envie de laisser là leurs terres et de s'enfuir, si l'on en croit Remy, le juge de Nancy. Dans son livre dédié au cardinal de Lorraine (1596), il assure avoir brûlé en seize années huit cents sorcières. « Ma justice est si bonne, dit-il, que, l'an dernier, il y en a eu seize qui se sont tuées pour ne pas passer par mes mains. »

Les prêtres étaient humiliés. Auraient-ils pu faire mieux que ce laïque? Aussi les moines seigneurs de Saint-Claude, contre leurs sujets, adonnés à la sorcellerie, prirent pour juge un laïque, l'honnête Boguet. Dans ce triste Jura, pays pauvre de maigres pâturages et de sapins, le serf sans espoir se donnait au Diable. Tous adoraient le chat noir.

Le livre de Boguet (1602) eut une autorité immense. Messieurs des Parlements étudièrent, comme un manuel, ce livre d'or du petit juge de Saint-Claude. Boguet, en réalité, est un vrai légiste, scrupuleux même, à sa manière. Il blâme la perfidie dont on usait dans ces procès; il ne veut pas que l'avocat trahisse son client ni que le juge promette grâce à l'accusé pour le faire mourir. Il blâme les épreuves si peu sûres auxquelles on soumettait encore les sorcières. La torture, dit-il, est superflue; elles n'y cèdent jamais. Enfin il a l'humanité de les faire étrangler avant qu'on les jette au feu, sauf toutefois les loups-garous, « qu'il faut avoir bien soin de brûler vifs. » Il ne croit pas que Satan veuille faire pacte avec les enfants : « Satan est fin; il sait trop bien qu'au-dessous de quatorze ans ce marché avec un mineur pourrait être cassé pour défaut d'âge et de discrétion. » Voilà donc les enfants sauvés? Point du tout; il se contredit; ailleurs, il croit qu'on ne purgera cette lèpre qu'en brûlant tout jusqu'aux berceaux. Il en fût venu là s'il eût vécu. Il fit du pays un désert. Il n'y eut jamais un juge plus consciencieusement exterminateur.

Tous les juges maintenant écrivent, et l'on peut croire que déjà ils éprouvent le besoin de s'expliquer devant le public. Ils sont, en effet, en présence de deux sortes d'adversaires : les prêtres et les médecins.

Ceux-ci disent, comme Agrippa, Wyer, comme le ministre Lavater, que, si ces misérables sorcières sont le jouet du Diable, il faut s'en prendre au Diable plus qu'à elles, et ne pas les brûler. Quelques médecins de Paris, sous Henri IV, poussent l'incrédulité (*V.* plus haut) jusqu'à prétendre que les possédées sont des fourbes, ou des folles poussées par les fourbes.

Les prêtres disent qu'eux seuls ont droit de procéder contre le Diable, dont ils sont les ennemis naturels et la partie contraire. A quoi les légistes répondent : « Ne soyez pas juges et partie. » En réalité, la connivence du prêtre avec les filles possédées, surprise fréquemment, brise son tribunal et rend victorieuse la juridiction des laïques, gens mariés, qui risquent moins d'être ensorcelés par les femmes.

Nos légistes d'Angers, le célèbre Bodin (1578), le savant Leloyer (1605), sont tout entiers dans cette polémique. Ils ne se fient pas aux prêtres pour lutter contre l'immense sorcellerie de l'Ouest, qui en semble le pays classique. N'est-ce pas là, aux portes du Poitou et de la Bretagne, que Gilles de Retz (Barbe-Bleue) fit ses horribles sacrifices?

Les mendiants incendiaires, les bergers équivoques, les sorcières obstinées, c'était tout un peuple aux Marches de Maine et d'Anjou, au Marais, au Bocage. La diablerie y sévissait avec l'âpreté vendéenne.

Mais c'est au Parlement de Bordeaux qu'est poussé le cri de victoire de la juridiction laïque dans le livre de Lancre : *Inconstance des démons* (1610 et 1613). L'auteur, homme d'esprit, conseiller de ce Parlement, raconte en triomphateur sa bataille contre le Diable au pays basque, où, en moins de trois mois, il a expédié je ne sais combien de sorcières, et, ce qui est plus fort, trois prêtres. Il regarde en pitié l'Inquisition d'Espagne, qui, près de là, à Logroño (frontière de Navarre et Castille), a traîné deux ans un procès et fini maigrement par un petit auto-da-fé en relâchant tout un peuple de femmes.

Cette vigoureuse exécution de prêtres indique assez que M. de Lancre est un esprit indépendant. Il l'est en politique. Dans son livre *Du Prince* (1617), il déclare sans ambages que « la Loi est au-dessus du roi. »

Jamais les Basques ne furent mieux caractérisés que dans le livre de l'*Inconstance*. Chez nous, comme en Espagne, leurs priviléges les mettaient quasi en république. Les nôtres ne devaient au roi que de le servir en armes; au premier coup de tambour, ils devaient armer deux mille hommes, sous leurs capitaines basques. Le clergé ne pesait guère; il poursuivait peu les sorciers, l'étant lui-même. Le prêtre dansait, portait l'épée, menait sa maîtresse au sabbat. Cette maîtresse était sa sacristine ou *bénédicte*, qui arrangeait l'église. Le curé ne se brouillait avec personne, disait à Dieu sa messe blanche le jour, la nuit au Diable la messe noire, et parfois dans la même église. (Lancre.)

Les Basques de Bayonne et de Saint-Jean-de-Luz, têtes hasardeuses et excentriques, d'une fabuleuse audace, qui s'en allaient en barque aux mers les plus sauvages harponner la baleine, faisaient nombre de veuves. Ils se jetèrent en masse dans les colonies d'Henri IV, l'empire du Canada, laissant leurs femmes à Dieu ou au Diable. Quant aux enfants, ces marins, fort honnêtes et probes, y auraient songé davantage, s'ils en eussent été sûrs. Mais, au retour de leurs absences, ils calculaient, comptaient les mois, et ne trouvaient jamais leur compte.

Les femmes, très-jolies, très-hardies, imaginatives, passaient le jour, assises aux cimetières sur les tombes, à jaser du sabbat, en attendant qu'elles y allassent le soir. C'était leur rage et leur furie.

Nature les fait sorcières : ce sont les filles de la mer et de l'illusion. Elles nagent comme des poissons, jouent dans les flots. Leur maître naturel est le Prince de l'air, roi des vents et des rêves, celui qui gonflait la sibylle et lui soufflait l'avenir.

Leur juge qui les brûle est pourtant charmé d'elles : « Quand on les voit, dit-il, passer, les cheveux au vent et sur les épaules, elles vont, dans cette belle chevelure, si parées et si bien armées, que, le soleil y passant comme à travers une nuée, l'éclat en est violent et forme d'ardents éclairs... De là, la fascination de leurs yeux, dangereux en amour, autant qu'en sortilége. »

Ce Bordelais, aimable magistrat, le premier type de ces juges mondains qui ont égayé la robe au dix-septième siècle, joue du luth dans les entr'actes, et fait même danser les sorcières avant de les faire brûler. Il écrit bien ; il est beaucoup plus clair que tous les autres. Et cependant on démêle chez lui une cause nouvelle d'obscurité, inhérente à l'époque. C'est que, dans un si grand nombre de sorcières, que le juge ne peut brûler toutes, la plupart sentent finement qu'il sera indulgent pour celles qui entreront le mieux dans sa pensée et dans sa passion. Quelle passion? D'abord, une passion populaire, l'amour du merveilleux horrible, le plaisir d'avoir peur, et aussi, s'il faut le dire, l'amusement des choses indécentes. Ajoutez une affaire de vanité : plus ces femmes habiles montrent le Diable terrible et furieux, plus le juge est flatté de dompter un tel adversaire. Il se drape dans sa victoire, trône dans sa sottise, triomphe de ce fou bavardage.

La plus belle pièce, en ce genre, est le procès-verbal espagnol de l'auto-da-fé de Logroño (9 novembre 1610), qu'on lit dans Llorente. Lancre, qui le cite avec jalousie et voudrait le déprécier, avoue le charme infini de la fête, la splendeur du spectacle, l'effet profond de la musique. Sur un échafaud étaient les brûlées, en petit nombre, et sur un autre, la foule des relâchées. L'héroïne repentante, dont on lut la confession, a tout osé. Rien de plus fou. Au sabbat, on mange des enfants en hâchis, et, pour second plat, des corps de sorciers déterrés. Les crapauds dansent, parlent, se plaignent amoureusement de leurs maîtresses, les font gronder par le Diable. Celui-ci reconduit poliment les sorcières, en les éclairant avec le bras d'un enfant mort sans baptême, etc.

La sorcellerie, chez nos Basques, avait l'aspect moins fantastique. Il semble que le sabbat n'y fût qu'une grande fête où tous, les nobles même, allaient pour l'amusement. Au premier rang y figuraient des personnes voilées, masquées, que quelques-uns croyaient des princes. « On n'y voyait autrefois, dit Lancre, que des idiots des Landes. Aujourd'hui, on y voit des gens de qualité. » Satan, pour fêter ces notabilités locales, créait parfois en ce cas un *évêque du sabbat.* C'est le titre que reçut de lui le jeune seigneur Lancinena, avec qui le Diable en personne voulut bien ouvrir la danse.

Si bien appuyées, les sorcières régnaient. Elles exerçaient sur le pays une terreur d'imagination incroyable. Nombre de personnes se croyaient leurs victimes, et réellement devenaient gravement malades. Beaucoup étaient frappés d'épilepsie et aboyaient comme des chiens. La seule petite ville d'Acqs comptait jusqu'à quarante de ces malheureux aboyeurs. Une dépendance effrayante les liait à la sorcière, si bien qu'une dame appelée comme témoin, aux approches de la sorcière qu'elle ne voyait même pas, se mit à aboyer furieusement, et sans pouvoir s'arrêter.

Ceux à qui l'on attribuait une si terrible puissance étaient maîtres. Personne n'eût osé leur fermer sa porte. Un magistrat même, l'assesseur criminel de Bayonne, laissa faire le sabbat chez lui. Le seigneur de Saint-Pé, Urtubi, fut obligé de faire la fête dans son château. Mais sa tête en fut ébranlée au point qu'il s'imagina qu'une sorcière lui suçait le sang. La peur lui donnant du courage, avec un autre seigneur, il se rendit à Bordeaux, s'adressa au Parlement, qui obtint du roi que deux de ses membres, MM. d'Espagnet et Lancre, seraient commis pour juger les sorciers du pays basque. Commission absolue, sans appel, qui procéda avec une vigueur inouïe, jugea en quatre mois soixante ou quatre-vingts sorcières, et en examina cinq cents, également marquées du signe du Diable, mais qui ne figurèrent au procès que comme témoins (mai-août 1609).

Ce n'était pas une chose sans péril pour deux hommes et quelques soldats d'aller procéder ainsi au milieu d'une population violente, de tête fort exaltée, d'une foule de femmes de marins, hardies et sauvages. L'autre danger c'étaient les prêtres, dont plusieurs étaient sorciers, et que les commissaires laïques devaient juger, malgré la vive opposition du clergé.

Quand les juges arrivèrent, beaucoup de gens se sauvèrent aux montagnes. D'autres hardiment restèrent, disant que c'étaient les juges qui seraient brûlés. Les sorcières s'effrayaient si peu, qu'à l'audience elles s'endormaient du sommeil sabbatique, et assuraient au réveil avoir joui, au tribunal même, des béatitudes de Satan. Plusieurs disent : « Nous ne souffrons que de ne pouvoir lui témoigner que nous brûlons de souffrir pour lui. »

Celles que l'on interrogeait disaient ne pouvoir parler. Satan obstruait leur gosier, et leur montait à la gorge.

Le plus jeune des commissaires, Lancre, qui écrit cette histoire, était un homme du monde. Les sorcières entrevirent qu'avec un pareil homme il y avait des moyens de salut. La ligue fut rompue. Une mendiante de dix-sept ans, la Murgui (Margarita) qui avait trouvé lucratif de se faire sorcière, et qui, presque enfant, menait et offrait des enfants au Diable, se mit avec sa compagne (une Lisalda de même âge) à dénoncer toutes les autres. Elle dit tout, décrivit tout, avec la vivacité, la violence, l'emphase espagnole, avec cent détails impudiques, vrais ou faux. Elle effraya, amusa, empauma les juges, les mena comme des idiots. Ils confièrent à cette fille corrompue, légère, enragée, la charge terrible de chercher sur le corps des filles et garçons l'endroit où Satan aurait mis sa marque. Cet endroit se reconnaissait à ce qu'il était insensible, et qu'on pouvait impunément y enfoncer des aiguilles. Un chirurgien martyrisait les vieilles, elle les jeunes, qu'on appelait comme témoins, mais qui, si elle les disait marquées, pouvaient être accusées. Chose odieuse que cette fille effrontée, devenue maîtresse absolue du sort de ces infortunés, allât leur enfonçant l'aiguille, et pût à volonté désigner ces corps sanglants à la mort!

Elle avait pris un tel empire sur Lancre, qu'elle lui fait croire que, pendant qu'il dort à Saint-Pé, dans son hôtel, entouré de ses serviteurs et de son escorte, le Diable est entré la nuit dans sa chambre, qu'il y a dit la messe noire, que les sorcières ont été jusque sous ses rideaux pour l'empoisonner, mais qu'elles l'ont trouvé bien gardé de Dieu. La messe noire a été servie par la dame de Lancinena, à qui Satan a fait l'amour dans la chambre même du juge. On entrevoit le but probable de ce misérable conte : la mendiante en veut à la dame, qui était jolie, et qui eût pu, sans cette calomnie, prendre aussi quelque ascendant sur le galant commissaire.

Lancre et son confrère, effrayés, avancèrent, n'osant reculer. Ils firent planter leurs potences royales sur les places même où Satan avait tenu le sabbat. Cela effraya, on les sentit forts et armés du bras du roi. Les dénonciations plurent comme grêle. Toutes les femmes, à la queue, vinrent s'accuser l'une l'autre. Puis on fit venir les enfants, pour leur faire dénoncer les mères. Lancre juge, dans sa gravité, qu'un témoin de huit ans est bon, suffisant et respectable.

M. d'Espagnet ne pouvait donner qu'un moment à cette affaire, devant se rendre bientôt aux États de Béarn. Lancre, poussé à son insu par la violence des jeunes révélatrices qui seraient restées en péril si elles n'eussent fait brûler les vieilles, mena le procès au galop, bride abattue. Un nombre suffisant de sorcières furent adjugées au bûcher. Se voyant perdues, elles avaient fini par parler aussi, dénoncer. Quand on mena les premières au feu, il y eut une scène horrible. Le bourreau, l'huissier, les sergents, se crurent à leur dernier jour. La foule s'acharna aux charrettes, pour forcer ces malheureuses de rétracter leurs accusations. Des hommes leur mirent le poignard à la gorge; elles faillirent périr sous les ongles de leurs compagnes furieuses.

La justice s'en tira pourtant à son honneur. Et alors les commissaires passèrent au plus difficile, au jugement de huit prêtres qu'ils avaient en main. Les révélations des filles avaient mis ceux-ci à jour. Lancre parle de leurs mœurs comme un homme qui sait tout d'original. Il leur reproche non-seulement leurs galants exercices aux nuits du sabbat, mais surtout leurs sacristines, bénédictes ou marguillières. Il répète même des contes : que les prêtres ont envoyé les maris à Terre-Neuve, et rapporté du Japon les diables qui leur livrent les femmes.

Le clergé était fort ému. L'évêque de Bayonne aurait voulu résister. Ne l'osant, il s'absenta, et désigna son vicaire général pour assister au jugement. Heureusement le Diable secourut les accusés mieux que l'évêque. Comme il ouvre toutes les portes, il se trouva, un matin, que cinq des huit échappèrent. Les commissaires, sans perdre de temps, brûlèrent les trois qui restaient.

Cela vers août 1609. Les inquisiteurs espagnols qui faisaient à Logroño leur procès n'arrivèrent à l'auto-da-fé qu'au 8 novembre 1610. Ils avaient eu bien plus d'embarras que les nôtres, vu le nombre immense, épouvantable, des accusés. Comment brûler tout un peuple? Ils consultèrent le pape et les plus grands docteurs d'Espagne. La reculade fut décidée. Il fut entendu qu'on ne brûlerait que les obstinés, ceux qui persisteraient à nier, et que ceux qui avoueraient seraient relâchés. C'est la méthode qui déjà sauvait tous les prêtres dans les procès de libertinage. On se contentait de leur aveu, et d'une petite pénitence. (*V.* Llorente.)

L'inquisition, exterminatrice pour les hérétiques, cruelle pour les Maures et les juifs, l'était bien moins pour les sorciers. Ceux-ci, bergers en grand nombre, n'étaient nullement en lutte avec l'Église. Les jouissances fort basses, parfois bestiales, des gardeurs de chèvres, inquiétaient peu les ennemis de la liberté de penser.

Le livre de Lancre a été écrit surtout en vue de montrer combien la justice de France, laïque et parlementaire, est meilleure que la justice de prêtres. Il est écrit légèrement et au courant de la plume, fort gai. On y sent la joie d'un homme qui s'est tiré à son honneur d'un grand danger. Joie gasconne et vaniteuse. Il raconte orgueilleusement qu'au sabbat qui suivit la première exécution des sorcières, leurs enfants vinrent en faire des plaintes à Satan. Il répondit que leurs mères n'étaient pas brûlées, mais vivantes, heureuses. Du fond de la nuée, les enfants crurent en effet entendre les voix des mères, qui se disaient en pleine béatitude. Cependant Satan avait peur. Il s'absenta quatre sabbats, se substituant un diablotin de nulle importance. Il ne reparut qu'au **22 juillet**. Lorsque les sorciers lui demandèrent la cause de son absence, il dit : « J'ai été plaider votre cause contre Janicot (Petit-Jean, il nomme ainsi Jésus). J'ai gagné l'affaire. Et celles qui sont encore en prison ne seront pas brûlées. »

Le grand menteur fut démenti. Et le magistrat vainqueur assure qu'à la dernière qu'on brûla on vit une nuée de crapauds sortir de sa tête. Le peuple se rua sur eux à coups de pierres, si bien qu'elle fut plus lapidée que brûlée. Mais, avec tout cet assaut, ils ne vinrent pas à bout d'un crapaud noir, qui échappa aux flammes, aux bâtons, aux pierres, et se sauva, comme un démon qu'il était, en lieu où on ne sut jamais le trouver.

CHAPITRE XIX.

Les couvents. — La sorcellerie dans les couvents. — Le Prince des magiciens.

Le Parlement de Provence n'eut rien à envier aux succès du Parlement de Bordeaux. La juridiction laïque saisit de nouveau l'occasion d'un procès de sorcellerie pour se faire la réformatrice des mœurs ecclésiastiques. Elle jeta un regard sévère dans le monde fermé des couvents. Rare occasion. Il y fallut un concours singulier de circonstances, des jalousies furieuses, des vengeances de prêtre à prêtre. Sans ces passions indiscrètes, que nous verrons plus tard encore éclater de moments en moments, nous n'aurions nulle connaissance de la destinée réelle de ce grand peuple de femmes qui meurt dans ces tristes maisons, pas un mot de ce qui se passe derrière ces grilles et ces grands murs que le confesseur franchit seul.

Le prêtre basque que Lancre montre si léger, si mondain, allant, l'épée au côté, danser la nuit au sabbat, où il conduit sa sacristine, n'était pas un exemple à craindre. Ce n'était pas celui-là que l'Inquisition d'Espagne prenait tant de peine à couvrir, et pour qui ce corps si sévère se montrait si indulgent. On entrevoit fort bien chez Lancre, au milieu de ses réticences, qu'il y a encore *autre chose*. Et les États-généraux de 1614, quand ils disent qu'il ne faut pas que le prêtre juge le prêtre, pensent aussi à *autre chose*. C'est précisément ce mystère qui se trouva déchiré par le Parlement de Provence. Le directeur de religieuses, maître d'elles, et disposant de leur corps et de leur âme, les ensorcelant : voilà ce qui apparut au procès de Gauffridi, plus tard aux affaires terribles de Loudun et de Louviers, dans celles que Llorente, que Ricci et autres nous ont fait connaître.

La tactique fut la même pour atténuer le scandale, désorienter le public, l'occuper de la forme en cachant le fond. Au procès d'un prêtre sorcier, on mit en saillie le sorcier, et l'on escamota le prêtre, de manière à tout rejeter sur les arts magiques et faire oublier la fascination naturelle d'un homme maître d'un troupeau de femmes qui lui sont abandonnées.

Il n'y avait aucun moyen d'étouffer la première affaire. Elle avait éclaté en pleine Provence, dans ce pays de lumière où le soleil perce tout à jour. Le théâtre principal fut non-seulement Aix et Marseille, mais le lieu célèbre de la Sainte-Baume, pèlerinage fréquenté où une foule de curieux vinrent de toute la France assister au duel à mort de deux religieuses possédées et de leurs démons. Les Dominicains, qui entamèrent la chose comme inquisiteurs, s'y compromirent fort par l'éclat qu'ils lui donnèrent et par leur partialité pour telle de ces religieuses. Quelque soin que le Parlement mît ensuite à brusquer la conclusion, ces moines eurent grand besoin de s'expliquer et de s'excuser. De là le livre important du moine Michaëlis, mêlé de vérités, de fables, où il érige Gauffridi, le prêtre qu'il fit brûler, en *Prince des magiciens*, non-seulement de France, mais d'Espagne, d'Allemagne, d'Angleterre et de Turquie, de toute la terre habitée.

Gauffridi semble avoir été un homme agréable et de mérite. Né aux montagnes de Provence, il avait beaucoup voyagé dans les Pays-Bas et dans l'Orient. Il avait la meilleure réputation à Marseille, où il était prêtre à l'église des Acoules. Son évêque en faisait cas, et les dames les plus dévotes le préféraient pour confesseur. Il avait, dit-on, un don singulier pour se faire aimer de toutes. Néanmoins il aurait gardé une bonne réputation si une dame noble de Provence, aveugle et passionnée, n'eût poussé l'infatuation jusqu'à lui confier (peut-être pour son éducation religieuse) une charmante enfant de douze ans, Madeleine de la Palud, blonde et d'un caractère doux. Gauffridi y perdit l'esprit, et ne respecta pas l'âge ni la sainte ignorance, l'abandon de son élève.

Elle grandit cependant, et la jeune demoiselle noble s'aperçut de son malheur, de cet amour inférieur et sans espoir de mariage. Gauffridi, pour la retenir, dit qu'il pouvait l'épouser devant le Diable, s'il ne le pouvait devant Dieu. Il caressa son orgueil en lui disant qu'il était le *Prince des magiciens,* et qu'elle en deviendrait la reine. Il lui mit au doigt un anneau d'argent, marqué de caractères magiques. La mena-t-il au sabbat ou lui fit-il croire qu'elle y avait été, en la troublant par des breuvages, des fascinations magnétiques? Ce qui est sûr, c'est que l'enfant, tiraillée entre deux croyances, pleine d'agitation et de peur, fut dès lors par moments folle, et certains accès la jetaient dans l'épilepsie. Sa peur était d'être enlevée vivante par le Diable. Elle n'osa plus rester dans la maison de son père, et se réfugia au couvent des Ursulines de Marseille.

C'était le plus calme des ordres et le moins déraisonnable. Elles n'étaient pas oisives, s'occupant un peu à élever des petites filles. La réaction catholique, qui avait commencé avec une haute ambition espagnole d'extase, impossible alors, qui avait follement bâti force couvents de carmélites, feuillantines et capucines, s'était vue bientôt au bout de ses forces. Les filles qu'on murait là si durement pour s'en délivrer mouraient tout de suite, et, par ces morts si promptes, accusaient horriblement l'inhumanité des familles. Ce qui les tuait, ce n'étaient pas les mortifications, mais l'ennui et le désespoir. Après le premier moment de ferveur, la terrible maladie des cloîtres (décrite dès le cinquième siècle par Cassien), l'ennui pesant, l'ennui mélancolique des *après-midi*, l'ennui tendre qui égare en d'indéfinissables langueurs, les minait rapidement. D'autres étaient comme furieuses; le sang trop fort les étouffait.

Une religieuse, pour mourir décemment sans laisser trop de remords à ses proches, doit y mettre environ dix ans (c'est la vie moyenne des cloîtres). Il fallut donc en rabattre, et des hommes de bon sens et d'expérience sentirent que, pour les prolonger, il fallait les occuper quelque peu, ne pas les tenir trop seules. Saint François de Sales fonda les Visitandines, qui devaient, deux à deux, visiter les malades. César de Bus et Romillion, qui avaient créé les Prêtres de la doctrine (en rapport avec l'Oratoire), fondèrent ce qu'on eût pu appeler les filles de la Doctrine, les Ursulines, religieuses enseignantes, que ces prêtres dirigeaient. Le tout sous la haute inspection des évêques, et peu, très-peu monastique; elles n'étaient pas cloîtrées encore. Les Visitandines sortaient; les Ursulines recevaient (au moins les parents des élèves). Les unes et les autres étaient en rapport avec le monde, sous des directeurs estimés. L'écueil de tout cela, c'était la médiocrité. Quoique les Oratoriens et Doctrinaires aient eu des gens de grand mérite, l'esprit général de l'ordre était systématiquement moyen, modéré, attentif à ne pas prendre un vol trop haut. Le fondateur des Ursulines, Romillion, était un homme d'âge, un protestant converti, qui avait tout traversé, et était revenu de tout. Il croyait ses jeunes Provençales déjà aussi sages, et comptait tenir ses petites ouailles dans les maigres pâturages d'une religion oratorienne, monotone et raisonnable. C'est par là que l'ennui rentrait. Un matin, tout échappa.

Le montagnard provençal, le voyageur, le mystique, l'homme de trouble et de passion, Gauffridi, qui venait là comme directeur de Madeleine, eut une bien autre action. Elles sentirent une puissance, et, sans doute par les échappées de la jeune folle amoureuse, elles surent que ce n'était rien moins qu'une puissance diabolique. Toutes sont saisies de peur, et plus d'une aussi d'amour. Les imaginations s'exaltent; les têtes tournent. En voilà cinq ou six qui pleurent, qui crient et qui hurlent, qui se sentent saisies du démon.

Si les Ursulines eussent été cloîtrées, murées, Gauffridi, leur seul directeur, eût pu les mettre d'accord de manière ou d'autre. Il aurait pu arriver, comme en un cloître du Quesnoy en 1490, que le Diable, qui prend volontiers la figure de celui qu'on aime, se fût constitué, sous la figure de Gauffridi, l'amant commun des religieuses. Ou bien, comme dans ces cloîtres espagnols dont parle Llorente, il leur eût persuadé que le prêtre sacre de prêtrise celles à qui il fait l'amour, et que le péché avec lui est une sanctification. Opinion répandue en France, et à Paris même, où ces maîtresses de prêtres étaient dites « les consacrées » (Lestoile, édit. Mich., 561).

Gauffridi, maître de toutes, s'en tint-il à

Madeleine? Ne passa-t-il pas de l'amour au libertinage? On ne sait. L'arrêt indique une religieuse qu'on ne montra pas au procès, mais qui reparaît à la fin, comme s'étant donnée au Diable et à lui.

Les Ursulines étaient une maison toute à jour, où chacun venait, voyait. Elles étaient sous la garde de leurs Doctrinaires, honnêtes, et d'ailleurs jaloux. Le fondateur même était là, indigné et désespéré. Quel malheur pour l'ordre naissant, qui, à ce moment même, prospérait, s'étendait partout en France! prétention était la sagesse, le bon sens, le calme. Et tout à coup il délire! Romillion eût voulu étouffer la chose. Il fit secrètement exorciser ces filles par un de ses prêtres. Mais les diables ne tenaient compte d'exorcistes doctrinaires. Celui de la petite blonde, Diable noble, qui était Belzébub, démon de l'orgueil, ne daigna desserrer les dents.

Il y avait, parmi ces possédées, une fille, particulièrement adoptée de Romillion, fille de vingt à vingt-cinq ans, fort cultivée et nourrie dans la controverse, née protestante, mais qui, n'ayant père ni mère, était tombée aux mains du Père, comme elle, protestant converti. Son nom de Louise Capeau semble roturier. C'était, comme il parut trop, une fille d'un prodigieux esprit, d'une passion enragée. Ajoutez-y une épouvantable force. Elle soutint trois mois, outre son orage infernal, une lutte désespérée qui eût tué l'homme le plus fort en huit jours.

Elle dit qu'elle avait trois diables : Verrine, bon diable catholique, léger, un des démons de l'air; Léviathan, mauvais diable, raisonneur et protestant; enfin un autre qu'elle avoue être celui de l'impureté. Mais elle en oublie un, le démon de la jalousie.

Elle haïssait cruellement la petite, la blonde, la préférée, l'orgueilleuse demoiselle noble. Celle-ci, dans ses accès, avait dit qu'elle avait été au sabbat, et qu'elle y avait été reine, et qu'on l'y avait adorée, et qu'elle s'y était livrée, mais au Prince... — Quel prince? — Louis Gauffridi, le Prince des magiciens.

Cette Louise, à qui une telle révélation avait enfoncé un poignard, était trop furieuse pour en douter. Folle, elle crut la folle, afin de la perdre. Son démon fut soutenu de tous les démons des jalouses. Toutes crièrent que Gauffridi était bien le roi des sorciers. Le bruit se répandit partout qu'on avait fait une grande capture, un prêtre roi des magiciens, le Prince de la magie, pour tous les pays. Tel fut l'affreux diadème de fer et de feu que ces démons femelles lui enfoncèrent au front.

Tout le monde perdit la tête, et le vieux Romillion même. Soit haine de Gauffridi, soit peur de l'Inquisition, il sortit l'affaire des mains de l'évêque, et mena ses deux possédées, Louise et Madeleine, au couvent de la Sainte-Baume, dont le prieur dominicain était le Père Michaëlis, propre inquisiteur du pape en terre papale d'Avignon et qui prétendait l'être pour toute la Provence. Il s'agissait uniquement d'exorcismes. Mais, comme les deux filles devaient accuser Gauffridi, celui-ci allait par le fait tomber aux mains de l'Inquisition.

Michaëlis devait prêcher l'Advent à Aix, devant le Parlement. Il sentit combien cette affaire dramatique le relèverait. Il la saisit avec l'empressement de nos avocats de Cours d'assises quand il leur vient un meurtre dramatique ou quelque cas curieux de Conversation criminelle.

Le beau, dans ce genre d'affaires, c'était de mener le drame pendant l'Advent, Noël et le Carême, et de ne brûler qu'à la Semaine sainte, la veille du grand moment de Pâques. Michaëlis se réserva pour le dernier acte, et confia le gros de la besogne à un Dominicain flamand qu'il avait, le docteur Dompt, qui venait de Louvain, qui avait déjà exorcisé, était ferré en ces sottises.

Ce que le Flamand d'ailleurs avait à faire de mieux, c'était de ne rien faire. On lui donnait en Louise un auxiliaire terrible, trois fois plus zélé que l'Inquisition, d'une inextinguible fureur, d'une brûlante éloquence, bizarre, baroque parfois, mais à faire frémir, une vraie torche infernale.

La chose fut réduite à un duel entre les deux diables, entre Louise et Madeleine, par-devant le peuple.

Des simples qui venaient là au pèlerinage de la Sainte-Baume, un bon orfévre par exemple et un drapier, gens de Troyes en Champagne, étaient ravis de voir le démon de Louise battre si cruellement les démons et fustiger les magiciens. Ils en pleuraient de joie, et s'en allaient en remerciant Dieu.

Spectacle bien terrible cependant (même dans la lourde rédaction des procès-verbaux du Flamand) de voir ce combat inégal; cette fille, plus âgée et si forte, robuste Provençale, vraie race des cailloux de la Crau, chaque jour lapider, assommer, écraser cette victime, jeune et presque enfant, déjà suppliciée par son mal, perdue d'amour et de honte, dans les crises de l'épilepsie...

Le volume du Flamand, avec l'addition de Michaëlis, en tout quatre cents pages, est un court extrait des invectives, injures et menaces que cette fille vomit cinq mois, et de ses sermons aussi, car elle prêchait sur toutes choses, sur les sacrements, sur la venue prochaine de l'Antichrist, sur la fragilité des femmes, etc., etc. De là, au nom de ses Diables, elle revenait à la fureur, et deux fois par jour reprenait l'exécution de la petite, sans respirer, sans suspendre une minute l'affreux torrent, à moins que l'autre, éperdue, « un pied en enfer, » dit-elle elle-même, ne tombât en convulsion, et ne frappât les dalles de ses genoux, de son corps, de sa tête évanouie.

Louise est bien au quart folle, il faut l'avouer; nulle fourberie n'eût suffi à tenir cette longue gageure. Mais sa jalousie lui donne, sur chaque endroit où elle peut crever le cœur à la patiente et y faire entrer l'aiguille, une horrible lucidité.

C'est le renversement de toute chose. Cette Louise, possédée du Diable, communie tant qu'elle veut. Elle gourmande les personnes de la plus haute autorité. La vénérable Catherine de France, la première des Ursulines, vient voir cette merveille, l'interroge, et tout d'abord la surprend en flagrant délit d'erreur, de sottise. L'autre, impudente, en est quitte pour dire, au nom de son Diable : « Le Diable est le père du mensonge. »

Un minime, homme de sens, qui est là, relève ce mot, et lui dit : « Alors, tu mens. » Et aux exorcistes : « Que ne faites-vous taire cette femme? » Il leur cite l'histoire de Marthe, la fausse possédée de Paris. Pour réponse, on la fait communier devant lui. Le Diable communiant, le Diable recevant le corps de Dieu!... Le pauvre homme est stupéfait... Il s'humilie devant l'Inquisition. Il a trop forte partie, ne dit plus un mot.

Un des moyens de Louise, c'est de terrifier l'assistance, disant : « Je vois des magiciens... » Chacun tremble pour soi-même.

Victorieuse de la Sainte-Baume, elle frappe jusqu'à Marseille. Son exorciste flamand, réduit à l'étrange rôle de secrétaire et confident du Diable, écrit sous sa dictée cinq lettres :

Aux Capucins de Marseille pour qu'ils somment Gauffridi de se convertir; — aux mêmes Capucins pour qu'ils arrêtent Gauffridi, le garrottent avec une étole et le tiennent prisonnier dans telle maison qu'elle indique; — plusieurs lettres aux modérés, à Catherine de France, aux Prêtres de la Doctrine, qui eux-mêmes se déclaraient contre elle. — Enfin, cette femme effrénée, débordée, insulte sa propre supérieure : « Vous m'avez dit au départ d'être humble et obéissante... Je vous rends votre conseil. »

Verrine, le Diable de Louise, démon de l'air et du vent, lui soufflait des paroles folles, légères et d'orgueil insensé, blessant amis et ennemis, l'Inquisition même. Un jour, elle se mit à rire de Michaëlis, qui se morfondait à Aix à prêcher dans le désert, tandis que tout le monde venait l'écouter à la Sainte-Baume. « Tu prêches, ô Michaëlis! tu dis vrai, mais avances peu... Et Louise, sans étudier, a atteint, compris le sommaire de la perfection. »

Cette joie sauvage lui venait surtout d'avoir brisé Madeleine. Un mot y avait fait plus que cent sermons. Mot barbare : « Tu seras brûlée » (17 décembre). La petite fille, éperdue, dit dès lors tout ce qu'elle voulait et la soutint bassement.

Elle s'humilia devant tous, demanda pardon à sa mère, à son supérieur Romillion, à l'assistance, à Louise. Si nous en croyons celle-ci, la peureuse la prit à part, la pria d'avoir pitié d'elle, de ne pas trop la châtier.

L'autre, tendre comme un roc, clémente comme un écueil, sentit qu'elle était à elle, pour en faire ce qu'elle voudrait. Elle la prit, l'enveloppa, l'étourdit et lui ôta le peu qui lui restait d'âme. Second ensorcellement, mais à l'envers de Gauffridi, une *possession* par la terreur. La créature anéantie marchant sous la verge et le fouet, on la poussa jour par jour dans cette voie d'exquise douleur d'accuser, d'assassiner celui qu'elle aimait encore.

Si Madeleine avait résisté, Gauffridi eût échappé. Tout le monde était contre Louise.

Michaëlis même, à Aix, éclipsé par elle dans ses prédications, traité d'elle si légèrement, eût tout arrêté plutôt que d'en laisser l'honneur à cette fille.

Marseille défendait Gauffridi, étant effrayée de voir l'inquisition d'Avignon pousser jusqu'à elle, et chez elle prendre un Marseillais.

L'évêque surtout et le chapitre défendaient leur prêtre. Ils soutenaient qu'il n'y avait rien en tout cela qu'une jalousie de confesseurs, la haine ordinaire des moines contre les prêtres séculiers.

Les Doctrinaires auraient voulu tout finir. Ils étaient désolés du bruit. Plusieurs en eurent tant de chagrin, qu'ils étaient près de tout laisser et de quitter leur maison.

Les dames étaient indignées, surtout madame Libertat, la dame du chef des royalistes, qui avait rendu Marseille au roi. Toutes pleuraient pour Gauffridi et disaient que le démon seul pouvait attaquer cet agneau de Dieu.

Les Capucins, à qui Louise si impérieusement

ordonnait de le prendre au corps, étaient (comme tous les ordres de Saint-François) ennemis des Dominicains. Ils furent jaloux du relief que ceux-ci tiraient de leur possédée. La vie errante d'ailleurs qui mettait les Capucins en rapport continuel avec les femmes leur faisait souvent des affaires de mœurs. Ils n'aimaient pas qu'on se mît à regarder de si près la vie des ecclésiastiques. Ils prirent parti pour Gauffridi. Les possédés n'étaient pas chose si rare qu'on ne pût s'en procurer; ils en eurent un à point nommé. Son Diable, sous l'influence du cordon de Saint François, dit tout le contraire du Diable de Saint-Dominique. Il dit, et ils écrivirent en son nom : « Que Gauffridi n'était nullement magicien, qu'on ne pouvait l'arrêter. »

On ne s'attendait pas à cela, à la Sainte-Baume. Louise parut interdite. Elle trouva à dire seulement qu'apparemment les Capucins n'avaient pas fait jurer à leur Diable de dire vrai. Pauvre réponse, qui fut pourtant appuyée par la tremblante Madeleine.

Comme un chien qu'on a battu et qui craint de l'être encore, elle était capable de tout, même de mordre et de déchirer. C'est par elle qu'en cette crise Louise horriblement mordit.

Elle-même dit seulement que l'évêque, sans le savoir, offensait Dieu. Elle cria « contre les sorciers de Marseille, » sans nommer personne. Mais le mot cruel et fatal, elle le fit dire par Madeleine. Une femme qui depuis deux ans avait perdu son enfant fut désignée par celle-ci comme l'ayant étranglé. La femme, craignant les tortures, s'enfuit ou se tint cachée. Son mari, son père, en larmes, vinrent à la Sainte-Baume, sans doute pour fléchir les inquisiteurs. Mais Madeleine n'eût jamais osé se dédire ; elle répéta l'accusation.

Qui était en sûreté ? Personne. Du moment que le Diable était pris pour vengeur de Dieu, du moment qu'on écrivait sous sa dictée les noms de ceux qui pouvaient passer par les flammes, chacun eut de nuit et de jour le cauchemar affreux du bûcher.

Marseille, contre une telle audace de l'Inquisition papale, eût dû s'appuyer du Parlement d'Aix. Malheureusement elle savait qu'elle n'était pas aimée à Aix. Celle-ci, la petite ville officielle de magistrature et de noblesse, a toujours été jalouse de l'opulente splendeur de Marseille, cette reine du Midi. Ce fut tout au contraire l'adversaire de Marseille, l'inquisiteur papal, qui, pour prévenir l'appel de Gauffridi au Parlement, y eut recours le premier. C'était un corps très-fanatique dont les grosses têtes étaient des nobles enrichis dans l'autre siècle au massacre des Vaudois. Comme juges laïques, d'ailleurs, ils furent ravis de voir un inquisiteur du pape créer un tel précédent, avouer que, dans l'affaire d'un prêtre, dans une affaire de sortilége, l'Inquisition ne pouvait procéder que pour l'instruction préparatoire. C'était comme une démission que donnaient les inquisiteurs de toutes leurs vieilles prétentions. Un côté flatteur aussi où mordirent ceux d'Aix, comme avaient fait ceux de Bordeaux, c'était qu'eux laïques, ils fussent érigés par l'Église elle-même en censeurs et réformateurs des mœurs ecclésiastiques.

Dans cette affaire, où tout devait être étrange et miraculeux, ce ne fut pas la moindre merveille de voir un démon si furieux devenir tout à coup flatteur pour le Parlement, politique et diplomate. Louise charma les gens du roi par un éloge du feu roi. Henri IV (qui l'aurait cru?) fut canonisé par le Diable. Un matin, sans à-propos, il éclata en éloges « de ce pieux et saint roi qui venait de monter au ciel. »

Un tel accord des deux anciens ennemis, le Parlement et l'Inquisition, celle-ci désormais sûre du bras séculier, des soldats et du bourreau, une commission parlementaire envoyée à la Sainte-Baume pour examiner les possédées, écouter leurs dépositions, leurs accusations, et dresser des listes, c'était chose vraiment effrayante. Louise, sans ménagement, désigna les Capucins, défenseurs de Gauffridi, et annonça « qu'ils seraient punis *temporellement* » dans leur corps et dans leur chair.

Les pauvres Pères furent brisés. Leur Diable ne souffla plus mot. Ils allèrent trouver l'évêque, et lui dirent qu'en effet on ne pouvait guère refuser de représenter Gauffridi à la Sainte-Baume, et de faire acte d'obéissance ; mais qu'après cela l'évêque et le chapitre le réclameraient, le replaceraient sous la protection de la justice épiscopale.

On avait calculé aussi sans doute que la vue de cet homme aimé allait fort troubler les deux filles, que la terrible Louise elle-même serait ébranlée des réclamations de son cœur.

Ce cœur, en effet, s'éveilla à l'approche du coupable ; la furieuse semble avoir eu un moment d'attendrissement. Je ne connais rien de plus brûlant que sa prière pour que Dieu sauve celui qu'elle a poussé à la mort : « Grand Dieu, je vous offre tous les sacrifices qui ont été offerts depuis l'origine du monde et le seront jusqu'à la fin... le tout pour Louis !... Je vous offre tous les pleurs des saints, toutes les extases des anges... le tout pour Louis ! Je voudrais qu'il y eût plus d'âmes encore pour que l'oblation fût plus grande... le tout pour Louis! Pater de cœlis Deus, miserere Ludovici! Fili redemptor mundi Deus, miserere Ludovici!... » etc.

Vaine pitié! funeste d'ailleurs!... Ce qu'elle eût voulu, c'était que l'accusé *ne s'endurcît pas*, qu'il s'avouât coupable. Auquel cas il était sûr d'être brûlé, dans notre jurisprudence.

Elle-même, du reste, était finie, elle ne pouvait plus rien. L'inquisiteur Michaëlis, humilié de n'avoir vaincu que par elle, irrité contre son exorciste flamand, qui s'était tellement subordonné à elle et avait laissé voir à tous les secrets ressorts de la tragédie, Michaëlis venait justement pour briser Louise, sauver Madeleine et la lui substituer, s'il se pouvait, dans ce drame populaire. Ceci n'était pas maladroit et témoigne d'une certaine entente de la scène. L'hiver et l'Advent avaient été remplis par la terrible sibylle, la bacchante furieuse. Dans une saison plus douce, dans un printemps de Provence, au Carême, aurait figuré un personnage plus touchant, un démon tout féminin dans une enfant malade et dans une blonde timide. La petite demoiselle appartenant à une famille distinguée, la noblesse s'y intéressait, et le Parlement de Provence.

Michaëlis, loin d'écouter son Flamand,

l'homme de Louise, lorsqu'il voulut entrer au petit conseil des Parlementaires, lui ferma la porte. Un Capucin, venu aussi, au premier mot de Louise, cria : « Silence, Diable maudit! »

Gauffridi cependant était arrivé à la Sainte-Baume, où il faisait triste figure. Homme d'esprit, mais faible et coupable, il ne pressentait que trop la fin d'une pareille tragédie populaire, et, dans sa cruelle catastrophe, il se voyait abandonné, trahi de l'enfant qu'il aimait. Il s'abandonna lui-même, et, quand on le mit en face de Louise, elle apparut comme un juge, un de ces vieux juges d'église, cruels et subtils scolastiques. Elle lui posa les questions de doctrine, et à tout il répondait *oui*, lui accordant même les choses les plus contestables, par exemple, « que le Diable peut être cru en justice sur sa parole et son serment! »

Cela ne dura que huit jours (du 1ᵉʳ au 8 janvier). Le clergé de Marseille le réclama. Ses amis, les Capucins, dirent avoir visité sa chambre et n'avoir rien trouvé de magique. Quatre chanoines de Marseille vinrent d'autorité le prendre et le ramenèrent chez lui.

Gauffridi était bien bas. Mais ses adversaires n'étaient pas bien haut. Même les deux inquisiteurs, Michaëlis et le Flamand, étaient honteusement en discorde. La partialité du second pour Louise, du premier pour Madeleine, dépassa les paroles même, et l'on en vint aux voies de fait. Ce chaos d'accusations, de sermons, de révélations, que le Diable avait dicté par la bouche de Louise, le Flamand, qui l'avait écrit, soutenait que tout cela était parole de Dieu, et craignait qu'on n'y touchât. Il avouait une grande défiance de son chef Michaëlis, craignant que, dans l'intérêt de Madeleine, il n'altérât ces papiers de manière à perdre Louise. Il les défendit tant qu'il put, s'enferma dans sa chambre, et soutint un siége. Michaëlis, qui avait les parlementaires pour lui, ne put prendre le manuscrit qu'au nom du roi et en enfonçant la porte.

Louise, qui n'avait peur de rien, voulait au roi opposer le pape. Le Flamand porta appel contre son chef Michaëlis à Avignon, au légat. Mais la prudente cour papale fut effrayée du scandale de voir un inquisiteur accuser un inquisiteur. Elle n'appuya pas le Flamand, qui n'eut plus qu'à se soumettre. Michaëlis, pour le faire taire, lui restitua les papiers.

Ceux de Michaëlis, qui forment un second procès-verbal assez plat et nullement comparable à l'autre, ne sont remplis que de Madeleine. On lui fait de la musique pour essayer de la calmer. On note très-soigneusement si elle mange ou ne mange pas. On s'occupe trop d'elle en vérité, et souvent de façon peu édifiante. On lui adresse des questions étranges sur le magicien, sur les places de son corps qui pouvaient avoir la marque du Diable. Elle-même fut examinée. Quoiqu'elle dût l'être à Aix par les médecins et chirurgiens du Parlement (p. 70), Michaëlis, par excès de zèle, la visita à la Sainte-Baume, et il spécifie ses observations (p. 69). Point de matrone appelée. Les juges, laïques et moines, ici réconciliés et n'ayant pas à craindre leur surveillance mutuelle, se passèrent apparemment ce mépris des formalités.

Ils avaient un juge en Louise. Cette fille hardie stigmatisa ces indécences au fer chaud : « Ceux qu'engloutit le Déluge n'avaient pas tant fait que ceux-ci!... Sodome, rien de pareil n'a jamais été dit de toi!... »

Elle dit aussi : « Madeleine est livrée à l'impureté! » C'était, en effet, le plus triste. La pauvre folle, par une joie aveugle de vivre, de n'être pas brûlée, ou par un sentiment confus que c'était elle maintenant qui avait action sur les juges, chanta, dansa par moments avec une liberté honteuse, impudique et provocante. Le prêtre de la Doctrine, le vieux Romillion, en rougit pour son Ursuline. Choqué de voir ces hommes admirer ses longs cheveux, il dit qu'il fallait les couper, lui ôter cette vanité.

Elle était obéissante et douce dans ses bons moments. Et on aurait bien voulu en faire une Louise. Mais ses Diables étaient vaniteux, amoureux, non éloquents et furieux, comme ceux de l'autre. Quand on voulut les faire prêcher, ils ne dirent que des pauvretés. Michaëlis fut obligé de jouer la pièce tout seul. Comme inquisiteur en chef, tenant à dépasser de loin son subordonné Flamand, il assura avoir déjà tiré de ce petit corps une armée de six mille six cent soixante diables; il n'en restait qu'une centaine. Pour mieux convaincre le public, il lui fit rejeter le charme ou sortilége qu'elle avait avalé, disait-il, et le lui tira de la bouche dans une matière gluante. Qui eût refusé de se rendre à cela? L'assistance demeura stupéfaite et convaincue.

Madeleine était en bonne voie de salut. L'obstacle était elle-même. Elle disait à chaque instant des choses imprudentes qui pouvaient irriter la jalousie de ses juges et leur faire perdre patience. Elle avouait que tout objet lui représentait Gauffridi, qu'elle le voyait toujours. Elle ne cachait pas ses songes érotiques. « Cette nuit, disait-elle, j'étais au sabbat. Les magiciens adoraient ma statue toute dorée. Chacun d'eux, pour l'honorer, lui offrait du sang, qu'ils tiraient de leurs mains avec des lancettes. *Lui*, il était là, à genoux, la corde au cou, me priant de revenir à lui et de ne pas le trahir... Je résistais... Alors il dit : « Y a-t-il quelqu'un ici « qui veuille mourir pour elle ? — Moi, dit un « jeune homme, » et le magicien l'immola. »

Dans un autre moment, elle le voyait qui lui demandait seulement un seul de ses beaux cheveux blonds. « Et, comme je refusais, il dit : « La moitié au moins d'un cheveu. »

Elle assurait cependant qu'elle résistait toujours. Mais un jour, la porte se trouvant ouverte, voilà notre convertie qui courait à toutes jambes pour rejoindre Gauffridi.

On la reprit, au moins le corps. Mais l'âme ? Michaëlis ne savait comment la reprendre. Il avisa heureusement son anneau magique. Il le tira, le coupa, le détruisit, le brûla. Supposant aussi que l'obstination de cette personne si douce venait des sorciers invisibles qui s'introduisaient dans la chambre, il y mit un homme d'armes, bien solide, avec une épée, qui frappait de tous les côtés, et taillait les invisibles en pièces.

Mais la meilleure médecine pour convertir Madeleine, c'était la mort de Gauffridi. Le 5 février, l'inquisiteur alla prêcher le Carême à

Aix, vit les juges et les anima. Le Parlement, docile à son impulsion, envoya prendre à Marseille l'imprudent, qui, se voyant si bien appuyé de l'évêque, du chapitre, des Capucins, de tout le monde, avait cru qu'on n'oserait.

Madeleine d'un côté, Gauffridi de l'autre, arrivèrent à Aix. Elle était si agitée, qu'on fut contraint de la lier. Son trouble était épouvantable, et l'on n'était plus sûr de rien. On avisa un moyen bien hardi avec cette enfant si malade, une de ces peurs qui jettent une femme dans les convulsions et parfois donnent la mort. Un vicaire général de l'archevêché dit qu'il y avait en ce palais un noir et étroit charnier, ce qu'on appelle en Espagne un *pourrissoir* (comme on en voit à l'Escurial). Anciennement on y avait mis se consommer d'anciens ossements de morts inconnus. Dans cet antre sépulcral, on introduisit la fille tremblante. On l'exorcisa en lui appliquant au visage ces froids ossements. Elle ne mourut pas d'horreur, mais elle fut dès lors à discrétion, et l'on eut ce qu'on voulait, la mort de la conscience, l'extermination de ce qui restait de sens moral et de volonté.

Elle devint un instrument souple, à faire tout ce qu'on voulait, flatteuse, cherchant à deviner ce qui plairait à ses maîtres. On lui montra des huguenots, et elle les injuria. On la mit devant

Gauffridi, et elle lui dit par cœur les griefs d'accusation, mieux que n'eussent fait les gens du roi. Cela ne l'empêchait pas de japper en furieuse quand on la menait à l'église, d'ameuter le peuple contre Gauffridi en faisant blasphémer son Diable au nom du magicien. Belzébub disait par sa bouche : « Je renonce à Dieu au nom de Gauffridi, je renonce au Fils de Dieu, » etc. Et au moment de l'élévation : « Retombe sur moi le sang du Juste, de la part de Gauffridi! »

Horrible communauté. Ce Diable à deux damnait l'un par les paroles de l'autre; tout ce qu'il disait par Madeleine, on l'imputait à Gauffridi. Et la foule épouvantée avait hâte de voir brûler le blasphémateur muet dont l'impiété rugissait par la voix de cette fille.

Les exorcistes lui firent cette cruelle question, à laquelle ils eussent eux-mêmes pu répondre bien mieux qu'elle : « Pourquoi, Belzébub, parles-tu si mal de ton grand ami? » — Elle répondit ces mots affreux : « S'il y a des traîtres entre les hommes, pourquoi pas entre les démons? Quand je me sens avec Gauffridi, je suis à lui pour faire tout ce qu'il voudra. Et quand vous me contraignez, je le trahis et m'en moque! »

Elle ne soutint pas pourtant cette exécrable risée. Quoique le démon de la peur et de la servilité semblât l'avoir toute envahie, il y eut place encore pour le désespoir. Elle ne pouvait plus prendre le moindre aliment. Et ces gens qui depuis cinq mois l'exterminaient d'exorcismes et prétendaient l'avoir allégée de six mille ou sept mille diables, sont obligés de convenir qu'elle ne voulait plus que mourir et cherchait avidement tous les moyens de suicide. Le courage seul lui manquait. Une fois, elle se piqua avec une lancette, mais n'eut pas la force d'appuyer. Une fois, elle saisit un couteau, et, quand on le lui ôta, elle tâcha de s'étrangler. Elle s'enfonçait des aiguilles, enfin essaya follement de se faire entrer dans la tête une longue épingle par l'oreille.

Que devenait Gauffridi? L'inquisiteur, si long sur les deux filles, n'en dit presque rien. Il passe comme sur le feu. Le peu qu'il dit est bien étrange. Il conte qu'on lui banda les yeux, pendant qu'avec des aiguilles on cherchait sur tout son corps la place insensible qui devait être la marque du Diable. Quand on lui ôta le bandeau, il apprit avec étonnement et horreur que, par trois fois, on avait enfoncé l'aiguille sans qu'il la sentît; donc il était trois fois marqué du signe d'Enfer. Et l'inquisiteur ajouta : « Si nous étions en Avignon, cet homme serait brûlé demain. »

Alors il se sentit perdu, et ne se défendit

plus. Il regarda seulement si quelques ennemis des Dominicains ne pourraient lui sauver la vie. Il dit vouloir se confesser aux Oratoriens. Mais ce nouvel ordre, qu'on aurait pu appeler le juste-milieu du catholicisme, était trop froid et trop sage pour prendre en main une telle affaire, si avancée d'ailleurs et désespérée.

Alors il se retourna vers les moines Mendiants, se confessa aux Capucins, avoua tout et plus que la vérité, pour acheter la vie par la honte. En Espagne, il aurait été *relaxé* certainement, sauf une petite pénitence dans quelque couvent. Mais nos parlements étaient plus sévères; ils tenaient à constater la pureté supérieure de la juridiction laïque. Les Capucins, eux-mêmes peu rassurés sur l'article des mœurs, n'étaient pas gens à attirer la foudre sur eux. Ils enveloppaient Gauffridi, le gardaient, le consolaient jour et nuit, mais seulement pour qu'il s'avouât magicien, et que, la magie restant le grand chef d'accusation, on pût laisser au second plan la séduction d'un directeur, qui compromettait le clergé.

Donc ses amis, les Capucins, par obsession, caresses et tendresses, tirent de lui l'aveu mortel, qui, disaient-ils, sauvait son âme, mais qui bien certainement livrait son corps au bûcher.

L'homme étant perdu, fini, on en finit avec les filles, qu'on ne devait pas brûler. Ce fut une facétie. Dans une grande assemblée du clergé et du Parlement, on fit venir Madeleine, et, parlant à elle, on somma son Diable, Belzébub, de vider les lieux, sinon de donner ses oppositions. Il n'eut garde de le faire, et partit honteusement.

Puis on fit venir Louise, avec son Diable Verrine. Mais, avant de chasser un esprit si ami de l'Église, les moines régalèrent les parlementaires, novices en ces choses, du savoir-faire de ce Diable, en lui faisant exécuter une curieuse pantomime. « Comment font les Séraphins, les Chérubins, les Trônes, devant Dieu ? — Chose difficile, dit Louise, ils n'ont pas de corps. » Mais, comme on répéta l'ordre, elle fit effort pour obéir, imitant le vol des uns, le brûlant désir des autres, et enfin l'adoration, en se courbant devant les juges, prosternée et la tête en bas. On vit cette fameuse Louise, si fière et si indomptée, s'humilier, baiser le pavé, et, les bras étendus, s'y appliquer de tout son long.

Singulière exhibition, frivole, indécente, par laquelle on lui fit expier son terrible succès populaire. Elle gagna encore l'assemblée par un cruel coup de poignard qu'elle frappa sur Gauffridi, qui était là garrotté : « Maintenant, lui dit-on, où est Belzébub, le Diable sorti de Madeleine? — Je le vois distinctement à l'oreille de Gauffridi. »

Est-ce assez de honte et d'horreurs? Resterait à savoir ce que cet infortuné dit à la question. On lui donna l'ordinaire et l'extraordinaire. Tout ce qu'il y dut révéler éclairerait sans nul doute la curieuse histoire des couvents de femmes. Les parlementaires recueillaient avidement ces choses-là, comme armes qui pouvaient servir, mais ils les tenaient « sous le secret de la cour. »

L'inquisiteur Michaëlis, fort attaqué dans le public pour tant d'animosité qui ressemblait fort à la jalousie, fut appelé par son ordre, qui s'assemblait à Paris, et ne vit pas le supplice de Gauffridi, brûlé vif à Aix quatre jours après (30 avril 1611).

La réputation des Dominicains, entamée par ce procès, ne fut pas fort relevée par une autre affaire de *possession* qu'ils arrangèrent à Beauvais (novembre) de manière à se donner tous les honneurs de la guerre, et qu'ils imprimèrent à Paris. Comme on avait reproché surtout au Diable de Louise de ne pas parler latin, la nouvelle possédée, Denise Lacaille, en jargonnait quelques mots. Ils en firent grand bruit, la montrèrent souvent en procession, la promenèrent même de Beauvais à Notre-Dame de Liesse. Mais l'affaire resta assez froide. Ce pèlerinage picard n'eut pas l'effet dramatique, les terreurs de la Sainte-Baume. Cette Lacaille, avec son latin, n'eut pas la brûlante éloquence de la Provençale, ni sa fougue, ni sa fureur. Le tout n'aboutit à rien qu'à amuser les huguenots.

Qu'advint-il des deux rivales, de Madeleine et de Louise? La première, du moins son ombre, fut tenue en terre papale, de peur qu'on ne la fît parler sur cette funèbre affaire. On ne la montrait en public que comme exemple de pénitence. On la menait couper avec de pauvres femmes du bois qu'on vendait pour aumônes. Ses parents, humiliés d'elle, l'avaient répudiée et abandonnée.

Pour Louise, elle avait dit pendant le procès : « Je ne m'en glorifierai pas... Le procès fini, j'en mourrai! » Mais cela n'arriva point. Elle ne mourut pas; elle tua encore. Le Diable meurtrier qui était en elle était plus furieux que jamais. Elle se mit à déclarer aux inquisiteurs par noms, prénoms et surnoms, tous ceux qu'elle imaginait affiliés à la magie, entre autres une pauvre fille, nommée Honorée, « aveugle des deux yeux, » qui fut brûlée vive.

« Prions Dieu, dit en finissant le bon P. Michaëlis, que le tout soit à sa gloire et à celle de son Église. »

CHAPITRE XX.

Luynes et le P. Arnoux. — Persécution des protestants. — 1618-1620.

N'avons-nous pas outre mesure appuyé sur une anecdote, sur un fait individuel? Nous ne le croyons nullement. Nous regardons ce procès comme jetant une grande lumière sur un fait collectif immense, sur l'existence intérieure des ordres religieux tellement multipliés à cette époque. Ce qui se passa dans un ordre modéré et raisonnable, soumis à la discipline Oratorienne et Doctrinaire, aidera à faire comprendre le drame que recélaient les autres, et qui, pendant tout le siècle, par de tragiques lueurs, continue de se révéler.

L'attention très-méritée qu'on a donnée de nos jours à Port-Royal, portée exclusivement sur cette rare exception, a fait oublier un peu trop la généralité des faits. Malgré l'effort incroyable avec lequel les divers partis religieux ont travaillé à étouffer ce qui transpirait de la vie des cloîtres, elle s'est montrée suffisamment, et l'on peut fort bien y suivre l'*Histoire de la Direction*.

On vit aussi dans cette affaire la puissance terrible de publicité dont disposaient les ordres religieux. Les révélations de l'Ursuline Louise, acceptées des Dominicains, se répandirent avec l'autorité d'un livre de prophéties. Même de très libres esprits, non influencés par les moines, Jansénius et Saint-Cyran, longtemps après, admettaient que Gauffridi avait été le Prince des magiciens, et, d'après Louise, en auguraient la prochaine venue de l'Anti-Christ.

Maintenant il faut savoir qu'en un siècle (à peu près de 1620 à 1720) les couvents, ces puissantes machines d'intrigue, multiplièrent à l'infini. Précisons les chiffres, au moins pour deux ordres nouveaux.

Les Ursulines formèrent *trois cent cinquante* congrégations enseignantes, divisées chacune en plusieurs maisons d'éducation ou pensionnats (peut-être *mille maisons* en tout).

Les Visitandines, en trente années seulement, avaient déjà *cent couvents*. J'ignore le nombre ultérieur. Mais l'on sait qu'à la fin du siècle *une seule branche* des Visitandines, celle du Sacré-Cœur, *fonda en vingt années plus de quatre cents couvents.*

Ursulines et Visitandines, dirigées d'abord par les prêtres doctrinaires et par les évêques, le furent bientôt par les Jésuites, et devinrent, sous leur main habile, un vaste clavier qu'on put faire résonner d'ensemble quand on voulut obtenir de grands effets d'opinion.

L'influence de la Presse, ses voix divergentes, son froid papier, où la foule épelle le noir sur du blanc, tout cela en vérité est faible à côté des vives paroles, des chaudes, tendres et caressantes insistances de toutes ces religieuses sur les dames, et même les hommes, qui fréquentaient leurs parloirs. Ces dames, mères de leurs élèves, ou parentes et amies des religieuses, ou amenées par la dévotion, recevaient d'elles le mot d'ordre, venu des Jésuites, et s'en faisaient à la cour, à la ville, les zélées propagatrices. Ce mot, parti du Louvre, du P. Cotton, du P. Arnoux, ou de la maison professe des Jésuites (rue Saint-Antoine), tombé dans ce monde inflammable de femmes ardentes et dociles, courait comme une traînée de poudre, et en un moment il était partout. Moins rapides les effets du télégraphe électrique.

Notez qu'avec ces religieuses sédentaires travaillaient, d'ensemble, tout un monde de prêtres et de moines. Les ordres anciens, jaloux des Jésuites, comme les Mendiants, dans les grandes occasions, n'agissaient pas moins dans le même sens. S'il s'agissait, par exemple, d'un coup décisif à frapper sur les protestants ou les jansénistes, la machine épouvantable de deux ou trois mille parloirs répétant la chose et la faisant répéter par leurs visiteuses innombrables, était appuyée en dessous jusqu'aux derniers rangs du peuple par les religieux infimes, spécialement par *quatre cents* bandes errantes de Capucins.

Soit qu'il s'agît de peser en haut sur la cour par une force d'opinion qu'on faisait monter d'en bas, soit qu'il s'agît de répandre un faux bruit, une panique, une peur qui soulevât la foule et la rendît furieuse, on jouait de la machine. Si l'on ne disposait pas d'un peuple aussi inflammable qu'au temps de la Saint-Barthélemy, en revanche, un art nouveau et un nouvel instrument étaient créés dont on pouvait tirer autant de résultats. C'est ce qui explique pourquoi, et dans l'Allemagne catholique, et en France, un parti tombé du grand fanatisme aux platitudes de la dévotion intrigante, n'en eut pas moins l'action énorme de la guerre de Trente-Ans, put faire la France complice de l'Autriche contre l'Europe, contre elle-même, et fit ici en petit l'essai des futures Dragonnades.

Le changement de favoris ne changea absolument rien au grand courant des choses. Concini appartenait aux Espagnols, et voulait les appeler à son secours (Richelieu). Luynes ne fut pas moins Espagnol. Au moment de la crise, il s'offrait à l'Espagne pour une modique pension (*Arch. de Simancas,* ap. Capefigue).

Tout ce qu'il voulait, c'était de l'argent. Il prit pour lui l'énorme fortune de Concini, et bientôt impudemment se fit connétable. Ses frères, Brantes et Cadenet, se déguisent en M. de Luxembourg et M. le duc de Chaulnes. Tous deux maréchaux de France.

Rien au dedans, rien au dehors. A grand'-peine Lesdiguières, alarmé dans son Dauphiné par l'Espagne, qui guerroie contre la Savoie, obtient de faire une légère démonstration en faveur du Savoyard. Au dedans, Luynes promit des réformes, n'en fit point, et, tout au contraire, créa pour argent nombre d'offices nouveaux (avec exemption d'impôts et droit de vexer le peuple). La langue ne suffit plus aux titres ridicules que le fisc inventa : auneurs de drap, vendeurs de poisson, élèves de l'écritoire, etc.

Le vrai changement au Louvre fut celui du Confesseur. Luynes osa prier le P. Cotton de se retirer. Mais ce fut pour demander aux Jésuites un autre confesseur du roi. Ils lui fournirent le P. Arnoux, bien plus propre que Cotton à les servir dans les circonstances nouvelles. Cotton avait été l'homme des temps d'Henri IV, des temps de ruse et de transaction. Il avait connu saint Charles Borromée, et il était aimé de saint François de Sales. Sa fortune fut singulière. La fille de Lesdiguières l'avait employé d'abord pour tourmenter doucement son père et l'amener à la conversion. Le vieux soldat, qui voulait se faire marchander plus longtemps, ajourna, mais il appuya le Jésuite auprès d'Henri IV : « Si vous voulez un bon Jésuite, dit-il, prenez le P. Cotton. »

On a vu comment Cotton se ligua avec la cour pour faire sauter Sully. Il échoua, et cependant se maintint par le parti espagnol, par la reine et par Concini. Mais il fallait un Jésuite plus hardi, plus violent, au moment où éclatait la grande guerre d'Allemagne, pour occuper le roi, la France, d'une petite guerre intérieure contre nos protestants. Ce guerrier fut le P. Arnoux.

La persécution protestante, c'est le point où s'accordaient tous les rivaux d'influence. Concini l'avait commencée, et Luynes la continua. Le clergé la demandait, le P. Arnoux l'imposait à son pénitent; le favori espérait y occuper son jeune roi à une petite guerre sans péril. Il n'était pas jusqu'aux exilés, aux gens de la reine mère, tels que Richelieu, qui ne poussassent en ce sens.

Il est fort intéressant de voir l'art persévérant, ingénieux et varié, dont ces Pères, depuis 1610, travaillaient les protestants. Ils n'y employaient plus la pointe, comme en l'autre siècle, mais plutôt le tranchant du fer, un tranchant mal affilé qu'ils promenèrent, douze ans durant, à la gorge des victimes, voulant préalablement terrifier, démoraliser, abêtir et désespérer. Les huguenots ne furent plus brutalement massacrés, mais lentement égorgillés, saignés d'un petit coutelet. Et les excellents bouchers ne mirent le fer dans le cœur que quand le patient, déjà affaibli, défaillait et tournait les yeux.

Les protestants étaient l'objet d'une antipathie croissante. Ils faisaient tache en ce temps dans une France toute nouvelle. Ils avaient l'air d'une ombre arriérée du seizième siècle. Ils étaient tristes et peu galants, faisant exception à la loi générale du dix-septième : *l'universalité de l'adultère*, aux mœurs loyales où chacun se pique de tromper son intime ami.

Autre défaut. Seuls, ils gardaient quelque esprit public, un reste d'attachement pour le gouvernement collectif, le gouvernement *de soi par soi* (self government). La France, qui avait abdiqué, s'ennuyait de les voir encore attachés à ces vieilleries. Elle ne voulait plus qu'un bon maître.

Troisième défaut. Les protestants avaient le tort de voir clair, de voir que l'Espagne gouvernait la France, que Marie, Concini, Luynes, n'étaient qu'une cérémonie. Ils distinguaient très-bien derrière ces ombres changeantes un petit nombre d'étrangers, de vieux ligueurs et de Jésuites; pour âme, le confesseur du roi. Le jour de la mort d'Henri IV, chacun croyait qu'il y aurait massacre à Paris. Un Jésuite même, en chaire, le conseilla ou regretta qu'il n'eût pas eu lieu. Dès l'année suivante (1611), on commença à organiser dans les villes catholiques du Poitou et du Limousin, et aussi à Saintes, à Orléans, à Chartres, de vives paniques, en criant : « Voilà les huguenots qui arment et qui vont vous massacrer! » Furieux de peur, les catholiques armaient et voulaient tuer tout. Toujours le même moyen qui avait réussi dans toutes les Saint-Barthélemy du seizième siècle.

En celui-ci, on n'allait pas si vite. Cependant les protestants auraient été fous s'ils n'avaient pris des précautions. Ils n'avaient nulle protection à attendre d'un gouvernement dominé par l'Espagnol qui eût voulu le massacre. Ils recoururent à eux-mêmes, rétablirent les institutions de défense qui seules les avaient sauvés autrefois. La principale, c'était que, dans l'intervalle entre leurs assemblées générales, dans ces entr'actes assez longs où on pouvait les surprendre, il restât quelqu'un pour faire sentinelle. Dans chaque province, un conseil permanent devait rester réuni pour recevoir les avis et faire convoquer, s'il le fallait, une assemblée de *province*, qui, au besoin, s'adjoindrait plusieurs provinces voisines pour former une assemblée de *cercle*, ou qui même provoquerait une assemblée *générale*.

Cette organisation de défense, quoique fort mal exécutée, imposa au parti massacreur. Mais elle lui donna une bien belle occasion de calomnier les protestants et de les faire prendre en haine. Ils voulaient une *république*, ils faisaient un *État dans l'État*, etc., etc. C'est ce qu'on répète encore, sans aucune réflexion sur la nécessité terrible qui fit et exigea cela. Chose monstrueuse, en effet, coupable, horriblement coupable! Ils voulaient vivre, ils voulaient sauver leurs femmes et leurs enfants.

Les voyant en garde, on essaya de moyens de ruse. La reine mère (1612) tâcha d'avoir un maire à elle dans leurs places qui pût les trahir, par exemple à Saint-Jean d'Angély, même à la Rochelle. N'y parvenant, elle envoya, pour soumettre cette dernière ville au Parlement de Paris, un conseiller protestant sous le titre nouveau d'*intendant de justice*. Cet escamotage, contraire à tous les traités, aux serments des rois, ne réussit pas. Le peuple prit les armes et faillit faire justice à cet *intendant*, qui pourtant sortit en vie.

Dans le petit pays de Gex, on essaya d'une chose où la main jésuite éclate admirablement. On leur ôta leurs temples et leurs revenus, en leur permettant de se rebâtir des temples *avec les démolitions des couvents* et avec l'argent *que les catholiques payaient pour réparer les églises catholiques*. Moyen excellent de les faire exécrer et massacrer.

Comme leurs chefs les trahissaient, comme Lesdiguières et Bouillon les vendaient tout le jour, comme le petit-fils de Coligny, Châtillon, marchandait sous main son traité avec la cour, la lutte, si elle avait lieu, devait être leur ruine. Il fallait les y amener, leur rendre la vie tellement impossible et intolérable, qu'ils aimassent mieux en finir, se jetassent sur l'épée en aveugles, en désespérés. Pour en venir là, il fallait chaque jour les piquer, leur planter à la peau mille épingles et mille aiguilles. Les Jésuites y réussissaient, en les faisant destituer, mortifier de toutes manières, en leur ôtant leurs domestiques, précepteurs, etc., et faisant, par la terreur, comme un désert autour d'eux. Mais mieux encore, on le faisait par les Gallicans. Ceux-ci, dans leurs petites audaces contre les Jésuites et Rome, ne se rassuraient eux-mêmes et ne se croyaient catholiques qu'en pourchassant les huguenots, c'est-à-dire se faisant bourreaux pour Rome et pour les Jésuites. Misérable cercle vicieux où tourna la magistrature, et qui la poussa ridicule sous le pied de la papauté et le fouet de Louis XIV.

Les fameuses chambres, mi-parties de protestants et de catholiques, ne protégeaient pas les premiers. On éludait de cent manières leur juridiction.

Dans les cas prévôtaux, accusations de violences, de crimes, un petit tribunal décidait de la compétence et renvoyait au prévôt, qui pendait provisoirement.

Au moindre délit qui pouvait toucher une église catholique, le huguenot était frappé par un petit juge, puis le Parlement empoignait l'affaire. Elle se jugeait uniquement par les catholiques, non par les tribunaux mixtes.

Ceux-ci, tribunaux martyrs, vivaient sous la tyrannie des plus furieux conseillers catholiques, que le Parlement ne manquait pas de déléguer pour y siéger. Et ce corps, par une contradiction monstrueuse, tout en consentant à y déléguer ses membres, ne consentait pas que les notaires, huissiers ou sergents agissent pour les chambres mixtes.

Malheur au nouveau protestant! Pendant les six mois qui suivaient sa conversion, il restait justiciable des tribunaux catholiques. On lui faisait un procès, où il était sûr d'être condamné. Pour passer au protestantisme, il fallait d'avance faire son testament, être résigné au martyre.

Enfin, les conflits éternels de juridictions, les lenteurs, les échappatoires, les opiniâtres dénis de justice, immortalisaient les procès et faisaient du protestant un misérable plaideur, nourri de déceptions, d'espoir trompeur, de vaine attente, usant au Palais son argent, sa vie, faisant à jamais pied de grue dans la salle des Pas-Perdus.

Je ne doute pas que, dès cette époque, le clergé, intimement uni avec la noblesse qui y mettait ses cadets et s'y nourrissait en grande partie, n'ait projeté, calculé la grande *affaire* territoriale de la Révocation, qui refit les fortunes nobles par la confiscation énorme du bien patrimonial d'un demi-million de protestants. Terrible appât pour la noblesse, et qui la rendit en ce siècle énergiquement catholique.

Le premier pas, c'était que le clergé reprît, dans les pays devenus protestants, les terres que la révolution religieuse avait affectées au culte calviniste. Cela datait de soixante ans (1562). C'était la même opération qu'on ferait en France aujourd'hui si l'on dépossédait les acquéreurs des biens nationaux pour les restituer au clergé. Notez, pour achever la similitude, qu'en ces pays, spécialement dans le Béarn, le clergé avait reçu une indemnité en pensions annuelles qui le dédommageait des terres.

Ce grand procès territorial constituait le clergé la partie des protestants. Pouvait-il être leur juge? C'est cependant le moment (1614) où les prélats demandent à redevenir hauts justiciers, à pouvoir *condamner aux galères!*

Une demande non moins grave qu'ils font aux États de 1614, c'est qu'on poursuive les parents qui empêcheraient *leurs enfants de se faire catholiques*. Premier mot qui ouvrit la voie aux enlèvements d'enfants. Ceux qu'on enlevait, on assura *qu'ils voulaient* se faire catholiques. Ce fut « *pour les affranchir* de la tyrannie des familles » qu'on les emprisonna au fond des couvents. Bientôt à Lectoure, le Jésuite Regourd vola un enfant de dix ans. A Royan, à Embrun, à Milhaud, autres rapts semblables. A Paris, sous les yeux du roi, un maître des comptes, appelé Le Maître, étant mort, on prit ses enfants pour en faire des catholiques (Élie Benoît, II, 277). Un protestant de Normandie ayant eu l'imprudence de mettre un de ses deux fils au collége des Jésuites à Paris, et voulant le leur retirer, on enlève l'enfant avec son frère; on les cache aux Jésuites de Pont-à-Mousson. Procès. On fait comparaître les enfants (de treize et onze ans), on leur fait déclarer qu'ils veulent être catholiques et parler contre leur père. (*Ibidem*, 365.)

La mort n'était pas un asile. Les enterrements des calvinistes étaient poursuivis, hués, sifflés par des femmes, des enfants qu'on excitait. On avait fait des chansons que ces enfants chantaient en dérision des psaumes et des pleurs des protestants. Cela donna lieu à Tours à une scène épouvantable. Au convoi d'un certain Martin, ceux qui accompagnaient son corps perdirent patience, et appliquèrent un soufflet à l'un de ces petits chanteurs. On cria par toute la ville : « Ils ont tué un enfant ! »

Alors tout le peuple accourt, on brûle le Temple, on bouleverse le cimetière, on arrache le corps à peine enterré, on le traîne, on le déchire. Le désordre s'apaisa au bout de trois jours. Il fut puni. Mais à Poitiers on répéta la même scène, puis à Mauzé, puis au Croisic. Les cimetières protestants furent indignement bouleversés.

A Paris même, des garçons de pieux marchands et de dévotes boutiques lapidèrent le cercueil d'un petit enfant que le père, un huguenot, conduisait au cimetière. Dès lors, les enterrements ne se firent plus en plein jour. Et il en résulta un autre malheur pour les protestants. La populace (du Midi surtout) les appela *parpaillots*, papillons de nuit, les comparant aux sinistres et misérables phalènes qui se cachent tout le jour et ne paraissent que la nuit. Chose fatale, dans les cas de persécutions populaires, d'endosser un sobriquet ! d'être désigné, poursuivi par un mot proverbial que la masse inepte répète au hasard, y attachant d'autant plus de haine et d'horreur, qu'elle en oublie l'origine et ne comprend plus bientôt l'injure qu'elle a inventée !

Jusqu'à ce qu'un Anglais, le poëte Young,

se soit plaint de ces choses lamentables, la France les voyait, les supportait depuis deux cents ans. Young, pour soustraire le corps de sa fille Narcissa aux insultes, aux curiosités impies, l'emporte de nuit furtivement et la met lui-même en terre dans une place inconnue. Tout le monde s'est récrié. Mais cela arrivait tous les jours. La terre ne gardait plus les morts; nul respect pour le mystère et la pudeur du tombeau.

Quel remède? Les plaintes des assemblées? On les étouffait. On disait qu'elles ne devaient se réunir que pour nommer des députés au roi. Et, en même temps, on donnait pleine carrière à leurs ennemis. Les solennelles assemblées du clergé demandaient, tous les deux ans, leur ruine. On faisait jurer au roi, à son sacre, « l'extermination de l'hérésie. » A son mariage avec l'infante, les Jésuites prêchèrent que cette union avec l'Espagne n'avait d'autre but que « l'extirpation de l'hérésie. »

Avec tout cela, nulle sédition, sauf un mouvement à Milhaud. Loin de là. En 1614, ils s'empressèrent d'ouvrir leurs places aux troupes du roi qui allaient dans le Midi.

Quarante ans martyrs, quarante ans héros, les protestants, très-fatigués, refroidis, et généralement paisibles, auraient désiré le repos. Ils étaient chrétiens, donc obéissants. Et cela énervait toutes leurs résistances. Quand une nécessité terrible les força d'armer, ils résistaient sans résister, alléguant quelque prétexte, comme « que le roi était jeune, qu'on le trompait, » etc. C'étaient des révoltes à genoux. Et, au milieu, survenait le plus honnête de tous et le plus fatal, Du Plessis-Mornay, pour détremper tous les courages.

Cet état d'indécision et de froideur les livraient aux politiques, qui leur conseillaient de prendre tel misérable appui humain, Condé par exemple, ami des Jésuites, la reine mère, leur ennemie!

Le seul de leurs chefs qui ne trahit point, Rohan, gendre de Sully, un politique, un capitaine, un caractère âpre et austère, d'indomptable résistance, eut cependant le tort de croire qu'il fallait chercher à la cour des patrons pour les huguenots. Ils étaient un parti nombreux et très-fort encore. Quand ils arrêtèrent le roi tout court et lui firent lever le siége de Montauban, *un huitième seulement* de leurs forces avait pris les armes. Ils devaient rester à part, n'entrer dans aucune intrigue. Les politiques les ramenèrent à la routine de l'autre siècle, de s'appuyer sur un Condé. Le Condé gascon les exploite, en tire un traité qui le rend redoutable, et fait que la cour compte avec lui. Alors il les plante là (1616).

Ils ne connaissaient pas leurs forces, et, comme des gens qui croient toujours se noyer, ils empoignaient au hasard la moindre planche pourrie. Leur héroïque Rohan, amoureux des causes perdues, s'attache à la reine mère au moment où elle était non-seulement exilée, mais si compromise d'honneur, forcée de s'avilir par une de ces démarches qu'on ne fait point si l'on n'a contre soi sa propre conscience. Il suffit que de Luynes fît arrêter la Du Tillet, l'ex-maîtresse de d'Épernon, en rapport avec Ravaillac, pour que la reine mère, aux abois, écrivît un honteux serment de *dénoncer ses conseillers* s'ils voulaient la tirer de sa réclusion de Blois (novembre 1618). Est-ce à de telles gens que les protestants devaient s'allier, eux qui, dans toutes leurs plaintes, demandaient qu'on fît justice de la mort d'Henri IV?

La reine mère n'était pas encore rassurée. On pouvait toujours lui faire son procès. Elle se sauva de Blois, en descendant à grand péril d'une tour haute de cent pieds (février 1619). La voilà à la tête d'un parti étrangement hétérogène. D'Épernon, le plus mortel ennemi des protestants, en est le chef avoué. Et les protestants se préparent à l'aider, lui prêtant d'abord leur appui moral, venant complimenter la reine mère et se recommander à elle.

Conclusion. La mère est battue par le fils aux portes d'Angers. On s'arrange, l'on s'embrasse. Toute la guerre retombe sur les protestants.

Ils n'avaient pas encore pris les armes, et ne craignaient rien. Leur assemblée générale, qui se tenait à Loudun, avait parole du roi qu'on redresserait ses griefs si elle se séparait. Promesse, il est vrai, *verbale,* non écrite, mais garantie par Condé, Lesdiguières et Châtillon, reçue par Du Plessis-Mornay.

Ce fut justement leur Condé qui alla au nom du roi les déclarer au Parlement criminels de lèse-majesté. L'armée, dont le roi n'avait plus besoin contre sa mère, il la mène droit en Béarn. Les protestants, sur le chemin, humblement lui font observer qu'il leur a donné six mois pour plaider l'affaire de Béarn. Le roi avance toujours. Les protestants se contentent de prendre le ciel à témoin. Ils assemblent un synode de Languedoc, qui craint pour lui-même, et laisse passer par-dessus sa tête l'orage qui va aux Pyrénées. La saison était avancée. La moindre résistance eût forcé le roi de faire en hiver une guerre de montagne. Les Béarnais disposaient d'une redoutable milice de trente mille paysans, bons soldats. Mais leur gouverneur, La Force, n'osa rien; les chefs populaires, les ministres, n'osèrent rien. Le roi et le P. Arnoux, vainqueurs sans combat, entrent à Pau. Le roi jure les priviléges du pays et les viole le même jour. Tous les vieux traités sont biffés. La langue même du Béarn proscrite; ce grand changement, qui n'eût dû se faire qu'à la longue, est imposé à l'heure même. La justice ne se rendra pas en deux langues, mais seulement en français.

Depuis soixante ans, un tiers des biens ecclésiastiques était employé à l'entretien du culte des protestants. Il y avait dix protestants en Béarn contre un catholique. Et ceux-ci, si peu nombreux, gardaient les deux tiers des biens.

La révolution ne s'en fit pas moins, et avec des violences furieuses que ce pays si soumis ne provoquait nullement. Le jeune roi, dur et sans pitié, ferma les yeux sur les barbares gaietés du soldat. Elles consistaient à mener les gens à la messe à coups de bâton, à faire jurer aux femmes enceintes de faire leurs enfants catholiques. Plus d'une n'en fut pas quitte pour si peu. Ces pieux soldats n'en étaient pas moins galants, et tiraient l'épée contre les maris qui ne prêtaient pas leurs femmes.

Dieu! pitié! justice! sainteté de la parole! Tout cela risée. Le roi *assura n'avoir rien promis.* Alors Mornay, qui avait reçu la promesse, mentait donc? Le beau-père de Luynes, qui avait transmis à Mornay la parole du roi, avoua lui-même que ce n'était pas le vieux protestant qui mentait.

Une assemblée générale des huguenots se fit à la Rochelle, et elle ordonna d'armer. Mais tous les grands du parti disaient le contraire. Mornay même voulait qu'on se soumît. Quelques paroles de la cour, une petite justice qu'on fit de l'excès de Tours, désarma la résistance. Le Béarn, qui se relevait, fut écrasé par d'Épernon. On acheta Châtillon, et enfin La Force. On escamota Saumur au pauvre Mornay, qui, du reste, le méritait bien par le tort que ses conseils avaient fait à son parti.

Chose remarquable! la reine et Condé, ces bons patrons des protestants, insistaient vivement pour qu'on les accablât. Et ils étaient en cela appuyés des Espagnols.

Nos grands historiens politiques, qui disent que l'anéantissement du parti qui gardait un peu de vie morale fut le salut de la France, devraient considérer pourtant que nos ennemis les Espagnols ne demandaient pas autre chose. L'écrasement des protestants français était un côté du plan général qu'on étendait sur l'Europe, et qui eût rendu la suprématie à l'Espagne et à l'Autriche.

A quoi s'amuse donc l'histoire de nous donner la réunion de l'imperceptible Béarn, et la petite guerre protestante qu'on pouvait apaiser d'un mot, pour compensation de l'Europe entière que la France, occupée à ces misères, livrait à ses ennemis?

Il est vrai qu'avec le Béarn on gagnait encore autre chose. De Luynes fondait sa maison, non-seulement en France, mais en Flandre, chez le roi d'Espagne. Son frère Cadenet, en 1619, était à Bruxelles, et recevait de l'infante le prix de la trahison. De la comtesse de Chaulnes, *unique héritière* de sa famille, et du baron de Péquigny, était née une fille qui réunit tout et resta encore *unique héritière*. L'Espagne la tenait, l'élevait dans le palais de l'infante, qui la donna, avec cette fortune immense, à l'heureux petit Cadenet.

Luynes, que donna-t-il en échange? bien peu de chose et peu coûteuse, mais d'inappréciable résultat : une ambassade pacifique qui, visitant les protestants d'Allemagne, avec l'évangile de la paix, leur montrant qu'ils n'auraient secours ni des Français ni des Anglais, les jeta dans l'inertie et dans un désespoir stupide, de sorte qu'ils laissèrent écraser le Palatin, leur chef, par les armes de l'Autriche. Alors la même ambassade leur moyenna un bon traité avec l'Autrichien, mais qui ne liait nullement les alliés de celui-ci, l'Espagnol et le Bavarois, qui les écrasèrent à leur aise. L'Allemagne, engourdie par la France, tendit doucement la gorge au couteau (1620).

CHAPITRE XXI.

Richelieu et Bérulle. — 1621-1624.

Un peintre, éminemment fidèle, consciencieux dans l'art et dans la vie, le Flamand Philippe de Champagne, nous a mis sur la toile au vrai la fine, forte et sèche figure du cardinal de Richelieu (galerie du Louvre).

Ce peintre janséniste se serait fait scrupule d'égayer, d'enrichir la grise image d'un rayon de lumière, comme aurait fait Rubens ou Murillo. Le sujet, triste, ingrat, eût changé de nature. L'œil eût été flatté et l'art plus satisfait, mais il eût menti à l'histoire.

Songez que c'est l'époque où la grisaille commence à se répandre, où la vitre incolore remplace les vitraux du seizième siècle. En

France spécialement, le goût de la couleur s'éteint.

Grisaille en tout. Grisaille littéraire en Malherbe. Grisaille religieuse dans Bérulle et dans l'Oratoire. Port-Royal naissant vise au sec, et j'allais dire au médiocre. Pascal paraîtra dans trente ans.

La couleur est ici très-bonne, mais mesurée dans la vérité vraie. Rien de plus, rien de moins. Maître savant entre les maîtres, le bon Philippe s'est cependant tenu tellement à la nature et y est entré si avant, qu'il répond à la fois aux pensées de l'histoire et aux impressions populaires. L'histoire, en ce fantôme à barbe grise, à l'œil gris terne, aux fines mains maigres, reconnaît le petit-fils du prévôt d'Henri III qui brûla Guise, le fourbe de génie, qui fit notre vaine balance européenne et l'équilibre entre les morts.

Il vient à vous. On n'est pas rassuré. Ce personnage-là a bien les allures de la vie. Mais, vraiment, est-ce un homme? Un esprit? Oui, une intelligence à coup sûr, ferme, nette, dirai-je lumineuse? ou de lueur sinistre. S'il faisait quelques pas de plus, nous serions face à face. Je ne m'en soucie point. J'ai peur que cette forte tête n'ait rien du tout dans la poitrine, point de cœur, point d'entrailles. J'en ai trop vu, dans mes procès de sorcellerie, de ces esprits mauvais qui ne veulent point se tenir là bas, mais reviennent, et remuent le monde.

Que de contrastes en lui! Si dur, si souple, si entier, si brisé! Par combien de tortures doit-il avoir été pétri, formé et déformé, disons mieux, désarticulé, pour être devenu cette chose éminemment artificielle qui marche sans marcher, qui avance sans qu'il y paraisse et sans faire bruit, comme glissant sur un tapis sourd.... puis, arrivé, renverse tout.

Il vous regarde du fond de son mystère, le sphinx à robe rouge. Je n'ose dire du fond de sa fourberie. Car, au rebours du sphinx antique, qui meurt si on le devine, celui-ci semble dire : « Quiconque me devine en mourra. »

Si l'on veut ignorer solidement et à fond Richelieu, il faut lire ses Mémoires. Tous les gens de cette race, Sylla, Tibère et d'autres, ont fait ou fait faire des Mémoires ou des Mémoriaux pour rendre l'histoire difficile, pour épaissir les ombres et pour désorienter le public, surtout pour arranger le commencement de leur vie avec la fin, et déguiser un peu les fâcheuses contradictions de leurs différents âges.

Richelieu est Espagnol jusqu'à quarante ans,

et, depuis, anti-Espagnol. Faut-il croire que, dans la première période, il ait obstinément menti? ou bien qu'ayant été sincère il changea tout à coup si tard et fut décidément Français?

Sa mauvaise fortune le força de bonne heure d'avoir du mérite. Il était le dernier de trois frères. Sa famille n'était pas riche, et elle s'allia en roture. Le frère aîné, qui était à la cour, dépensait tout. Le second, qui avait l'évêché de Luçon, se fit chartreux. Et, pour que cet évêché ne sortît pas de la famille, il fallut que le troisième, notre Richelieu, se fît homme d'Église, malgré ses goûts d'homme d'épée. L'aîné fut tué en duel, trop tard pour son cadet, qui aurait pris sa place, et n'aurait jamais été prêtre.

Il n'était peut-être pas né enragé, mais le devint. La contradiction de son caractère et de sa robe lui donna ce riche fond de mauvaise humeur d'où sort le grand effort, « l'âcreté dans le sang, qui seule fait gagner les batailles. »

Ses batailles de prêtre ne pouvaient être que théologiques. De bonne heure, il passa ses thèses, à grand bruit, en Sorbonne, les dédia à Henri IV, s'offrant au roi pour les grandes affaires. Puis il alla à Rome se faire sacrer, s'offrir au pape. Ni le roi ni le pape ne répondirent à l'impatience du jeune et ardent politique.

Alors il retomba tristement sur l'évêché de Luçon, assez pauvre, et dans un pays de disputes, à deux pas de la Rochelle et des huguenots. Ce voisinage lui mettait martel en tête. Malgré de violentes migraines, il écrivait contre eux.

Il n'est pas sans talent. Sa plume est une épée, courte et vive, à bien ferrailler. Il ne pèse pas lourdement sur l'absurde. S'il écrit des sottises, il ne le fait pas comme un sot. Il a des insolences heureuses, des pointes hardies, des reculades altières, où il fait fort bonne mine.

Avec tout cela, il fût resté bien obscur à Luçon s'il n'eût eu que sa controverse. Mais il était joli garçon, une fine créature de porcelaine. Concini était de faïence. Le beau Bellegarde, beau depuis Henri III, se faisait mûr. Ces considérations agirent sur la reine mère, et elle le prit pour aumônier (1616).

Il avait vingt ans de moins qu'elle. Sa fortune eut des ailes. A l'instant conseiller d'État (mars), secrétaire des commandements (juillet), ambassadeur en Espagne (il n'eut garde d'y aller). Déjà, au 30 novembre, il a saisi deux portefeuilles, la guerre, les affaires étrangères; celles-ci de moitié avec le vieux Villeroy, qui va mourir. Enfin, si violente est la partialité de la reine mère, qu'elle lui donne, sans cause ni prétexte, la préséance dans le conseil des ministres, où siégeait encore Villeroy, si âgé, un siècle d'affaires et d'expérience.

Pendant ce premier ministère, qu'il tâche d'excuser dans ses Mémoires, n'ayant d'appui que la reine mère, il ne put être qu'Espagnol. Sa dépêche à Schomberg, écrite pour amadouer les protestants d'Allemagne, ne peut faire illusion. C'était chose probablement autorisée par l'ambassadeur d'Espagne pour empêcher que ces Allemands n'appuyassent les princes en révolte.

Richelieu assure que, sans lui, Concini, qui se sentait périr, eût appelé les Espagnols. Grand service qu'il rendit à Luynes. Concini s'en défiait fort, et l'aurait perdu s'il ne fût tombé. Il fut le seul de ce ministère qu'épargna Luynes. Là, il donna un exemple de fidélité, rare à la cour, si rare, qu'on n'y crut pas. Il demanda, obtint de s'exiler, de suivre la reine mère à Blois pour la conseiller (l'observer?). Mais Luynes ne se reposait pas sur un homme si double. Il l'obligea de s'exiler plus loin, à Avignon.

Là, il ne perd pas de temps. Il s'enferme avec un docteur de Louvain, fait labourer ce bœuf, et, sur ses notes, écrit de sa prose vive un livre qui surgit à point pour secourir le confesseur du roi, en guerre contre les huguenots. Le P. Arnoux, créé par Luynes, travaillait sous terre contre Luynes à faire un autre ministère. Richelieu, sans servilité, s'offrait. Mis à la porte, il revenait par la fenêtre. Le Jésuite reconnaissant ne pouvait moins que de refaire ministre l'homme qui, de bonne grâce, en ce duel, tirait l'épée pour lui.

Une influence encore aida à le faire revenir. Ce fut celle du P. de Bérulle, ami de Luynes, ami de la reine mère et de tout le monde. Quand, délivrée par d'Épernon, elle commença la guerre civile, Luynes, inquiet, lui dépêcha Bérulle, qui avait été confesseur de d'Épernon, ou du moins son ami, étant, par sa mère, des Séguier, clients du duc à la cour, et ses soutiens au Parlement.

Bérulle fut charmé de s'entremettre. Et il n'a fait autre chose toute sa vie, toujours courant de l'un à l'autre. Les mauvaises langues du temps l'appellent un « trigaud rusé; » nous dirions un intrigant niais.

Cela est dur. Il fonda l'Oratoire. Il avait beaucoup de mérite, et représente même un des meilleurs côtés catholiques avant Port-Royal. Mais, comme de père et de mère il procédait de juges et d'avocats, il excellait dans le moyen, dans le parlage, n'ayant ni dans les théories, ni plus bas sur le terrain des affaires, la vigueur de justesse, le tact, le point précis.

Sa mère Séguier, toute jésuite, le fit saint au maillot, et il fit à sept ans le vœu de virginité. Un autre fût resté imbécile. Mais lui ne le fut point. Ce fut un homme intelligent, laborieux, actif (et beaucoup trop), d'un certain bon sens relatif. Fort ami des Jésuites, dans leur exil, il leur joua un tour avec très-bonne intention. Il leur fit des rivaux. Il prit un mot de l'Italie, *Oratorio*, un peu d'art, de belle musique, innocent appât des mondains; tout cela pour un institut anti-italien, qui ne serait point serf de Rome, mais travaillerait pour les évêques, leur formerait des prêtres et ne dépendrait que d'eux. Point de vœux. De petites conférences, quelque peu libres, sur la religion. Des doctrines peu systématiques, saint Augustin tout pur, ce qui rendit plus tard l'Oratoire suspect de jansénisme, de calvinisme, etc.

Cela réussit fort. C'était chose sortie d'une tête parlementaire et à la mesure des parlementaires. Cinquante maisons s'élèvent en peu d'années.

Les Jésuites, furieux contre leur ami, le pincèrent bientôt à l'endroit faible. Cet homme de modération n'était pas tel en tout. Sa maladie était d'être un ardent, violent, passionné convertisseur et directeur de femmes. Et cela avec un emportement de zèle qu'on pouvait mal interpréter. Tout jeune encore (1604), il avait été en Espagne enlever les Carmélites aux Carmes, leurs directeurs, voulant les diriger par lui, ou ses Oratoriens, qu'il fonda bientôt à Paris, d'abord en face des Carmélites (rue Saint-Jacques). Ces religieuses Espagnoles n'étaient pas trop dociles. Elles se divisèrent. Plusieurs, à Bordeaux, à Bourges, à Saintes, restèrent fidèles aux Carmes, et se barricadèrent contre Bérulle, qui invoqua la force armée pour les confesser malgré elles. Les Jésuites exploitèrent cette situation ridicule. Bérulle disgracié ou mort, ils mirent d'accord les Carmes et les Oratoriens, donnèrent aux plaideurs les écailles de l'huître, s'adjugèrent la proie disputée.

Autre défaut de Bérulle. Il se croyait grand politique. Mais, comme son humilité lui défendait de s'avouer qu'il eût tant de génie, il rapportait ses grandes vues à quelque inspiration céleste.

En 1604, ce fut sainte Thérèse qui lui dit, dans une vision, d'aller en Espagne chercher les Carmélites, mais aussi de préparer le double mariage espagnol, seul moyen d'amener l'extermination de l'hérésie.

De même, en 1619, quand il réconcilia la mère et le fils, il agit avec le Jésuite Arnoux pour envoyer l'armée contre les protestants, et, comme il passait par la Rochelle, priant dans une petite église, la seule qui y fût catholique, une révélation lui apprit que toute la ville le deviendrait. En foi de quoi, depuis ce temps, il poussa de toute manière pour qu'on s'alliât à l'Espagne et qu'on assiégeât la Rochelle.

Ce fut comme auxiliaire dans cette œuvre et comme ami des Espagnols que ce sagace et pénétrant Bérulle fit rappeler Richelieu. Il n'en avait nulle défiance. Richelieu était maladif, tout occupé de controverse, et il venait d'écrire à son église bien-aimée de Luçon sur le bonheur qu'il aurait de se réunir à elle. Mais Bérulle lui fit violence, le traîna à la cour, pensant, avec son aide, rétablir le pouvoir de la reine mère, à mesure que Luynes s'userait.

Celui-ci allait vite. Sans portée et sans prévoyance, il entassait sur lui tout ce qui pouvait l'écraser : en une fois il prit l'épée de connétable et les sceaux, c'est-à-dire la paix et la guerre.

Il triomphait de ce que, dans une campagne contre les protestants, il enleva une cinquantaine de bicoques qui ne se défendaient pas. Il amena ainsi le roi étourdiment devant Montauban, qui l'arrêta court, et se défendit. Le roi ne le pardonna pas à Luynes. Assiégés, assiégeants, tous se moquaient de lui. Les pluies, les maladies, aggravèrent sa situation. Il leva le siége et s'en alla malade à une petite ville qui l'arrêta aussi bien que la grande. Mourant, il eut encore le temps de chasser le P. Amoux, sa créature ingrate, et il avait bonne envie de se défaire de Richelieu, qui minait aussi le sol sous ses pieds.

Celui-ci était poussé au ministère par la reine mère; mais auparavant il avait voulu se munir d'un paratonnerre, du chapeau de cardinal, qui d'ailleurs lui donnerait la préséance au conseil. L'affaire traîna deux ans. En septembre 1622, Richelieu étant à Lyon, elle se fit. Un gentilhomme, qui l'avait désobligé et désirait se rapprocher de lui, apprend le premier, à Paris, la bonne nouvelle, saute à cheval, d'un trait court à Lyon. Il force l'hôtel de l'évêque, sa chambre, tombe à ses pieds : « Votre éminence est cardinal! »

Cet homme si contenu ne tint pas à ce coup de foudre. Comme tous les mélancoliques, il avait, en ces occasions, des accès de joie folle, sauvage, furieuse (il avait un frère fou). Le voilà qui se met à danser dans la chambre devant le gentilhomme épouvanté. Puis, cette folie donnée à la nature, le nouveau cardinal, rassis, froid, autant que jamais, lui fit promettre, sur sa tête, de ne rien dire de ce qu'il avait vu.

Le favori qui succéda à Luynes, Puisieux, aussi bon Espagnol, nous mit encore plus bas. Le roi s'épuisait à deux siéges, Montpellier, la Rochelle, et ne s'en tira que par une fausse paix, où l'on trompa ceux qu'on ne pouvait vaincre. Et pendant ce temps-là les plus grands événements avaient lieu en Europe, sans qu'on eût l'air d'en savoir rien.

La France semblait avoir donné sa démission des affaires humaines. Cloîtrée dans sa petite guerre protestante, elle avait laissé consommer la ruine de son allié le Palatin, transférer le Palatinat à la Bavière. Les Bavarois, les Espagnols, étaient maîtres du Rhin sur toute la rive qui nous touche, de Strasbourg jusqu'à la Hollande. Et nous étions cernés à l'est.

D'autre part, la vallée des Alpes, qui mène du Milanais au Tyrol, la Valteline, jusque-là soumise à nos alliés protestants les Grisons, avait passé, sous ombre d'une révolution populaire, aux Espagnols du Milanais, et ceux-ci désormais communiquaient à volonté avec leurs cousins autrichiens. Petit lieu, petit fait, mais d'importance immense, qui serrait le carcan de l'Italie. Déjà Venise n'en respirait plus. Un pas encore, elle étouffait.

L'Italie cria à la France, qui commença à ouvrir les yeux. Le 21 janvier 1623, nos Espagnols du Louvre, les Puisieux, les Bérulle, furent obligés de laisser entrer au conseil un militaire breton, la Vieuville, qui prit les finances, et apporta au ministère ce qu'on a appelé la *politique de Richelieu*. C'était celle du bon sens, celle du péril, de la situation. Depuis treize ans on trahissait la France. Il n'y avait pas une minute à perdre, pour s'arrêter dans cette fatale carrière, pour tourner bride et la sauver.

Le 7 février, la Vieuville traita avec la Savoie et Venise contre l'Espagne, leur promit vingt mille hommes; chacune d'elles en donnait douze mille. L'Espagne recula à l'instant. Cette grande et terrible maison d'Autriche, qui, à ce moment même, bouleversait l'Empire de fond en comble, voici qu'elle se cache derrière le pape. Le pape, son compère, déclare qu'il prend en garde les forts de la Valteline. L'Espagne, au fond, avait tout ce qu'elle voulait, le passage commode de Milan en Autriche.

La chose n'en reste pas moins glorieuse pour la Vieuville, malgré tous les soins de Richelieu pour nous tromper là-dessus. C'est lui, c'est ce Breton, qui montra le premier combien on avait tort d'avoir peur de l'Espagne. Les succès de celle-ci aux Pays-Bas avaient tenu à ce qu'elle n'y guerroyait pas par elle-même, mais par le Génois Spinola, entrepreneur de guerre, qui opérait avec des troupes à lui et des finances à lui, et de plus avec son génie d'âpre *bravo* de Gênes, fin, froid, rusé, s'affranchissant de la pesanteur impuissante de l'administration espagnole. Partout où celle-ci agissait directement, tout allait mal, tout manquait, maigrissait et dépérissait.

La Vieuville eût voulu reprendre la politique d'Henri IV, donner Henriette au prince de Galles, aider le roi d'Angleterre à rétablir le Palatin, son gendre. Comment le savons-nous? par Richelieu, son ennemi, qui nous apprend que la Vieuville, ayant tout le monde contre lui, abandonna à la fin ces projets et rassura les Espagnols.

La concession essentielle qu'il fit à leur parti, ce fut d'appeler au conseil l'homme de la reine mère, l'ami de Bérulle, Richelieu même (24 avril 1624). Celui-ci, qui n'était connu que par son premier ministère, et comme ex-aumônier de notre jeune reine espagnole, en gardait la réputation d'un bon sujet qui ne contrarierait en rien Madrid et mériterait toujours l'éloge qu'en avait fait l'ambassadeur d'Espagne : « Il n'y en a pas deux en France aussi zélés pour le service de Dieu, pour notre couronne et le bien public. »

Appelé par Vieuville, il ne perdit pas de temps pour le mettre à la porte. Ce fut fait en trois mois (12 août).

La Vieuville n'avait eu ni la tête forte, ni la suite, ni le caractère qui pouvaient soutenir l'audace de sa première démarche, ce changement radical dans la politique de la France, Richelieu en avait la force et le génie. Mais, en revanche, tous ses précédents lui rendaient une telle révolution plus difficile qu'à personne. S'il y entrait, il allait faire une chose surprenante, étourdissante, monstrueuse. Car de quoi procédait-il, avec son ministère et son chapeau, et tout son être, sinon primitivement de Concini et de la reine mère, c'est-à-dire de l'Espagne? Et il fallait maintenant se tourner contre l'Espagne! Mais celle-ci disposait de Rome. Il faudrait donc aussi se tourner contre Rome, dont on recevait le chapeau?

Que diraient alors la reine mère et Bérulle? Agirait-on contre eux?... Terrible scandale d'ingratitude! Renier ses auteurs, et méfaire à ses créateurs, et « faire passer son char sur le corps de son père! »

Un homme qui dérivait de la reine mère, et qui allait s'en détacher, devait trouver en elle un point où elle-même flottât et fût, pour ainsi dire, contre elle-même. Et il fallait encore qu'en cela on n'eût point contre soi l'homme qu'elle consultait, Bérulle. Ce point fut le mariage de sa fille Henriette. Le seul grand mariage qu'on pût lui faire en Europe, c'était celui du fils de Jacques Ier. L'orgueil royal et maternel était pris là. Et quant à Bérulle, la chose lui allait aussi. Avec toutes ses petites prudences et ses petites ruses, il perdait terre dès qu'on le lançait dans la vision donquichottique d'une grande conquête religieuse de l'Angleterre.

Les jésuites y avaient échoué! Mais les oratoriens, si modérés, si sages!... ils ne pouvaient manquer de réussir. Quelle gloire pour l'institution nouvelle!

Voilà Bérulle pour l'alliance anglaise.

Mais il ne fallait pas s'y tromper. On ne pouvait épouser l'Angleterre qu'en se brouillant (au moins pour quelque temps) avec l'Espagne, qui avait désiré ce mariage pour elle-même. On ne pouvait gagner le roi Jacques qu'en aidant au rétablissement de son gendre le Palatin. Et, pour cela, il fallait deux choses, aider d'argent l'armée que Jacques envoyait en Allemagne, et subventionner la Hollande, qui devait agir de concert. Pour créer une diversion, on emprunterait des vaisseaux hollandais qui aideraient le duc de Savoie à s'emparer de Gênes.

La reine mère et Bérulle, pour l'amour du grand mariage, et le salut des âmes anglaises, avalaient assez bien cela. Mais l'affaire de la Valteline était plus compliquée. Là, devant l'Espagne, on trouvait le pape, qui la masquait, la défendait, et ne permettait de rien faire.

Heureusement Richelieu trouva une belle prise dans la passion même de Bérulle. Au moment où la France allait rendre à la religion un tel service, la conversion de l'Angleterre, était-il possible que le Père des fidèles conservât pour l'Espagne une odieuse partialité?... Non, le bon Bérulle était sûr qu'Urbain VIII serait aisément éclairé. Il se chargea d'aller à Rome et de faire d'une pierre deux coups, en obtenant du pape la dispense nécessaire au mariage, et un arrangement raisonnable de l'affaire de la Valteline. Il répondit de finir dans un mois.

Le roi Jacques, fils de Marie Stuart, avait toujours eu un certain faible pour les catholiques, et il était en termes de grande politesse avec le pape. La forte épreuve de la Conspiration des poudres, où il faillit sauter avec le parlement et Westminster, avait quelque peu ralenti, non arrêté ce doux penchant vers Rome. Non sans cause. Une idée fort juste frappait Jacques, c'est que le catholicisme est la religion du despotisme. Son fils Charles Ier, quoique bon anglican, était dans cette idée. Le père, le fils, contrariés par le parlement, qui les tenait affamés d'argent, regardaient avec envie, avec admiration, la monarchie espagnole. Epouser une infante, s'attacher fortement les catholiques anglais et s'en faire une armée contre la constitution, c'était leur rêve. Mais l'affaire était dangereuse. Le favori de Jacques, l'étourdi Buckingham, la fait éclater. Il part pour l'Espagne avec le jeune Charles. Ces chevaliers errants vont à Madrid demander la princesse. Ils accordent tout à l'Espagne, qui, ravie, annonce partout le mariage, en fait les fêtes, lorsqu'un matin les oiseaux voyageurs, le prince et Buckingham, se trouvent brusquement envolés.

Ce dernier, pour une affaire de galanterie, s'était piqué, avait rompu. C'est ce qui rejeta Jacques vers la France, et amena Bérulle à Rome. Mais le pauvre homme y trouva des difficultés imprévues, au lieu d'un mois, y resta cinq, et n'arriva à rien. Soit par ménagement pour l'Espagne, soit par ignorance de l'état de l'Angleterre, la cour papale trouva mille et mille chicanes pour la dispense. Pour la Valteline c'était encore pis. Là le pape n'entendait plus rien, il était complétement sourd. En réalité, son neveu Barberini (le plus gras des neveux, et qui tira de l'oncle la somme invraisemblable et constatée de cent millions d'écus!), ce Barberini, dis-je, trouvait fort bon de rester garni de ce gage, et ne désespérait pas de se faire là quelque jolie principauté.

Bérulle priait, pressait, pleurait. Mais le pape allait *prendre l'air* à Frescati. Il cherchait, en novembre, la fraîcheur et l'ombre des bois. L'oratorien invoquait tous les saints, courait dans Rome d'église en église.

La conduite du pape était inexcusable. D'abord, il avait pris le gage pour trois mois, et le gardait depuis deux ans. Ensuite, il refusait même de le remettre aux Espagnols. Bien plus, il refusait de restituer la Valteline aux Valtelins. Cette paralysie extraordinaire, qui l'empêchait de rien faire, de rien dire, dès qu'on le sommait de rendre un dépôt, était *chose honteuse*. On l'écrivit de France à Rome. Et l'on ajoutait *chose impie*, quand la France rouvrait l'Angleterre au catholicisme, quand la situation pressait, devait donner des ailes! Le pape apparaissait le mortel ennemi de la papauté.

Le fond n'était que trop visible. Ses neveux, les Barberini, banquiers de Florence, n'y voyaient qu'une affaire. Outre la Valteline, ils couvraient de l'œil Urbino, où s'éteignait la famille régnante. Ils voulaient reprendre ce fief du Saint-Siége, et avaient grand besoin de la faveur des Espagnols.

D'où leur venait tant de sécurité, et, tranchons le mot, d'impudence? De la position extraordinaire que les maisons d'Autriche et de Bavière faisaient au pape dans l'Empire. En Bohême, en Allemagne, régnait le légat Caraffa. Entouré d'une armée de moines, il commençait dans Prague la terrible persécution qui a fait du pays le désert que l'on voit encore.

Le cardinal de Richelieu semble avoir prévu qu'il aurait fort à faire contre le pape. Outre l'influence que, de longue date, il avait prise dans les assemblées du clergé de France, il se fit faire proviseur de Sorbonne. Dès qu'il entra au ministère, il négocia avec les Turcs, et obtint d'eux de relever l'église de Bethléem. Le culte Franc obtint par lui à Jérusalem des libertés, un éclat tout nouveau. Enfin, il se lia avec les catholiques anglais, leur écrivant que, pour leur cause, il donnerait jusqu'à sa vie.

Tout cela lui créait une force religieuse. Et il en avait une, politique, dans la colère du roi, furieux du mépris que le pape faisait de lui. Louis XIII était capable de tout dès qu'il s'agissait de *l'honneur* de la couronne. C'est sur ce mot d'*honneur* que Richelieu concentra la délibération, sûr de vaincre par là; il n'y eût pas eu de sûreté à contredire. Maintenant le roi, l'enfant colère, ne changerait-il pas le lendemain? Cela pouvait bien être. Richelieu brava ce danger. Il montra, ce jour-là, infiniment d'audace et de prévoyance, devinant que le pape ne ferait rien et les Espagnols rien.

D'abord il envoya en Suisse, non pas Bassompierre, colonel des Suisses, l'homme de la reine mère, qui eût fait manquer tout, mais son séide à lui, Cœuvres ou d'Étrées, frère de

Gabrielle). D'Étrées emporta près d'un million, ce qui attendrit tout de suite et les Bernois protestants, et le Valais catholique, qui s'offrirent à marcher. Zurich donna des armes. La présence de l'ambassadeur rendit du courage aux Grisons. Dès qu'il eut planté son drapeau à Coire, tous les bannis des vallées accourent, demandent à combattre. Une explosion morale se fit d'abord dans le coin des Grisons dont les Autrichiens s'étaient emparés. Le peuple les chassa. D'Étrées n'eut plus qu'à y entrer et leur fermer la porte sur le dos en fortifiant le pont du Rhin du côté du Tyrol.

Restait la Valteline même, et ce grand épouvantail des clefs de saint Pierre qui flottaient sur les Alpes avec le drapeau romain. Là, il fallait prendre un parti. Dernières sommations. En vain. L'ambassadeur change d'habit; le voilà général. Une petite armée française, trois mille hommes et cinq cents chevaux se trouvaient là, sans qu'on ait su comment, pour appuyer les Suisses. Il ne manquait que des canons.

Les soldats du pape, dans leurs nids d'aigles, contre un ennemi sans artillerie, n'avaient qu'une chose à faire : être tranquilles, n'avoir pas peur. C'est ce qu'ils ne firent pas. La peur dispensa de canon. Quoiqu'ils eussent avec eux nombre d'Espagnols, ils n'attendirent pas de voir, il leur suffit de savoir que le drapeau de la France venait à eux par la vallée. A la grande surprise des Suisses, qui ne pouvaient le croire, ils abandonnèrent le premier fort et le brûlèrent. Tel fut généralement l'adieu qu'ils laissèrent au pays, brûlant ce qu'ils pouvaient, et faisant main basse sur cette population catholique qui les avait appelés.

Cela donna la meilleure grâce à l'entrée des Français, qui semblaient n'arriver que pour empêcher l'incendie. Le général pontifical, le marquis de Bagni, poussé jusqu'à Tirano, reçut les ordres d'accommodement qu'on voulait bien lui faire encore. Il espérait gagner du temps, avoir quelque secours. Mais rien ne vint alors. Il tira sur nous en pleine négociation. Cela força d'Étrées à l'attaquer et le battre, avec tout le respect possible. La ville fut emportée sans peine, voulant l'être et tout le peuple étant pour nous. Bagni, réfugié au château, se rendit deux jours après et fut honorablement renvoyé avec ses drapeaux. On ne lui garda que les blessés pour les soigner et les nus pour les habiller; tous auraient voulu se faire prendre (décembre 1624).

CHAPITRE XXII.

L'Europe en décomposition. — Richelieu forcé de rétrograder.
1625-1626.

Galilée, en 1610, avait eu sur le ciel son coup d'œil de génie. Richelieu eut le sien sur la terre en 1624.

Que vit ce Galilée de la situation politique? Des étoiles nouvelles? Non pas, mais une étoile qui filait.

Il comprit le néant de Rome.

Et cela au moment où les événements donnaient au pape une énorme importance dans l'opinion, au moment où les vainqueurs de la Bohême et de l'Allemagne dressaient le trône du légat romain, le constituant maître et des âmes et des biens, le dictateur de la victoire.

Le beau neveu de Grégoire XV, monsignor

Ludovisio, prince élégant, favorisé des dames, venait d'élever le *Jesù* et la *Propagande*. Sous Urbain VIII, poëte agréable et anacréontique, ces deux maisons fleurirent de plus en plus, et furent le double Capitole de la Rome d'Ignace. Dans l'une, on organisa la police du globe; dans l'autre, ses conquêtes. Le grand mensonge des missions aux terres païennes commença là. Voyez les gasconnades du Tite-Live de la Gascogne, le grand Florimond de Raemond. Tendres pour les Chinois, terribles pour l'Europe, sortirent de là tous ces prêcheurs qui allaient derrière les armées de Waldstein avec les loups et les vautours.

Ce qu'il y eut d'habileté dans tout cela ne doit pourtant pas faire oublier ce qui facilitait les choses. Je veux dire le grand côté financier de l'affaire. Si ces charmants Jésuites furent si persuasifs, gagnèrent les rois, les cours, les belles dames, jusqu'aux laquais, c'est qu'ils s'adressaient à des gens qui comprenaient très-bien qu'il s'agissait d'une translation de la propriété. Arrêtez donc une révolution qui marche par la furie des lois agraires!

Maintenant je laisse nos critiques apprécier la littérature des Jésuites. Elle est forte en rébus, incomparable en acrostiches, sublime en calembours. J'admire Possevin, j'admire Cotton, j'admire l'*Imago primi sæculi*. Mais l'éloquence de ces Pères bien autrement éclate dans l'*Édit de restitution*, qui ruine moitié de l'Allemagne au profit de l'autre, dans la *Révocation de l'édit de Nantes*, qui fit pleuvoir la manne des confiscations protestantes dans les poches trouées de la noblesse catholique.

En conscience, Tilly, Waldstein, etc., avaient bon temps, quand tous les princes protestants avaient peur du protestantisme, voyant la république au fond. L'Angleterre ne fit rien. Pourquoi? Parce que son roi protestant adorait les Espagnols, estimait les Autrichiens. Les princes luthériens d'Allemagne se gardèrent de s'associer à la Hollande, ce qui les eût sauvés, craignant que leurs sujets ne se fissent Hollandais, qu'ils ne fussent tentés par la grandeur subite et l'enrichissement prodigieux de la nouvelle république.

Tout cela, en réalité, rendait ces intrigues et ces carnages assez faciles, et la papauté n'eut pas beaucoup à suer. Le curieux, c'est qu'elle fut très-souvent l'obstacle de ce qu'on faisait pour elle. A travers toute cette fantasmagorie de Propagande et de Jésù, de conquête universelle, etc., on voit au fond du

Vatican, quoi? Un petit vieillard chagrin, Italien avant tout, prince avant tout, oncle avant tout, qui emploie vite le peu de temps qu'il a à acquérir un morceau de terre pour le Saint-Siége ou ses neveux. Les trois papes florentins n'ont pas fait autre chose. Paul IV appelait jusqu'aux Turcs pour sa petite affaire de Parme. Sixte-Quint tourne le dos à la grande *Armada*, à la Ligue; il ne regarde que l'*Agro romano*. Clément VIII veut Ferrare; Urbain VIII, Urbino. L'Europe est pour eux secondaire.

Richelieu vit ces misères à fond, de part en part.

Il vit cette politique tremblotante, qui ne tirait plus de force de la religion, mais d'un reflet de la royauté. L'Autrichien, l'Espagnol, exhaussaient et surexhaussaient, pour leur intérêt propre, la casuelle idole qui ne se sentait pas bien en sûreté sur leurs épaules et s'effrayait de la hauteur.

Il vit qu'on pouvait aller à eux, et qu'ils reculeraient.

Il vit qu'on pouvait donner ce coup au pape, et qu'il le garderait.

Que la France pouvait risquer contre l'Espagnol ce qu'avait risqué la Savoie. Le petit prince des marmottes avait par deux fois embarrassé ce fastueux empire, « où ne se couchait jamais le soleil. »

L'Espagne d'alors, avec ses grands mots, ses grands airs, était un gouvernement de loterie, d'aventure et d'aventuriers. Une fois, ils s'entendent avec des voleurs pour brûler Venise. Leur bonheur, en Hollande, c'est Spinola, un aventurier Italien. Et, s'il leur faut un diplomate dans la plus grande affaire, ils vont chercher un peintre, le Flamand Rubens.

Richelieu n'opinait pas mieux de l'Autrichien, Ferdinand II, qui tombait tout à plat si on détachait la Bavière.

Richelieu y travaillait, et, d'autre part, regardait quel secours la France pouvait tirer des princes protestants contre la maison d'Autriche. Lui, leur ennemi, qui écrivait contre eux, il voyait bien que, sans eux, on était perdu.

Malheureusement la Hollande était toute désorientée, divisée contre elle-même. Le chef des modérés, le continuateur du tolérant esprit de Guillaume, Barneveldt, ami de la liberté, de la paix et protecteur des catholiques, avait adouci l'esprit public, trop tôt, en plein péril. Le parti de la guerre s'était réfugié dans une doctrine de guerre, le sombre calvinisme, qui jadis l'avait fait vaincre. C'est tout à fait l'histoire de la Gironde et de la Montagne. Barneveldt ne trahissait point (pas plus que la Gironde), mais ses molles doctrines livraient le pays. Il se trouvait à la tête du parti que nous dirions fédéraliste, du parti des provinces qui n'obéissait point aux États généraux, qui soutenait la division, la non-centralisation, la faiblesse, devant l'ennemi. Barneveldt meurt, comme hérétique et traître. Mais l'auteur de sa mort, Maurice, n'en réussit pas mieux. Les provinces repoussent l'unité. Ceux qui l'aidèrent à perdre Barneveldt le regrettent maintenant, détestent le *tyran.* Maurice, qui avait sauvé dix fois la Hollande, ne pouvait croire qu'il fût haï. Un jour qu'il passait à Gorcum, à midi et en plein marché, il salue, et personne ne met la main au chapeau; tous le regardaient de travers. On vit alors une chose grande, morale, terrible. Cet homme, immuable aux fatigues, aux périls, avait eu toujours le sommeil profond; il était gras (Spinola maigre). Tout à coup il changea. Il n'avait vécu que d'honneur, de popularité. Il maigrit et mourut (avril 1625). La Hollande en fut-elle relevée? Point du tout. Elle avait eu deux têtes, et les avait coupées. Elle resta un moment très-faible.

L'Angleterre n'était guère moins malade. Lisez les sonnets de Shakspeare, si beaux et si bizarres. Vous y entrevoyez la décomposition d'un monde. Et il y en a aussi quelque chose dans ses comédies. Ses hommes femmes et ses femmes hommes, ce dévergondage d'esprit, montre un pays bien fatigué. Tristes équivoques d'imaginations maladives (historiques pourtant, voyez le beau Cinq-Mars et le beau Buckingham, etc.), elles disent la fin d'une société qui ne veut plus de la nature. Où est dans tout cela la tradition pure de la *Merry England*, cette joyeuse Angleterre de Drake, qui se moqua de l'*Armada?* Une autre naît, je le sais, sombre et forte, qui donnera Cromwell et les États-Unis. Mais elle naît lentement, sous le poids écrasant de l'*Église établie*. Richelieu s'aidera peu là-bas des Puritains, contre lesquels il lui faudra combattre en France.

L'Angleterre enrichie était devenue prodigieusement économe pour l'État. Elle s'en excusait en disant que ni Jacques ni Buckingham ne lui inspiraient confiance. Buckingham, il est vrai, sorti d'une famille de fous enfermés, mérita plusieurs fois de l'être. Dans son étonnant voyage en Espagne, où il mène le jeune Charles Ier aux pieds de l'infante, lui il prend pour infante la femme du premier ministre,

Olivarès. Celui-ci avait dit : « L'Espagne ne refusera *rien* à l'Angleterre. » L'Anglais le prit au mot, et crut que sa femme en était. Mais l'altière doña, indignée de cette sottise insolente qui croyait vaincre en un quart d'heure, mit une fille à elle au rendez-vous. Cette fille-là sauva l'Europe d'un extrême danger. Buckingham, conspué, n'eut qu'à s'enfuir. L'Angleterre, qui allait s'unir à l'Espagne, se tourna dès lors vers la France.

Événement heureux pour Richelieu, s'il avait pu en profiter, comme eût fait Henri IV. Mais il n'était pas roi, il n'était même pas encore le Richelieu qu'il fut plus tard. Le pape et les Bérulle l'obligèrent de faire aux Stuarts des conditions terribles de mariage qui ébranlaient leur dynastie, rendaient l'alliance française odieuse, partant stérile. Un évêque, qui revenait d'Angleterre, avait donné à nos dévots des espérances exagérées. Jacques l'avait laissé officier en plein Londres, confirmer en un jour dix-huit mille catholiques devant la foule curieuse, irritée, mais muette.

Les nôtres, qui ne connaissaient pas la profondeur de haine que l'Angleterre garde au papisme, crurent, d'après cela, qu'on pouvait tout oser. On exigea « que les enfants, *même catholiques*, succéderaient, et que la mère les élèverait jusqu'à treize ans. » On exigea « que la jeune reine amenât un évêque, que cet évêque et son clergé *parussent dans les rues sous leur costume.* » Même, pour triompher des résistances trop raisonnables du prince de Galles, on fit cette chose inconvenante de lui faire demander *par Henriette* « de dispenser les catholiques du serment. » Serment modéré, politique, dont Jacques avait déjà écarté tout ce qui pouvait alarmer les consciences. Henriette arrivait là de façon bien sinistre! Avant de s'embarquer, elle exigeait que Charles préparât son procès, jetât la première pierre de son échafaud de Whitehall!

Comment voulait-on que Jacques et Charles fissent digérer cela au Parlement? Il eût fallu du moins que Richelieu pût leur accorder un signe qui honorât le mariage devant l'Angleterre et fît espérer un secours puissant pour le gendre de Jacques et les protestants d'Allemagne. Il ne le pouvait pas. Nos dévots ne l'eussent pas permis. Il se serait perdu près du clergé de France, qu'il opposait au pape. Il n'eût pu continuer ses négociations pour séparer la Bavière de l'Autriche. N'osant donner des hommes, il donna de l'argent. Il promit pour six mois un subside au partisan Mansfeld, que Jacques envoyait en Allemagne, et encore à condition que Mansfeld ne passerait pas par la France. Enfin, il subventionna le roi de Danemark, que les protestants d'Allemagne se donnèrent pour chef (mars 1625).

Qu'il ait osé tout cela dans les tremblants commencements d'un pouvoir disputé, cela étonne, et surtout au moment où le vent du midi lui apportait de Rome une tempête à le déraciner. Après l'affaire de Valteline, le pape avait eu peur d'abord. Il crut voir monter aux murailles Bourbon, Frondsberg. Et il pria Bérulle d'aller vite apaiser le roi. Puis, ne voyant rien venir, la peur fit place à la colère. Ses Barberini ne parlaient que d'excommunier, foudroyer, écraser. Le neveu régnant supposa que le bonhomme Bérulle ne parlerait pas assez haut. Lui-même, de sa personne, se mit en route; armé des pouvoirs de l'Église, les poches pleines de bulles, il s'achemina vers la France, curieux de voir si Richelieu l'attendrait de pied ferme, ou plutôt sûr de le trouver à la frontière, repentant et la corde au cou.

Celui-ci, en réalité, avait à soutenir d'étranges assauts. Louis XIII ne s'habituait pas à cette situation nouvelle de faire la guerre au pape. La reine mère lui en faisait honte, et Bérulle sans doute, de ses soupirs et de ses larmes, remuait sa conscience. Un matin, le roi brusquement dit à Richelieu : « Il faut en finir. » (mars 1625.)

Mais, bien loin d'en finir, celui-ci s'endurcissait tellement, que, le 25 encore, il signa le traité du Nord avec les ennemis du pape, le Danois et les Allemands.

Quel était donc cet homme qui violentait ainsi la conscience de son roi? Grand problème qui m'a souvent absorbé, et je n'en serais jamais sorti, si je n'avais lu dans la belle publication de M. Avenel (t. II, p. 207) une pièce écrite un peu plus tard, mais qui explique tout. On voit que Richelieu avait ensorcelé le roi.

Par talisman, philtre ou breuvage? par l'anneau enchanté qui, dit-on, troubla Charlemagne? Non, par la caisse des finances.

Louis XIII n'avait jamais vu d'argent, et Richelieu lui en fit voir.

Ce fut un coup de théâtre analogue à celui de Sully, cet autre magicien, quand du pied il frappa la terre, et que l'argent jaillit pour Henri IV émerveillé.

Le revenu, qui diminuait tous les ans, augmenta tout à coup. Indépendamment d'une enquête contre les financiers, ressource passagère, Richelieu alla droit aux sources régulières, aux comptables, aux receveurs, et il se mit à compter avec eux. Ils furent bien étonnés. Quand on leur demandait de l'argent, ils prétendaient toujours avoir fait des avances, disaient qu'on leur devait plutôt, offraient de prêter et prêtaient au roi à usure l'argent même du roi.

Ce jeu cessa avec un homme sérieux, qui ne plaisantait pas, qui tira tout à clair lui-même. Homme net, avant tout, et, bien plus, d'une générosité altière, qui, par exemple, en prenant la marine, gagna un profit de cent mille écus, et en fit cadeau à l'État.

Louis XIII n'aimait pas ce visage pointu, mais il restait persuadé que le disgracier, c'était rentrer dans l'indigence où Concini l'avait tenu, dans la honte où le mit de Luynes, sous les sifflets de Montauban.

Donc, ferme sur sa caisse, Richelieu attendit le légat et la foudre.

Cette sécurité stoïcienne allait si loin, qu'il s'obstinait à ne pas vouloir armer contre nos protestants, qui avaient fait une prise d'armes maladroite et malencontreuse au moment même où Richelieu faisait la guerre au pape.

Leur conduite, à ce moment, a indigné la France. Voici pourtant comment la chose se passa.

Les deux frères, Soubise et Rohan, ne pouvaient pas savoir, le 17 janvier, dans la Charente, que du 1ᵉʳ au 10 janvier on eût chassé des Alpes les garnisons pontificales. Ils ne voyaient point cela. Ce qu'ils voyaient, croyaient, c'étaient les mensonges politiques de Richelieu, qui, voulant se faire pardonner ses alliances protestantes, disait partout qu'il soudoyait Anglais et Hollandais pour isoler la Rochelle, que tôt ou tard il attaquerait. Et, pour mieux le faire croire, il avait dans la Charente quelques petits vaisseaux.

Si tous nos catholiques du Louvre, Bérulle, la reine mère, qui vivaient avec Richelieu, se trompaient à cela, combien plus nos huguenots! Lui-même, en ses Mémoires, avec colère, il se demande comment ils purent l'attaquer dans un tel moment. Il est facile de le lui dire. Parce que la fausse paix de 1622 avait été une guerre; parce qu'on en avait profité pour bâtir une citadelle à Montpellier; parce qu'aux portes de la Rochelle, dans l'île de Rhé, on élevait un fort pour la tenir sous le canon; parce qu'on avait mis là un homme altéré de leur sang, l'ex-protestant Arnaud; parce qu'en Rhé on avait brûlé vif un pauvre tisserand; parce qu'on avait lancé le peuple pour les massacrer à Lyon, et pour brûler ici leur temple de Charenton; parce que le magistrat allait chez les mourants les sommer de se confesser ; enfin parce qu'en toute la France la grande chose qui était leur joie, leur force et, disons mieux, leur âme, leur avait été retirée : *la liberté du chant*, et la consolation des psaumes !

Les raisons certes d'armer ne manquaient pas. Le moment était mal choisi. Richelieu le fit dire à Rohan par Lesdiguières. Mais celui-ci, qui tant de fois avait trompé, ne fut pas cru le jour qu'il disait vrai. Rohan et Soubise persistèrent, malgré la majorité des protestants, qui ne voulaient pas bouger, malgré la Rochelle, qui, étouffée, ruinée dans son commerce, s'obstina pourtant dans la paix. A grand'peine, Rohan souleva un coin du Languedoc.

Ce qui devait l'affermir dans la guerre, c'est que le mariage d'Angleterre, loin de favoriser les protestants, fut fastueusement arrangé comme une invasion catholique. Buckingham, qui était venu à Paris, y recommençait ses folies espagnoles. Il faisait l'amour à Anne d'Autriche, qui, n'ayant que les restes de madame d'Olivarès, eût dû se trouver peu flattée; mais point : elle fut très-attendrie. Tout le monde sait comment le fat se mit à la mode; histoire qui cote la cour à sa valeur, et la bassesse du temps.

Il parut en habit brodé de perles mal cousues, qui se semaient sur les chemins pour tenter l'assistance. A Madrid, on se serait cru insulté! Ici, on le trouva très-bon; les plus huppés ramassaient dans la crotte.

Retz dit que Buckingham brusqua son succès près de la reine, qu'à peine arrivé il vainquit. Aux adieux, à Amiens, ce fou furieux se porta publiquement sur elle aux dernières entreprises. Il outragea la France, et il trahissait l'Angleterre, livrant ses vaisseaux protestants pour faire la guerre aux protestants.

Ce fut un Guise, pour bien renouveler là-bas le fatal souvenir de la parenté des Guises avec les Stuarts, qui épousa la petite reine Henriette à Notre-Dame de Paris et la mena à Londres. Superbe cavalcade de prêtres, et moines, et religieuses sur leurs mules, toute une *Armada* ecclésiastique.

La reine trouva triste et sauvage le pays et le peuple, odieuse la simplicité grave des insulaires. Son sérieux époux, Charles Ier, figure roide et altière, où respirait le froid du Nord (par sa mère, il était Danois), lui plut très-médiocrement. Et elle commença tout de suite la petite guerre. Elle était bien stylée d'avance, et Bérulle ne la quittait pas. Charles se trouva avoir dans son lit une zélée catéchiste, triste, sèche, disputeuse, qui ne donnait rien pour rien, et mettait l'amour aux jeûnes de la controverse.

Elle n'avait nul égard au temps, au danger de son mari, qui n'achetait les subsides du Parlement que par des sévérités religieuses. Elle avait droit d'avoir vingt-huit chapelles dans les châteaux. Mais le plus scabreux était celle de Londres. Elle exigea d'y réunir les catholiques. Ils vinrent en foule. Alors elle voulut une église.

Cependant c'était elle qui se plaignait et se faisait plaindre. Tout retombait sur Richelieu. Le légat Barberini était à Paris, et le ministre dans un extrême péril. Il parut là dans sa grandeur, mit bas l'habit de fourbe sous lequel il avait grandi. A chaque demande du légat, il opposa un *non* respectueux, mais ferme, fort clair et sans ambages.

Barberini avait commencé par une demande naïvement espagnole : « une suspension d'armes, » pour que l'Espagne pût réunir ses forces. Et Richelieu répondit : *Non*.

Barberini se retira sur la simple demande de la liberté du passage pour les troupes espagnoles, avec satisfaction au pape pour la forme impolie avec laquelle ses hommes avaient été mis à la porte. Mais Richelieu dit encore : *Non*.

Alors Barberini jeta sa barrette et pleura.

Ce qui l'humiliait le plus, c'est qu'il ne trouvait aucune prise dans le public. Tout le monde paraissait ravi de ce coup reçu par le pape. Par cette seule petite affaire (qui ne coûta pas un million, ni, je crois, un seul homme), Richelieu avait conquis une grande position nationale. On a vu, en 1620, que les soldats disaient à Ravaillac qu'ils croyaient faire bientôt la guerre au pape, et en étaient charmés. Cela permet d'apprécier ce qu'on veut nous faire croire de la grande dévotion du temps. Quand Henri IV mourut, le peuple de Paris dit qu'il défendrait Charenton, protégerait les huguenots. M. de Guise, ce jour-là, avait beau saluer la foule; personne n'y faisait attention. Puis, dix années après, quand on lança sur Charenton une bande de laquais et de mendiants, quand les Jésuites de la rue Saint-Antoine se tenaient sur leur porte pour passer la bande en revue et lui mettre du cœur au ventre, l'histoire nous assure gravement que ces drôles étaient *tout Paris*, que la ville de Paris était encore ligueuse à cette époque, que ce grand bruit eut lieu pour l'amour de je ne sais quel Guise tué dans la guerre des protestants à deux cents lieues de là. S'il en est ainsi, qu'on m'explique comment, trois ans après, ce légat, à Paris, n'en reste pas moins seul. Ce bon peuple dévot qui vient de brûler Charenton, où donc est-il? Et ne devrait-il pas faire tous les jours des feux de joie devant l'hôtel de M. le légat? Mais c'est tout le contraire. S'il y a joie, c'est pour le soufflet que vient de recevoir le pape. Richelieu s'en soucie si peu et croit tenir si bien le roi et tout, qu'il prend le temps d'être malade, s'en va à la campagne. Le légat solitaire n'a de consolateur qu'un autre solitaire, oublié dans Paris, l'ambassadeur d'Espagne, M. de Mirabel.

L'homme de Rome était aux abois. La reine mère ne soufflait plus, ayant son âme à Londres. On la rappela en hâte, cette âme saintement intrigante. Bérulle saute le détroit. Ni Buckingham là-bas, ni Richelieu ici, n'avaient prévu ce coup. Le saint homme, pour piquer le roi, prit justement la pointe dont usait si bien Richelieu, *l'honneur de la couronne*. Il lui montra l'Anglais qui se moquait de lui, maltraitant Henriette, persécutant les catholiques. Pourquoi les ménagerait-il lorsque, chez le roi très-chrétien, un cardinal persécute le pape?... Cela agit. Le roi jura que son beau-frère s'en repentirait, et, pour l'affaire du pape que traînait Richelieu, il dit à Bérulle d'en finir.

Avec celui-ci, la chose alla vite. Pendant que Richelieu se met en route pour revenir, déjà tout est fini. Bérulle a bâclé un traité, plein d'équivoques. « Les Grisons restent souverains, *sauf le cas* où les Valtelins se croiraient lésés comme catholiques. Le roi de France aura seul les passages, *sauf le cas* d'une guerre des Turcs, où l'Espagnol voudrait aller secourir l'Autrichien. » Or ce cas était tout trouvé, l'Autriche étant alors aux prises avec le Transylvain, allié des Turcs. Les Espagnols, sous ce prétexte, eussent à l'instant même repris les passages.

Guéri par la colère, Richelieu revient, déchire le traité, en appelle à la France (il demande une assemblée de notables) et au clergé même de France. Sa prise sur le clergé, c'était une victoire qu'il venait de gagner sur le protestant Soubise avec les vaisseaux protestants d'Angleterre et de Hollande (15 septembre 1625).

Les Notables, princes, ducs et pairs, cardinaux, maréchaux, délégués des Parlements, membres de l'Assemblée du clergé (qui siégeait déjà à Paris), votèrent comme un seul homme pour Richelieu.

La reine mère, Bérulle et le légat faisaient triste figure, restant seuls pour la paix, seuls bons et fidèles Espagnols, devant une assemblée toute française. L'abandon du clergé surtout outrait le légat. « Et toi aussi, mon fils! » Il fit un coup désespéré. Sans dire adieu, il part (23 septembre), tirant décidément l'épée, et résolu de faire des levées de troupes, pour qu'on vît qui l'emporterait de la maison de France ou de celle des Barberini.

Richelieu fit courir après par politesse; mais il ne s'en souciait guère, ayant la France avec lui. Il amusait alors les Notables d'un projet superbe de réforme utopique, de ces choses agréables et vaines dont se régalent volontiers ces grandes assemblées. Il est curieux de voir l'idéal de Richelieu.

Cela commence d'abord de façon pastorale, le roi veut imiter saint Louis jugeant sous un chêne; chaque dimanche et fête, à l'issue de la messe, il donnera audience à tout venant, et recevra toute requête, que reprendra le demandeur, « avec réponse au pied, » le dimanche suivant.

La généralité des affaires se traitera par quatre hauts conseils. Mais à tout seigneur tout honneur : au plus haut conseil, trône le clergé; quatre prélats et deux laïques seulement le forment pour aider le roi à nommer aux bénéfices, et, « en général, pour tout ce qui peut intéresser sa conscience. » Voilà la conscience du roi administrée en république, et en république d'Église.

Le même esprit républicain perce dans l'organisation régulière qu'il veut donner aux conciles provinciaux. Ils deviendront les juges du clergé en dernier ressort.

A tout curé au moins trois cents livres par an, équivalant aux douze cents que leur donne la Constituante de 89. — Moins d'ordres mendiants, moins de Capucins. — Cloîtrer les monastères de filles.

Le roi réduit tellement sa maison, qu'il reviendra à la dépense d'Henri III. — Plus de vénalité d'offices. — Plus d'acquits au comptant; le roi se ferme le Trésor. — Plus de vagabondage, taxes des pauvres. — Moins de colléges, moins de lettrés pauvres (d'abbés faiseurs de vers, de prestolets solliciteurs, etc.). — Moins de luxe. Chacun, réduisant sa dépense, supprimant les clinquants italiens et passements de Milan, n'aura plus à chercher de *mauvaises voies* pour se refaire. Quelles voies? Le bon roi Jacques dit haut ce que Richelieu pense : que le gentilhomme ruiné venait en cour spéculer sur sa femme.

Cet âge d'or sur le papier charma tellement le public, que trois corps à la fois, l'Assemblée du clergé, la Sorbonne et le Parlement, poursuivirent vivement les pamphlets papistes, espagnols, qu'on lançait contre Richelieu. Et le Parlement avec tant de violence, que Richelieu n'eut qu'à le contenir.

Il n'avait pris tant d'ascendant sur le clergé qu'en le leurrant d'une chose qu'il ne voulait pas faire, d'une guerre contre la Rochelle. Qu'aurait fait cette guerre? Elle aurait forcé l'Angleterre à se déclarer contre lui; elle eût disloqué sa ligue du Nord (Hollande, Suède, Danemark, Allemagne). Les amis de l'Espagne, Bérulle, la reine mère, ne désiraient pas autre chose. Ils le poussaient à la victoire fatale qui brisait tous ses plans, le brouillait avec les Anglais.

Richelieu tremblait de vaincre. Et lui-même, en novembre, il offrit la paix aux huguenots, ce qui mécontenta le clergé et lui fit retirer en partie l'adhésion étourdie qu'il lui avait donnée contre le pape.

Il désirait avoir la main forcée par les Anglais, pouvoir dire qu'il n'avait pu leur refuser de traiter avec les huguenots. Il fit venir en décembre des ambassadeurs d'Angleterre, qui prirent l'affaire en main et avancèrent la chose. Mais d'autant plus Bérulle, le parti espagnol, voulait brusquer la paix avec l'Espagne. Ils remuaient le roi par le scrupule de pousser cette guerre d'Espagne que le pape maintenant faisait sienne et voulait reprendre en son nom. Ils crurent le roi pour eux sur quelques mots d'aigreur qui lui échappèrent contre Richelieu, et ils en prirent l'audace de faire la paix sans pouvoir. La reine mère dit à la femme de notre ambassadeur, Fargis de Rochepot (ennemi de Richelieu), qu'il pouvait signer le traité *in ogni modo*. Le traité que signa Fargis, c'est justement cet amas d'équivoques que Bérulle avait minuté trois mois avant, et que Richelieu avait déchiré. « Les Grisons restaient souverains, *à moins que* les Valtelins ne se disent lésés dans leur religion. » Et ils l'auraient dit à coup sûr.

Ce beau traité, conclu (disons plutôt comploté, conspiré) entre Olivarès et Fargis, vient en janvier au Louvre. On s'est passé du roi, on s'est passé de Richelieu. Celui-ci tombe à la renverse. Il se trouvait que nos amis et alliés, les Anglais, alors à Paris, sans lesquels on traitait ainsi avec l'Espagne, allaient passer pour traîtres à Londres. Quelle force donnée au procès que déjà les Communes commençaient contre Buckingham? Charles Ier était forcé de devenir le mortel ennemi de la France. Le but de Rome était atteint.

Qu'allait dire tout le Nord? Qu'allait dire l'Italie? Venise ne s'était compromise que pour avoir quelque sûreté contre l'Autriche, et la Savoie ruinée que pour s'indemniser sur Gênes. Et tous étaient sacrifiés. La France traitait pour elle seule.

Le panégyriste de Bérulle, l'abbé Tabaraud (d'après d'autres plus anciens, et non plus sages), assure que c'était Richelieu même qui avait poussé Fargis, sauf à le démentir, que lui-même voulait ce traité qui lui troublait tous ses plans. Heureusement ses lettres sont là, et son très-sérieux éditeur, M. Avenel, d'après les pièces, a remis l'affaire en lumière (t. II, p. 90).

On lava la tête à Fargis. On raccommoda le traité, mais comment? On en laissa tout le venin, les Grisons ne gardant de leur souveraineté qu'un petit souvenir, un cens de vingt-cinq mille livres par an que leur payerait la Valteline. Celle-ci, petite république catholique, eût laissé, à coup sûr, passer et repasser les Espagnols tant qu'ils auraient voulu.

Deux choses décidèrent Richelieu à accepter cette œuvre de ses ennemis. D'abord, il avait su faire consacrer le droit des Grisons par les Suisses, qui se firent forts de les remettre en possession de la Valteline.

Deuxièmement, le pape armait contre la France. Son drapeau, avec l'Espagnol, reparaissait aux Alpes. Et, quelque ridicule que cela fût, Richelieu en était embarrassé. Qu'eût dit le confesseur du roi? et comment la conscience de Louis XIII se fût-elle arrangée de cette guerre obstinée contre le pape?

Donc, il céda, et endossa l'indignation et le mépris de l'Europe, proclamé traître par tous ses alliés.

La chose aujourd'hui est plus claire. En cette singulière affaire, il y avait un fourbe et un saint. Le fourbe, Richelieu (à juger par les précédents); le saint, Bérulle. Mais ce fut le saint qui mentit.

CHAPITRE XXIII.

Ligue des reines contre Richelieu. — Complot de Chalais. — 1626.

Dans la terrible solitude où cette paix traîtresse mit Richelieu, brouillé avec tous ses amis (Angleterre et Hollande, Savoie, Venise et Grisons même), haï du pape, qui gardait son soufflet, amorti en Europe, affaibli à la cour, mystifié par un sot (Bérulle), il commença à regarder inquiètement sur quoi il s'appuierait, et il eut une idée lâche, dont il se confesse lui-même.

Ce fut de s'adresser à la Bavière, à la ligue catholique d'Allemagne, d'obtenir du Bavarois même, du vainqueur, le rétablissement du vaincu, le Palatin. Mais quel rétablissement! A quelles conditions! Il demanderait pardon à l'Empereur, il payerait trois millions, il laisserait son titre d'électeur au Bavarois, à moins que lui Palatin, le chef des calvinistes, ne se fît catholique. Et, tout cela fait, quel en serait le fruit? Le Palatinat garderait-il la liberté de religion? Point du tout. Dans ce pays tout calviniste, le calvinisme *ne serait que toléré*, et encore *dans une ville*, résidence du Palatin! Ce bel arrangement ne déplut pas au Bavarois. Seulement il eût voulu un article de plus : c'était que Richelieu désarmât le Danois et la ligue protestante, que le lion se fît arracher dents et ongles préalablement, après quoi on eût pu l'assommer à coups de bâton.

Richelieu conte lui-même la honteuse négociation, et paraît se féliciter d'avoir trouvé ce vain expédient. Ce qui fait bien sentir que ce mécanicien, qui rêvait la balance, les poids et contre-poids, enfin toute la pauvre machine de la politique moderne, eut peu le sentiment des forces vives, des passions dont vit l'humanité.

Qui ne voyait la réaction catholique, cette terrible armée en marche, qui allait engloutir le Nord, avançant comme un élément, avec les forces aveugles non-seulement du fanatisme, mais, ce qui est bien pis, d'un changement général de la propriété? Contre un tel phénomène, contre la création d'une armée de cent mille voleurs qu'à ce moment l'Autriche opérait par Waldstein, on se fût amusé à bâtir cette petite digue!... Triste conception! Le Bavarois, vainqueur parce qu'il avait servi jusque-là la révolution, eût été impuissant le jour qu'il lui eût fait obstacle.

Lui-même, Richelieu, personnellement, n'avait nul arrangement possible, haï du parti espagnol comme apostat et renégat, et du parti anti-espagnol pour sa récente trahison.

En 1626, il était arrivé au point où parvint Henri IV en 1606. De toutes parts, on conspirait sa mort. Ses livres contre les protestants, ses tendresses pour les Jésuites, ses ménagements pour les demi-jésuites (Oratoriens), ne lui regagnaient personne. Toutes les cours étaient travaillées contre lui. Le grand parti dévot, cette année 1626, pour le faire sauter, opéra une ligue universelle des reines.

La reine de France entra directement dans un complot pour le tuer.

La reine d'Angleterre lui brisa l'alliance anglaise.

La reine mère, Marie de Médicis, sa fille la reine d'Espagne, et l'infante des Pays-Bas, voulaient lui faire faire, malgré lui, l'entreprise insensée d'une descente en Angleterre.

Commençons par Anne d'Autriche. Elle était arrivée à treize ans. Et pendant trois ans son mari avait oublié qu'elle existât. En 1619, on avait à grand bruit imprimé dans le *Mercure*, pour la joie de la France, que le roi commençait enfin à faire l'amour à la reine. L'ambassadeur d'Espagne écrivait à Madrid leurs moindres rapprochements. Tout le monde s'en était entremis, Espagnols et Français. C'est un spectacle étrange de voir deux monarchies suer, travailler à cela, pousser ces amants l'un vers l'autre... Hélas! avec peu de succès.

Anne était pourtant assez jolie. Quoiqu'elle n'eût que de petits traits, un méchant petit nez sans caractère, la blanche peau de cette blonde dynastie lui donnait alors de l'éclat. Altière et colérique, elle ne faisait rien qu'à sa tête, riait de tout. Et c'est surtout ce rire qui faisait peur au triste Louis XIII. La rieuse s'était donnée à une autre, plus légère encore, mais perverse et dévergondée, le type des coureuses de la Fronde, la duchesse de Chevreuse. Sous cette bonne direction, elle eut deux ou trois fausses couches. L'Espagne était désespérée. Elle voyait bien que le mariage ne mettrait pas la France sous son influence. Mais, s'il n'y avait guère à attendre de Louis XIII, on pouvait être plus heureux avec son frère

Gaston. L'ambassade espagnole y songea et poussa la reine. Un matin, de sa part, quelqu'un dit à Gaston « qu'elle ne veut pas qu'il se marie. »

Le roi et Richelieu songeaient à lui faire épouser une Guise pour reprendre à cette famille une part de l'héritage de Montpensier qu'ils avaient escamoté à la mort d'Henri IV. Mais le mot de la reine, d'une reine de vingt-quatre ans, à un prince de dix-huit, était bien sûr d'être obéi. Pour affermir Gaston, on prit son gouverneur Ornano par la princesse de Condé qu'il aimait. Le roi était déjà mort, au moins dans leur pensée; la reine se croyait veuve. Richelieu en fut averti. Par qui? Par le roi même, dont on arrangeait la succession (Lettres de Richelieu, II, 232).

Voilà nos étourdis qui commencent à écrire de toutes parts et à chercher des alliés. Ils signifient leur prochain avénement aux Espagnols, au Savoyard. Ils tâtent le fils de d'Épernon pour avoir Metz, et le père même; mais le vieux coquin voulut voir venir les choses.

Gaston avait exigé qu'on l'admît au conseil, et il voulait encore y faire entrer Ornano. Le roi fait arrêter celui-ci le 5 mai. Grand étonnement de Monsieur, cris, fureur. Devant les ministres, il demande d'une voix hautaine qui a osé donner un tel conseil. « Moi, monseigneur, » dit Richelieu.

Gaston, vraie poule mouillée, eût avalé cela. Mais on le piqua là-dessus. Pouvait-il bien, devant sa belle-sœur qui voulait le traiter en homme, se laisser traiter en enfant? L'affaire fut ainsi envenimée par la Chevreuse, par son amant Chalais (Talleyrand), qui dit que, puisqu'on ne pouvait se battre avec un prêtre, on pouvait bien l'assassiner.

Les faiseurs de Mémoires, qui écrivent trente ans après, pour rendre plus joyeuse cette sanglante affaire, ont supposé que Richelieu lui-même était amoureux d'Anne d'Autriche, jaloux de Buckingham et de Monsieur, qu'il avait eu l'impudence de proposer à la reine de suppléer Louis XIII, que la reine avait exigé qu'il dansât devant elle, etc., etc. Histoire stupide. Anne d'Autriche, si douce pour les autres, ne l'aurait pas été pour lui; elle l'eût fait jeter par les fenêtres. Il le savait et n'était pas si sot. Notez qu'il avait quarante-cinq ans, était très-maladif, enfin avait chez lui sa nièce, qu'il aimait sans trop de mystère.

L'assassinat en question, qu'on a traité comme un hasard, un coup de tête de cette folle jeunesse, fut, je crois, autre chose. Il est impossible d'y méconnaître la continuation des entreprises de ce genre que l'Espagne faisait, ou faisait faire, depuis environ soixante ans. Assassinats à point, et toujours quand il fallait simplifier une situation difficile par la mort de l'homme influent. Ainsi Coligny, ainsi Guillaume, ainsi Henri III, ainsi Henri IV. Procédé monotone. Mais, quoique peu varié, il avait toujours son effet.

Le plan, fort simple, était que Gaston, avec son Chalais et toute sa maison, irait dîner chez Richelieu au château de Fleury, et que là, à sa table, profitant de sa confiance et de son hospitalité, les gens d'épée, commodément, tueraient l'homme sans armes. Les *dames* (Anne d'Autriche et madame de Chevreuse) goûtaient ce plan chevaleresque, et tout se fût réalisé si Chalais n'eût confié son secret à un ami de cour, qui lui dit : « Si tu ne dénonces, je le ferai moi-même. » Chalais a peur, dit tout au cardinal, au roi. Cependant, dans la nuit, dès trois heures, arrivent à Fleury les officiers du prince « pour lui apprêter son dîner. » Richelieu leur cède la place, et le matin vient chez Gaston lui reprocher avec douceur de ne pas l'avoir prévenu de l'honneur qu'il voulait lui faire.

Cependant il supplie le roi de le laisser se retirer. Le roi dit : « Je vous défendrai et vous avertirai de ce qu'on dira contre vous. »

L'affaire était immense, épouvantable, le pendant de l'affaire Biron. Les deux fils d'Henri IV, le gouverneur de Bretagne, Vendôme et le grand prieur, en étaient, et le duc de Longueville. Même le comte de Soissons, à qui l'on se fiait, à qui Richelieu laissa Paris pendant qu'il menait le roi en Bretagne; Soissons eût enlevé la grande héritière qu'on voulait donner à Monsieur. Découvert, il s'enfuit et quitta le royaume.

Richelieu attira et arrêta les deux Vendôme. Il fit signer à Monsieur une sorte de confession où il abandonnait ses amis, et le maria de sa main. Il l'étouffa dans l'or. Avec ce riche mariage et l'apanage d'Orléans qu'on lui donna, il eut de rente un million d'alors (cinq ou six d'aujourd'hui, un capital de cent millions).

Monsieur se laissa marier le 5 août; mais cela ne sauva pas Chalais, qu'on décapita le 19, comme ayant conspiré la mort du roi, ce qui était faux. Mais son vrai crime, le complot contre l'État et contre la vie de Richelieu, aurait paru trop peu de chose. Une seule tête paya pour toutes. On pria, supplia; mais le roi resta ferme.

L'Espagne dut renoncer à faire de la reine un centre d'intrigues. On la mit presque en chartre privée. Humiliée, pardonnée, séparée de la Chevreuse, qu'on exila, elle ne reçut plus que des femmes. Le roi défendit de laisser entrer les hommes, que quand il y serait.

Mesures très-vigoureuses. Cette affaire de Chalais commençait la grande œuvre de Richelieu, le nettoiement de la cour et le balayage des princes. Il avait frappé sur eux en même temps de trois côtés : sur les bâtards royaux (Vendôme), sur les Condé (Soissons en fuite), sur les Guise (exil de la Chevreuse). L'héritier même enfin du trône, Monsieur, humilié, marié, enrichi et déshonoré. Chacun sentait que celui qui frappait de tels coups donnait sa tête pour enjeu. La vie de Richelieu tenait à ce fil sec, qui pouvait tous les jours casser, un roi fiévreux et valétudinaire.

Il n'était pas sorti d'affaire, qu'en ce même mois d'août 1626, deux coups viennent le frapper.

1° La grande défaite du Danois, notre allié, chef des protestants d'Allemagne (27 août), que Richelieu aidait d'argent, et qui se fait battre à Lutter. Loin de protéger les autres maintenant, il va être lui-même envahi par l'Autriche.

2° L'autre coup, en apparence minime, et en réalité terrible, c'est la brouille complète d'Henriette et de Charles I*er*. Celui-ci, en moins de six mois, sera forcé d'armer contre la France.

Henriette était une petite brunette, vive, agréable. Elle était d'Henri IV et non de Concini. Elle naquit du raccommodement de 1608, vrai du côté d'Henri, très-faux du côté de Marie. L'enfant ne rappela que trop cet étrange moment. Sensuelle et galante, violemment brouillonne et têtue. Quand elle passa en Angleterre, elle se fit dévote, prit ce mariage comme pénitence. Bérulle lui propose pour modèle la pêcheresse Madeleine. Qu'une princesse de dix-sept ans eût déjà tant à expier, c'était de quoi faire réfléchir Charles I*er* et le refroidir. Mais il n'y parut pas. Le roi était triste, grondeur, violent, mais honnête homme et régulier ; il revenait toujours. C'est ce qui donna tant d'audace à la jeune femme.

Par une belle matinée de printemps, d'une chaleur rare en Angleterre, la reine, emmenant tout son monde, son évêque et ses aumôniers, ses religieuses, tout cela en costume et en grande pompe papiste, à travers Londres émerveillée, se rend au gibet de Tyburn, où furent pendus les saints jésuites de la *Conspiration des poudres*, et là, agenouillée, elle fait sa prière à ces célèbres assassins.

Outrage solennel, non-seulement à la religion

de l'Angleterre, mais à la morale, à la conscience de l'humanité.

Charles Ier, qui déjà périssait, qui en était réduit à dissoudre son parlement, à tenter des emprunts forcés, dans sa terrible misère, reçut de la main de sa femme cette pierre pesante pour l'enfoncer dans sa noyade.

La scène fut violente contre les prêtres et les femmes de la reine. « Chassons-les, écrit-il, comme des bêtes sauvages. » Le 9 août, lui-même lui prononça cette sentence. Elle pria, pleura, cria. Des cris lui répondirent, ceux de ses femmes qu'on emmenait. Elle se jette aux barreaux des fenêtres pour les voir encore et leur dire adieu. Sanglots, clameurs, etc., une scène publique surprenante dans les mœurs anglaises, où tout se passe sans bruit. Le roi était mal à son aise, se sentant posé dans ce drame comme l'indigne et barbare tyran. Pour abréger, il arracha des barreaux les mains de la reine, qui s'évanouit furieuse, et fit écrire partout que ses mains étaient déchirées.

Texte excellent. C'était celui même de la terrible Marie Stuart, si heureusement exploité par les papes. Urbain VIII, à l'instant, saisit la légende d'Henriette, épouse infortunée de ce Barbe-Bleue britannique. Sur la donnée un peu maigre, il est vrai, de l'écorchure douteuse, il rebâtit le grand roman pontifical de l'autre siècle, la conquête de l'Angleterre par l'Espagne et la France. Il dit expressément à l'ambassadeur espagnol : « En conscience, votre maître, comme bon chevalier, est tenu de tirer l'épée pour une princesse affligée. »

La jeune reine d'Espagne, sœur d'Henriette et fille de Marie de Médicis, écrivit de sa main au cardinal de Richelieu, invoquant son secours et sa galanterie pour soutenir les reines opprimées.

Autant en écrivait l'infante de Bruxelles. Autant en disait au Louvre la reine mère. Bérulle s'adressait au cœur du cardinal, à sa piété, bien sûr qu'en cette grande occasion il agirait comme prince de l'Église.

Ces instances touchantes, unanimes, eurent un grand effet sur le roi, qui regardait l'expulsion de ces Français comme un outrage à sa couronne. De sorte que Richelieu, n'étant plus même soutenu par le roi, et se trouvant tout seul, dit qu'il goûtait l'entreprise, mais qu'il fallait d'abord, pour mettre Charles Ier dans son tort, lui envoyer une ambassade.

On envoya à Londres le beau Bassompierre, l'homme de la reine mère, et avec lui celui de tous les prêtres renvoyés que les Anglais détestaient le plus, le P. Harlay de Sancy.

Bon moyen de brouiller encore. Bassompierre cependant crut accommoder tout. Mais il y avait une condition : c'était que Buckingham reviendrait ici faire sa cour à la reine. Refus du roi. La guerre va éclater.

Du reste, à part cette folie, la fatalité emportait à la guerre le roi et le ministre. Le Parlement poursuivait Buckingham avec une colère méritée, mais aveugle pourtant, avec la ténacité du bouledogue, qui ne voit plus, n'entend plus, ne sent plus. L'Angleterre ne s'informait plus des grands intérêts de l'Europe. Elle voulait la peau de Buckingham, et rien de plus. Celui-ci n'avait chance d'échapper que par cette diversion de la guerre.

Richelieu eût eu grand besoin de ne pas rompre avec l'Angleterre. L'espoir qu'il témoignait au roi (juin 1626) de relever nos finances était déjà trompé et ses ressources insuffisantes. La grande défaite du Danois et de l'Allemagne protestante (en août) rendaient l'Autriche et la Bavière maîtresses de la situation. Les Espagnols tenaient le Rhin. Dans le conflit maritime des États de l'ouest, devant les grandes puissances navales d'Angleterre, Hollande et Espagne, nous seuls nous n'étions pas en garde. Il fallait sans retard organiser l'armée, créer la flotte. Et cela, avec une France ruinée, chargée d'un déficit annuel de dix millions, d'une dette exigible de cinquante-deux millions, avec un pauvre peuple qui (il le dit lui-même) « ne contribuait plus de sa sueur, mais de son sang. »

Il n'avait pas fait cette situation. Il n'aurait osé même la caractériser nettement. Il eût fallu dresser l'accusation de la reine mère, de tous les favoris, Concini, Luynes, etc., cette perpétuité de désordres et de vols si soutenue, et j'allais dire, si régulière, qu'une telle accusation eût été celle de la royauté, du gouvernement monarchique.

Qu'eût-ce été si une assemblée sérieuse eût regardé au fond? si la voix nationale de 1614 se fût élevée? Le pouvoir eût été frappé de faiblesse, au moment où il devait ramasser sa force contre le grand orage d'Allemagne. Richelieu s'en tint à une comédie de Notables, une petite assemblée en famille de fonctionnaires et de magistrats.

Devant des gens si bien appris, tout décidés d'avance à approuver, il y fallait peu de façon. Il eût pu s'épargner des frais d'hypocrisie, qu'il fit pourtant (par habitude), *réduisant l'impôt de six cent mille livres, pendant qu'il l'augmentait de plusieurs millions.*

L'assemblée vota d'un élan la dépense colossale d'une création immédiate de l'armée et de la flotte, dépense ainsi répartie : un tiers sur le trésor, *deux tiers sur les provinces*. A elles d'y pourvoir par les moyens qui leur seront plus agréables et par des impôts à leur choix. Avec cela, la réduction de six cent mille francs semblait une plaisanterie. On les ôtait, il est vrai, sur la taille, impôt des roturiers, des pauvres. Mais les riches, les nobles et les prêtres, qui allaient, en chaque province, établir le nouvel impôt, sur qui le mettraient-il? sur le roturier à coup sûr, sur le pauvre, non point sur eux, sur les riches et privilégiés.

Là se révèle la situation réelle de Richelieu. *Il ne pouvait demander aux deux classes riches.* Prêtre, il ne pouvait prendre aux prêtres. A peine, sur l'espoir d'exterminer les protestants, put-il tirer trois millions du clergé. Il osa, en 1631, lui demander les titres de ses biens, et n'eut qu'un refus sec. Il n'eût pu davantage faire contribuer la noblesse. Loin de donner, elle mendiait, mais mendiait avec fierté, menaces, presque l'épée au poing. Elle signifiait, en 1626, que l'État et l'Église devaient la nourrir, l'État élever ses enfants, l'Église lui réserver le tiers des bénéfices et faire les frais d'un ordre militaire de Saint-Louis qui apanagerait ses nobles membres. A ces mendiants riches et armés, l'État répondit par la voix du roi qu'on aurait bien soin d'eux, et l'Église leur remplit la bouche dans le courant du siècle avec les biens des protestants.

Donc, Richelieu ne pouvait prendre l'argent où il était, et devait le chercher où il n'était pas. Où? chez les pauvres, dans les entrailles du peuple, dans sa substance même; de sorte que le pauvre irait toujours s'appauvrissant et maigrissant. Il réduisit la taille de six cent mille livres, en 1626, et l'augmenta de dix-neuf millions en quatre ans. Pourquoi? parce qu'il ne pouvait prendre qu'aux taillables, aux roturiers, aux pauvres.

A la première proposition sérieuse, Richelieu recula. Un magistrat qui n'avait pas le mot de cette comédie, s'avisa de dire qu'on devrait rendre la taille *réelle*, non *personnelle*, faire payer tous les biens, *y compris les biens nobles*. Richelieu n'aurait pas été ministre vingt-quatre heures s'il eût appuyé ce mot. Il le laissa tomber. Il n'y eut que trois membres pour appuyer la vaine proposition.

Mais lui, que disait-il? Il feignait un espoir qu'un esprit aussi positif ne pouvait avoir nullement : « Qu'on ferait face à tout, si on faisait une réduction sur la maison du roi, et si l'on pouvait racheter le domaine qui, en six ans, augmenterait le revenu de vingt millions. » Ressource hypothétique, qui supposait la paix, quand la guerre furieuse allait grandissant par l'Europe.

Ajoutez une autre espérance, le futur *rétablissement du commerce!* Le roi *voulait* qu'on honorât le marchand, au moins le marchand en gros (comme si le roi pouvait dans une chose d'opinion). Il *voulait* que les nobles pussent commercer sans déroger. Ils le demandaient, il est vrai, par envie, ignorance, mais ils ne le désiraient pas au fond, étant si impropres au commerce; au vol, à la bonne heure, et à la piraterie.

Si Richelieu eût pris aux privilégiés, il tombait. Et, s'il eût réduit les dépenses, s'il n'eût ruiné la France pour faire l'armée et la flotte, le monstre double qui mangeait l'Allemagne (l'armée jésuite et l'armée mercenaire) nous aurait dévorés, comme elle.

Il dut tomber sur l'un ou l'autre écueil. Sorti de la ruine et d'une situation gâtée et insoluble, il ne put nous sauver que par la ruine. Il m'apparaît dès le premier jour ce qu'il fut et resta; ce que dit sa figure lugubre : le dictateur du désespoir.

En toute chose, il ne pouvait faire le bien que par le mal, souvent en employant les plus mauvaises passions de son temps. Celle du clergé, c'était la mutilation de la France, la destruction ou l'expulsion de la France protestante, à l'imitation de ce que l'Espagne faisait des Moresques, l'Autriche des Bohémiens et de tant d'autres. Beaucoup de catholiques pensaient de même, par l'impatience française qui brise les obstacles, éreinte et bêtes et gens, ne sachant les conduire ; enfin, par une autre passion nationale, le goût de l'unité matérielle, brutale et mécanique, insoucieuse des libertés morales qui diversifient la nature.

La France, en se coupant son meilleur bras, allait de plus compromettre le corps, parce qu'elle se brouillait avec ses amis, se livrait à ses ennemis, Autrichiens, Espagnols.

Richelieu le savait, il lui fallait pourtant leurrer cette passion mauvaise, et parfois il en tirait parti. Elle l'aida dans une chose excellente qu'il présenta aux Notables : *le rasement des forteresses inutiles,* et leur démolition confiée aux communes même. Dans la liste qu'il donna des forteresses à démolir, la grande majorité étaient protestantes, celles du Dauphiné, du Languedoc et du Poitou. Cela fut salué avec enthousiasme des parlementaires, des communes qui y gagnaient en tout sens, de la petite noblesse, envieuse de la grande, et bien plus encore du clergé.

Si deux provinces catholiques, deux gouverneurs, Guise et d'Épernon, étaient frappés aussi et se plaignaient, Richelieu avait à leur dire que, comme bons catholiques, ils devaient accepter une ordonnance si favorable à la religion, qui, mettant bas les forts de Poitou, de Saintonge, faisait tomber les ouvrages avancés, les bastions de la Rochelle.

CHAPITRE XXIV.

Siége de la Rochelle. — 1627-1628.

Les défections de la France sont les agonies de l'Europe. La paix traîtresse, entre Olivarès et Bérulle, que signa Richelieu (mars 1626), suivie bientôt de la déroute des Danois (août 1626), a commencé le grand débordement des persécutions catholiques. Le général massacre de Bohême (onze mille communes exterminées sur trente mille) s'ouvre le jour de Saint-Ignace, en 1627. L'ordre d'abjurer ou mourir court l'Autriche, les terres autrichiennes. Pendant que l'armée sainte, bandits, moines et bourreaux, pèse vers l'Adriatique, elle déborde, au nord, sur la Saxe, s'extravase en Brandebourg, jusqu'en Poméranie, de façon que les sables même et les écueils de la Baltique ne pourront cacher les proscrits.

La France pouvait entendre la désolation du Rhin, la clameur du Palatinat, ruiné, saccagé, violé, un jour par les Croates et un jour par les Espagnols. La Lorraine suivait ce mouvement; elle allait armer contre nous, bien plus, donner passage à la grande armée des brigands organisés par l'Empereur.

La France le souffrait, pourquoi? pour une raison que Richelieu se garde bien de dire. Il était encore serf; il ne se maintenait qu'en suivant la reine mère et Bérulle et les Espagnols. Ils l'obligeaient de faire un traité avec Madrid pour l'invasion de l'Angleterre, c'est-à-dire pour le renversement de la politique de Richelieu. Le pape avait le mérite de l'idée première, et Bérulle celui de la foi. Bérulle dictait, Richelieu écrivait, Olivarès corrigeait le traité. Ce qui occupait le plus Bérulle, c'était de savoir s'il valait mieux prendre la flotte anglaise, ou bien la brûler dans le port.

Les Espagnols tirèrent de nous cette pièce (20 avril 1627), et, sans perdre un moment, la communiquèrent aux Anglais, afin qu'ils nous prévinssent, envahissent la France et descendissent à la Rochelle.

Les lettres de Richelieu prouvent qu'il était

dupe. Ce traité imposé et contraire à ses plans, il l'avait adopté pourtant. Le 6 octobre encore, il croyait que les Espagnols lui donneraient une flotte, et qu'il pourrait les occuper à ce vain projet de descente.

Ils le jouèrent toute l'année. Ces friponneries misérables peuvent parfois tromper le génie qui ne peut croire qu'on tombe si bas.

C'était la catholique Espagne qui mêlait contre nous, dans une coalition étrange, nos alliés l'Angleterre, la Savoie et Venise; d'autre part, la Lorraine, l'Empereur, tout pêle-mêle, protestants, catholiques.

Elle nous jetait l'Anglais au visage, et bientôt l'Empereur dans le dos!

Tout cela fut connu enfin, lu, révélé dans les papiers qu'on saisit en novembre.

Buckingham n'avait nul principe, mais beaucoup d'imagination. En 1625, il avait prêté des vaisseaux contre la Rochelle (V. sa lettre, Lingard). En 1627, le voilà défenseur, protecteur de la Rochelle, de tous nos protestants, il tire l'épée pour Dieu.

En réalité, il voulait prendre la Rochelle, ou au moins Rhé. C'eût été un nouveau Calais, entre Nantes et Bordeaux, à cinq heures de l'Espagne. Les flottes anglaises n'étaient plus prisonnières au détroit. Libres des servitudes du vent, elles se tenaient là, comme l'aigle de mer sur son roc, tombant sur les vaisseaux français ou sur les galions espagnols, et pillant sur deux monarchies.

Tous les protestants de France allaient refaire à Buckingham l'ancien empire aquitanique d'Édouard III. Ce vainqueur et ce conquérant, qui donc alors pourrait parler de lui faire son procès? Merveilleux coup qui, du fond de l'abîme, le faisait remonter au ciel! Vainqueur en France, despote en Angleterre, et adoré au Louvre! Le roi, embarrassé, eût été trop heureux que la reine intervînt. Lui, Buckingham, alors, son chevalier fidèle, mettait tout à ses pieds. Elle s'attendrissait, et les vœux de la France étaient comblés, il naissait un Dauphin.

Dans cet emportement de passion, il écrivit, en France, au duc de Rohan qu'il allait arriver avec trois flottes et trois armées, trente mille hommes. Triple attaque, par la Rochelle au centre, aux ailes par Bordeaux et par la Normandie. Pendant ce temps, le duc de Savoie eût agi sur le Rhône, le comte de Soissons en Dauphiné.

De tout ce merveilleux poëme de guerre, on n'eut qu'un épisode, la descente de dix mille Anglais à l'île de Rhé. C'était assez pour prendre la Rochelle, si la Rochelle voulait être prise. Mais elle ne le voulut pas.

On avait tant reproché aux huguenots d'aimer l'Angleterre, que celle-ci se croyait sûre d'être reçue à bras ouverts. Mais point. Les huguenots furent avant tout Français.

La Rochelle d'ailleurs, notre Amsterdam, forte de commerce et de guerre, un petit monde complet, original, qui avait son pavillon à elle, renommé sur toutes les mers, que serait-elle devenue dans les mains anglaises? Un triste port militaire, comme notre Rochefort d'aujourd'hui. Ses marins avaient horreur d'une pareille transformation. Et ses ministres ne redoutaient guère moins le joug des demi-catholiques, épiscopaux et anglicans.

La mauvaise foi de Buckingham était frappante. S'il eût voulu délivrer la Rochelle, il eût descendu sur terre ferme et l'eût aidée à prendre et démolir son entrave, le fort Louis. Mais il resta en mer pour prendre l'île de Rhé, où il se fût établi, que les Rochellois le voulussent ou non, devant eux, à leur porte. Captifs d'un côté par la France, de l'autre ils l'eussent été par l'Angleterre.

Il n'écouta en rien les conseils de Soubise, qui venait avec lui, et pendant que Soubise était allé à la Rochelle, contre leurs conventions, il descendit dans Rhé. Non sans perte. Le gouverneur Thoiras, avec le régiment de Champagne et force noblesse, lui fit un tel accueil à l'arrivée, le cribla tellement, qu'il resta inactif cinq jours à se refaire, au lieu de marcher droit au fort.

Soubise, voulant entrer à la Rochelle, avec un secrétaire anglais, fut arrêté tout court, et ne serait pas entré si sa vieille mère, femme d'antique vigueur, ne fût venue et ne l'eût fait passer. On écouta l'Anglais, mais on resta très-froid.

Ce scrupule de nos huguenots fut ce qui sauva Richelieu, et qui sauva la France. Si Buckingham eût mis seulement cent hommes à la Rochelle, l'effet moral était produit et Richelieu sautait. L'Angleterre se retournait violemment vers la guerre, sa révolution était ajournée; les cent ans de la guerre anglaise recommençaient pour nous.

Richelieu, loin d'avoir des vaisseaux, n'avait pas d'argent pour en faire. Il espérait dans la flotte d'Espagne!

En cette détresse, il imagina de se servir de son ennemi Bérulle. Il le fit agir pour obtenir à Rome un secours d'argent à prendre sur le clergé. Lenteur, mauvaise volonté. Richelieu prie le clergé même, lui extorque quelques millions.

Que serait-il devenu, sans la lenteur de Buckingham? Mais celui-ci attendit, pour assiéger le fort, qu'il fût bien approvisionné. Il garda mal la mer. Nos Basques de Bayonne, habitués à faire l'improbable, réussirent à passer; le fort qui n'avait de vivres que pour cinq jours, fut ravitaillé pour deux mois.

Heureusement, car le roi qui venait, tomba malade, son frère le remplaça, avec le ferme désir de ne rien faire. L'armée qu'il commandait, pillant, ravageant et coupant les arbres, faisait ce qu'il fallait pour que la ville se donnât aux Anglais. Outre le fort Louis, on en commença d'autres évidemment pour l'assiéger.

Grande dispute dans la ville. Les juges sont pour le roi *quand même*, s'en vont, passent au camp royal. Les ministres et le corps de ville prennent la résolution hardie de se défendre, mais seuls, et sans recevoir Buckingham.

Loin de là, dans leur manifeste, ils rappellent, comme leur plus beau titre, d'avoir jadis chassé l'Anglais. Ils offrent, si le roi veut mettre le fort Louis entre les mains de la Trémouille ou de la Force, de s'unir à lui pour chasser de Rhé leur défenseur suspect.

Pour réponse, on mit des canons en batterie devant leurs portes. Il fallait ouvrir ou combattre (10 septembre). Ils combattirent, mais ce ne fut que cinq semaines encore après (15 octobre) qu'ils se décidèrent à traiter avec Buckingham.

Sans cette extrême répugnance de la Rochelle pour l'Anglais, l'ardeur, l'activité de Richelieu n'aurait servi de rien. Thoiras était malade, découragé; la noblesse du fort perdait patience; on parlait de se rendre. Comment leur envoyer secours? Il fallait un miracle. Les Bayonnais et Olonnais le firent par un coup tel que ceux qu'ont fait leurs flibustiers. Le mot fut : « Passer ou mourir. » On y serait mort, si on avait suivi le plan ordonné. Buckingham était averti, et ses chaloupes en mer pour couler ces coques de noix. A mi-chemin, celui qui menait l'avant-garde, le jeune la Richardière, dit le capitaine Maupas, dit aux autres : « Ils n'imaginent pas qu'on traverse leur flotte. Et c'est par là qu'il faut passer. Nous sommes très-petits et très-bas; nous passerons sous les boulets. » Cela se fit ainsi. De trente-cinq barques, vingt-neuf passèrent, le reste fut coulé. Le fort reçut des vivres en abondance. Buckingham, avec qui Thoiras parlementait, et qui croyait déjà le tenir, vit, le matin du 9 octobre, les soldats qui, du haut des murs, lui montraient au bout de leurs piques « des jambons, chapons et coqs d'Inde. » Dès lors, sa perspective était de rester là l'hiver, de périr dans l'eau sous les pluies.

Les Rochellois, qui jusque-là avaient peur de lui autant que de l'armée royale, le crurent dès lors moins redoutable, et ne refusèrent plus de traiter. Ils le trouvèrent moins haut, et il signa ce qu'ils voulurent (15 octobre). Celui qui fit l'arrangement, Guiton, un de leurs grands marins, y réserva, non-seulement les libertés de la ville, mais les droits de la province même, stipulant que, si l'Anglais prenait l'île de Rhé, il ne la démembrerait pas du pays pour la faire anglaise, qu'il ne profiterait pas des forts bâtis depuis huit ans sur la côte, mais les démolirait. Admirable traité, d'un patriotisme obstiné, mais qui dut refroidir entièrement les Anglais, leur faire peu désirer de vaincre, puisque d'avance on exigeait qu'ils ne profitassent point de la victoire.

Le roi, enfin guéri, était arrivé le 12 octobre. Toutes les forces militaires dont le royaume pouvait disposer étaient devant la Rochelle, trente mille hommes d'élite et un matériel immense. Tous nos ports, du Havre à Bayonne, avaient fourni des hommes et des embarcations. Richelieu, en trois mois, par un mortel effort de volonté, d'activité, avait précipité la France entière sur cet unique point. Le succès n'était guère douteux. La Rochelle avait vingt-huit mille âmes, donc quatorze mille mâles, donc au plus sept mille hommes armés. Des dix mille de Buckingham, il n'en restait que quatre mille. Ni l'Angleterre ni la Hollande ne bougeaient. L'Espagne seule eut quelque envie d'employer ses vaisseaux promis à Richelieu pour lui détruire ses barques et sauver la Rochelle. C'était l'avis de Spinola; il conseillait nettement de trahir. Madrid n'y répugnait pas trop; mais trahir pour les hérétiques, combattre dans les rangs protestants, c'eût été pour l'Espagne une solennelle abdication du rôle qu'elle jouait depuis cent ans, l'aveu le plus cynique de sa perfide hypocrisie.

Si Buckingham eût bien gardé la mer, la France manquant de vaisseaux, il était maître encore de la situation. Mais on fit l'imprudence heureuse de mettre six mille hommes d'élite dans des barques. Ils passèrent, et il fut perdu.

Perdu en France, perdu en Angleterre. Le 6 novembre, avant de s'embarquer, il joua sa dernière carte, donna au fort un assaut désespéré. Il y perdit beaucoup de monde. Il en perdit encore plus à l'embarquement. Il n'avait rien prévu. Il lui fallut faire défiler ce qui lui restait de troupes sur une étroite chaussée; on le coupa, à moitié passé, et on lui tua deux mille hommes (7 novembre 1627).

Il n'en avait plus que deux mille, mais sa flotte était tout entière, et il était encore maître de la mer. Les Rochellois le supplièrent de rester là. Plus il y avait d'hommes dans l'île, plus vite ils seraient affamés. Le roi aurait vu du rivage ses meilleures troupes forcées de se livrer, de se rendre à discrétion. Mais Buckingham avait perdu la tête. Il avait l'oreille pleine du grondement terrible de l'Angleterre; il avait hâte d'être à Londres pour répondre aux accusations.

Il part, ayant mangé les vivres de la Rochelle, ayant rendu aux assiégeants le service de l'affamer. Cette misérable ville, abandonnée de celui qui l'a compromise, la voilà en présence d'une monarchie. Six mille hommes sans secours et à peu près sans vivres, vont se défendre un an encore contre une grande armée qui a tout le royaume pour arrière-garde, qui y puise indéfiniment, répare à volonté ses pertes.

La France est admirable dans ces occasions où il s'agit de se couper un membre, de pratiquer sur soi quelque cruelle opération. Dès qu'il lui faut se mutiler, se tronquer, se décapiter, elle est forte, elle est riche. Elle n'avait pas eu d'argent pour payer exactement le Danois en 1626, lorsqu'il combattait pour elle, pour les libertés de l'Europe. Elle eut énormément d'argent en 1627 pour détruire son premier port, la terreur de l'Espagne, l'envie de la Hollande. On jeta les millions dans des constructions immenses qui devaient servir un moment. Tels de ces forts, bâtis uniquement pour prendre la ville, étaient aussi importants que la ville même. Ils étaient reliés entre eux par une prodigieuse circonvallation de trois ou quatre lieues qui enveloppait le pays. On avait fait une Rochelle monstrueuse pour étouffer la petite! pour une occasion d'une année, des murs babyloniens et des monuments de Ninive!

Tout cela n'était rien si on ne fermait la mer. On l'avait essayé en vain en 1622. Un Italien célèbre n'y pouvait réussir. L'architecte français Métézeau, et Tiriot, maçon de Paris, en indiquèrent les vrais moyens, et avec tant de simplicité, qu'on crut qu'on le ferait sans eux. On les paya, et on les renvoya. M. de Marillac, un courtisan suspect, grand ami de Bérulle, se chargea de construire la digue. Désirait-il y réussir? Bérulle, qui avait tant demandé le siége pour bouleverser les plans de Richelieu, en craignait maintenant le succès dont Richelieu eût eu l'honneur. On voulait à tout prix sa chute, un politique nous dit pourquoi : *Parce qu'on savait qu'une fois la ville prise, les huguenots n'étant plus dangereux, Richelieu s'abstiendrait de les persécuter.* Or les saints de l'époque, copistes de l'Espagne, voulaient absolument qu'on en fît comme des Moresques, *qu'on les chassât ou les exterminât* (Fontaine-Mareuil).

Marillac, substituant son génie à celui des inventeurs, ne fit pas la digue en talus, comme ils l'avaient prescrit; il la fit droite. Si bien que le travail fut emporté au bout de trois mois. Mais la puissante volonté de Richelieu vainquit tous les mauvais vouloirs à force d'argent. L'armée entière voulait travailler à la digue; on payait au soldat chaque hottée de pierre qu'il apportait. La solde en outre fut énormément augmentée. De bons et chauds habillements distribués, des vivres abondants. L'argent ne passait plus par les mains infidèles des capitaines, mais par des agents sûrs, tout droit de la caisse au soldat.

Il y avait cent à parier contre un qu'on ne pourrait achever. Richelieu, qui le 6 octobre encore comptait sur la flotte espagnole, apprit en novembre par des papiers de Buckingham, et par ceux d'un agent anglais qu'on saisit en Lorraine, que l'Espagne était contre lui, que depuis un an elle organisait une coalition pour envahir la France. Découverte et bien mise à jour, l'Espagne persévéra dans une hypocrisie ridicule, nous envoyant à la Rochelle sa flotte (qu'on remercia), tandis qu'elle nous assiégeait dans Casal, où nous soutenions un Français, Nevers, héritier de Mantoue (**27 décembre 1627**).

L'Italie appelait la France, clouée à la Rochelle. L'Allemagne et le Nord l'appelaient. Notre envoyé en Suède, M. de Charnacé, nous fut renvoyé par Gustave-Adolphe pour dire à Richelieu que, si la France ne venait au secours par hommes ou par argent, c'était fait de l'Europe, et que la France périrait la première. Effectivement, on préparait chez l'Empereur le terrible *Édit de restitution* qui allait déposséder l'Allemagne protestante, transférer la propriété aux catholiques, offrir des primes monstrueuses aux bandes des assassins à vendre, donner des ailes à la guerre, à la mort. Que pouvait Richelieu? rien du tout. S'il lâchait le siége, il perdait son crédit et périssait. Il devait rester là, et tous les millions de la France, si nécessaires ailleurs, il devait les jeter en plâtras dans la boue de ce port. Ces marins rochellois qui eussent si utilement aidé contre les Espagnols, il devait les faire mourir de faim. Les flottes anglaises, ses alliées naturelles, et celles de Gustave et des protestants d'Allemagne, Richelieu devait les combattre et les détruire, s'il se pouvait!

En février, le roi brusquement lui échappe. Il s'ennuie, retourne à Paris. Coup monté, très-probablement. On supposait que Richelieu suivrait, ou que, si le roi partait seul, il s'émanciperait de son ministre. Bérulle et la reine mère y comptaient bien; les Guises y travaillaient, fort mécontents de ce que Richelieu, surintendant de la navigation, avait subordonné leur amirauté de Provence. Au bout de quinze jours passés à Paris (Fontaine-Mareuil), *le roi avait oublié* et la Rochelle et Richelieu. Celui-ci ne le ramena qu'en donnant une place à un petit ami du roi qui lui sonnait du cor, le chevalier de Saint-Simon.

Ce grand homme, si mal appuyé, était resté là indomptable sur cette triste côte, pouvant chaque matin apprendre son naufrage, soit qu'une tempête emportât sa digue et délivrât la ville, soit qu'un vent capricieux soufflât de la cour sur le faible esprit de ce roi qui le soutenait seul contre la haine universelle.

Nul en réalité n'aidait bien Richelieu que la Rochelle elle-même, l'intraitable vigueur qu'elle opposait aux Anglais. Qui empêcha ceux-ci de la ravitailler? (F. Mareuil.) Le refus que les Rochellois qui demandaient secours leur firent pourtant d'ouvrir la ville. « Qu'offrez-vous? disait Buckingham. Quels dédommagements pour nos dépenses? » — « Nous n'offrons que nos cœurs, » dirent obstinément ces héros.

Cette résistance immortelle est garantie par un catholique, par un oratorien, Arcère, qui avait tous les manuscrits, depuis détruits ou dispersés.

Qui ne pleurerait en voyant la France anéantir ce qu'elle eut de meilleur? L'imperceptible république se maintenait contre deux rois. Ses marins traversaient la digue; ses cavaliers défiaient l'armée royale. Vingt-huit bourgeois de la Rochelle attaquent un jour cinquante gentilshommes. En tête des vingt-huit était le tisserand La Forêt, qui se fit tuer et à qui on fit des funérailles triomphales. Un autre sortit seul des portes pour demander un combat singulier. Accepté par la Meilleraie, cousin de Richelieu, qui eut son cheval tué et fut blessé. Mais on courut à son secours.

A Pâques (1628), les marins l'emportèrent sur les bourgeois proprement dits; le parti violent gouverna, et la mairie devint une dictature. Le capitaine Guiton fut élu, malgré lui. « Vous ne savez ce que vous faites en me nommant, dit-il; songez bien qu'avec moi il n'y a pas à parler de se rendre. Qui en dit un mot, je le tue. » Il posa son poignard sur la table de l'Hôtel de Ville, et le laissa en permanence.

« Guiton était petit, mais je fus ravi de voir un homme si grand de courage. Il était meublé magnifiquement, et son hôtel plein de drapeaux qu'il aimait à montrer, disant quand il les avait pris, sur quels rois, dans quelles mers. » (Mém. de Pontis.)

Il fallait un Guiton pour soutenir la ville contre l'horrible coup qu'elle reçut, en voyant les Anglais, tant attendus, paraître et disparaître, sans rien tenter pour elle. Le 11 mai, on les vit en mer; le 18, ils étaient partis. Denbigh, beau-frère de Buckingham, pressé par les réfugiés qui étaient avec lui de forcer le passage (la digue étant encore inachevée), dit qu'il leur en laissait l'honneur; qu'il avait ordre seulement de croiser, de faciliter l'entrée des secours, mais de bien ménager sa flotte.

Dans un tel désespoir, le fanatisme de la patrie mourante poussa un homme à se dévouer pour tuer Richelieu. Il voulait seulement qu'on lui dît « que ce n'était pas un péché. » Guiton, qu'il consulta, répondit froidement : « On ne conseille pas dans ces sortes d'affaires. » Les ministres, auxquels il alla aussi, lui défendirent cet acte, disant : « Si Dieu nous sauve, ce ne sera pas par un forfait. » (Arcère, II, 295.)

La famine pressait. On avait mangé tout, jusqu'aux cuirs qu'on faisait bouillir. Un chat se vendit quarante-cinq livres. Il fallut faire une chose barbare qu'on avait toujours différée : chasser les pauvres, les vieux, les infirmes, les femmes veuves et sans secours, les envoyer aux assiégeants, c'est-à-dire à la mort. Quiconque voulait passer les lignes était pendu. Cette misérable foule, s'y présentant, fut reçue à coups de fusil. Elle revint suppliante à la Rochelle et y trouva visage de pierre, les portes closes et mornes, inexorables. Il leur fallut mourir de faim dans l'entre-deux; dont les soldats du cardinal profitaient honteusement; les femmes agonisantes se livraient pour un peu de pain.

Étrange armée française! employée ainsi, sans combattre, à cette fonction de bourreaux, d'étouffer lentement une ville. Du reste, régulière, bien ordonnée, silencieuse. Richelieu dit avec orgueil : « C'était comme un couvent. » Le soldat gagnait gros et engraissait. Sauf les jours qu'il était maçon, portait la hotte, il n'avait rien à faire qu'à entendre la messe des minimes et des capucins, se confesser, communier.

Sur la ligne, à cheval, voltigeaient les évêques. Ceux de Maillerais, de Nîmes, de Mende, étaient les lieutenants du cardinal. Les maréchaux en sous-ordre. Tous allaient prendre le mot dans une petite maison où Richelieu s'était logé sur le rivage. C'était là la vraie cour; l'église et l'épée affluaient, mais avec cette différence : les prélats le poing sur la hanche, enfonçant leurs chapeaux, les officiers courbés et faisant le gros dos.

Que devenait cependant l'honneur de l'Angleterre? On dit que Charles Ier en laissait parfois tomber de grosses larmes. Mais deux choses le ralentissaient. Des protestants même, la Hollande et le Danemark, lui reprochaient cette protection de la Rochelle, cette guerre avec la France qui empêchait celle-ci de les secourir. D'autre part, sa jeune femme, vive, ardente et jolie, gagnait de plus en plus sur lui; elle le priait jour et nuit de ne pas faire la guerre à son frère Louis XIII et à sa famille. Aux heures où l'homme est faible, elle lui disait sur l'oreiller les propres mots de chaque lettre qu'elle avait reçue de la France.

Le Parlement anglais avait pourtant rougi à la longue, et s'était réveillé. Il vota un très-fort subside pour sauver la Rochelle. Buckingham mit la flotte en mer. Mais lentement; car on assure que sa divinité, Anne d'Autriche, lui avait écrit de trahir. Du moins, les puritains le crurent; un d'eux, Felton, l'assassina.

Nouveau retard. Cette troisième flotte ne partit qu'en septembre, trop tard pour délivrer la ville, assez tôt pour la voir périr.

Richelieu avait fait offres sur offres aux assiégés, jusqu'à se réduire à faire entrer seulement le roi avec deux cents hommes, pour dire qu'il y était entré; on eût, pour la forme, abattu l'angle extérieur d'un bastion. Mais les choses étaient à ce point qu'on ne pouvait plus se rendre. Le magistrat qui eût signé, eût été tué comme traître. Ils se traînaient, ne soutenaient plus leurs armes, ne marchaient qu'avec un bâton; on trouvait le matin des sentinelles mortes de faim à leur poste. Et, avec tout cela, on ne se rendait point. Guiton disait : « Nous y passerons bientôt, nous aussi. Il suffit qu'il en reste un vivant pour fermer la porte. »

Le 28 septembre, devant cette ville morte, quatre-vingts vaisseaux anglais apparaissent, plusieurs très-forts. Les Français n'en avaient que quarante-cinq petits, il est vrai, défendus par toutes les batteries du rivage.

Ce fut un grand spectacle. Tous à leur poste, le cardinal à la digue, le roi partout. Des dames en carrosses regardaient du haut des chaussées. Les Anglais, envoyés en avant, la sonde à la main, s'arrêtent bientôt, trouvant peu d'eau. Les gros vaisseaux n'arriveraient pas, disent-ils, et les petits ne serviraient à rien. Les réfugiés français qui étaient sur la flotte anglaise, demandent alors à conduire les brûlots, à aller de leur main les attacher à l'estacade. Ils voyaient de la mer les pauvres gens de la Rochelle qui avaient bravement ouvert le petit port intérieur, et qui de leur côté, malgré la marée et le vent, poussaient un brûlot sur la digue. L'Anglais ne donna pas à nos Français l'honneur qu'ils demandaient. Il poussa ses brûlots lui-même, très-mal et de travers. Tout avorta honteusement.

Que venait donc faire cette flotte? négocier. Milord Montaigu, en partant, avait dit à Londres aux Français de faire ses compliments au cardinal. Celui-ci, le voyant en mer à la Rochelle, lui renvoya des compliments. Tant on complimenta, que Montaigu se chargea d'aller dire à Londres que la digue décidément était infranchissable et qu'il fallait traiter.

Cela tua la Rochelle et finit tout. Le coup moral en fut si fort, qu'on courut se jeter aux genoux de Richelieu. Si les Anglais n'étaient pas venus mettre le comble au découragement, si l'on eût tenu huit jours de plus, la digue était détruite, emportée par une tempête, la ville à même de se ravitailler et de tenir longtemps encore.

Richelieu, qui voulait ramener nos protestants de France, calmer les protestants d'Europe, ne fut point dur pour la Rochelle. Après tout, que lui eût-il fait, en comparaison de ce qu'elle s'était fait elle-même? Nos soldats, en entrant, donnèrent leur pain à tout ce qui se présenta, et le roi en fit distribuer douze mille. C'était le nombre même du peuple qui restait; tous les autres étaient morts de faim.

Le cardinal de Richelieu entra, pour faire enlever les cadavres, nettoyer les rues, et, le temple étant redevenu la cathédrale, il y dit la messe le matin du jour de la Toussaint (1er nov. 1628). Le roi entra le soir, avec quelques troupes dans le plus grand ordre. Le père Suffren, Jésuite, confesseur du roi, y fit la fête des Morts.

Les oratoriens, les minimes, force moines, y entrèrent, s'emparèrent de différents lieux pour faire chapelle. Les habitants perdirent leurs temples et n'eurent de culte que dans un lieu déterminé plus tard.

L'héroïque Guiton, qu'un ennemi généreux eût accueilli, ne fut pas reçu du roi. Le cardinal le regarda de travers et le fit *interner* dans je ne sais quel village.

Les villes innocentes de Saintes, Niort, Fontenay, qui n'avaient pas bougé, toutes les vieilles places de Poitou, de Saintonge, perdirent leurs murs, et bientôt peu à peu tous ceux de leurs habitants qui purent passer en Suisse et en Hollande.

Le Poitou, alors l'un des pays les plus avancés de la France, devint le plus barbare, plus sauvage et plus superstitieux que la Bretagne. Les Poitevins, derrière leurs haies, toujours seuls à la queue des bœufs, sans rapport social qu'avec des curés rustres, restèrent étrangers à tous les progrès du temps, et gardèrent au vieux fanatisme cette précieuse réserve de Vendée, qui en 92, quand nous eûmes l'Europe à combattre, nous assassina par derrière.

Le petit pays d'Aulnis, si riche jusque-là, et si maigre aujourd'hui, fut comme anéanti. Plus de Rochelle. Tous se firent Hollandais. Cette ville aujourd'hui est une espèce d'Herculanum ou de Pompéies. Chose bizarre! les insectes, qui ont le sens très-vif des choses condamnées à la mort, s'en sont emparés en dessous. Les termites rongent les charpentes. Telles maisons, jusqu'ici solides en apparence, s'affaisseront un matin.

Image trop naïve de cette France du dix-septième siècle, souvent brillante et luisante en dessus, et dessous chaque jour plus vide.

Un vieux secrétaire de Sully, qui s'était enfermé au siége et vit cette désolation, dit ce mot prophétique : « Voici les huguenots à la merci des puissances qui les détruiront. On en fera autant des peuples qui ne sont pas huguenots. » La richesse en effet, la subsistance même, iront toujours diminuant en ce siècle. La France, sous Richelieu, maigrira de sa gloire, et n'engraissera pas sous Colbert. En 1709 je la cherche, et ne vois plus qu'un os rongé.

Est-ce à dire qu'il n'y aura aucun progrès? On aurait tort de le croire. En ce pays de violence, le progrès s'accomplit par des voies d'extermination. Une France meurt avec la Rochelle et l'émigration de l'Ouest. Une France meurt par les dragonnades et la banqueroute. Une en 93. Une en 1815. Et il y a toujours des Frances à dévorer.

Puis, toujours des sophistes pour la complimenter à chaque destruction. Quelle belle chose que ce pays, au moment de lutter contre l'Autriche et l'Espagne, se soit retranché son meilleur membre et détruit ses meilleurs marins! Cela s'appelle se couper une jambe, afin de mieux courir. Ou bien le mot de Molière (s'il est permis de citer la comédie en chose si triste) : « Croyez-m'en, crevez-vous un œil; vous y verrez bien mieux de l'autre. »

Du reste, j'accuse moins Richelieu que son temps, sa fatalité monarchique. Quoi qu'il en dise dans un air de bravoure (son fameux *Testament*), on voit fort bien, par ses lettres et ses actes, qu'il fut poussé, traîné. L'Espagne-Autriche lui fit commencer en France l'œuvre de mort qu'elle accomplissait chez elle. Elle avait fait le désert d'Espagne par l'expulsion des Moresques. Elle faisait en ce moment le désert de Bohême (sur trente mille villages onze mille égorgés). Elle allait faire bientôt les déserts de Lorraine et du Rhin (où disparurent six cent mille hommes vers 1637). En 1628 Richelieu fut forcé de faire le désert de l'Aulnis par la destruction de la Rochelle, le premier ébranlement des émigrations qui continuent dans tout le siècle.

Il dit en 1626 qu'il voulait, en finances, « revenir aux états de 1608 » (à Henri IV et à Sully). Pour y revenir en finances, il eût fallu y revenir en politique.

Quoiqu'un si lumineux esprit dût généralement préférer le bien, il ne l'aimait pas de cœur. Il n'était pas bon. Il eut un sentiment élevé de l'honneur de la France, mais, comme prêtre et noble, un grand mépris du peuple. Il répète dans son Testament la vieille maxime qu'un peuple qui s'enrichirait deviendrait indocile. *Le peuple est un mulet* qui doit porter la charge; seulement, pou qu'il porte mieux, dit-il, il ne faut trop le maltraiter.

Richelieu fut haï et de la nation qu'il sauva de l'invasion, et de l'Europe dont il aida la délivrance. Henri IV, qui n'eut le temps de rien faire, fut adoré de tous. La charmante auréole de la France en ce temps, la puissante attraction qui lui jetait l'Europe dans les bras, hélas ! que devient-elle alors ? Qui désirait sous Henri IV de devenir Français? Tout le monde. Et qui sous Richelieu? Personne.

Comment s'était-il fait qu'Henri IV, sans tirer l'épée, eût tant retardé la Guerre de Trente-Ans? Contre la révolution jésuitique du Midi et de l'Allemagne, il avait dans la main la révolution protestante, affaiblie, mais vivante encore, dont il restait armé. A sa mort, en 1610, il attaquait l'Allemagne, l'Espagne et l'Italie, par trois généraux protestants, Rohan, la Force et Lesdiguières. Ses armées étaient mixtes des deux religions. Les catholiques eux-mêmes gardaient le souffle du grand siècle, son âme formidable.

Trois choses allaient en résulter : 1° Les huguenots, sous un roi catholique, étant menés à la guerre des libertés du monde, se seraient de plus en plus fondus dans le tout. Ni protestants, ni catholiques, mais des citoyens, des Français;

2° Contre des passions, on envoyait des passions, et non des automates. La guerre eût été vive, mais courte, la France ayant pour elle les sympathies des nations;

3° Et elle aurait été relativement économique. On n'eût pas fait ce tour de force d'inventer des armées ou d'aller en acheter au poids de l'or jusque sous le pôle, lorsqu'on avait chez soi des hommes tout aussi militaires qui eussent servi même pour rien et remercié en versant tout leur sang.

La France, sous Richelieu, Mazarin et Louvois, avance dans la voie mécanique. La machine est intronisée, et la personne exterminée. L'homme, de fortune et d'âme, arrivera au dernier aplatissement. Et le dix-huitième siècle, qui doit tout recommencer, ne trouve, en 1700, que des laquais spirituels.

Le mot m'est échappé, et je ne l'effacerai pas, mais je m'arrêterai. Bien des fois, j'ai rougi en écrivant ce volume, mais je rougirais encore davantage si je mettais ici en face la France étique de Louis XIII, et la riche, la grasse, la triomphante Hollande, l'heureuse condition de ses citoyens devant la misère des sujets français. La république nouvelle couvre alors les mers de son papillon tricolore, elle apparaît sur tous les points du globe. Son malheur de 1619 lui fait détester les factions, et bientôt commence l'âge de sagesse et de tolérance où elle fut l'exemple du monde. Elle devient l'asile universel des persécutés de la terre, des penseurs, des grands inventeurs. Elle abrite les malheurs, les libertés, les arts, bien plus, le sentiment moral; et la grande exilée, l'âme, elle la garde, afin qu'on la retrouve un jour.

Allez à la Bibliothèque, prenez Callot, prenez

Rembrandt. Rapprochement ridicule, direz-vous, et vous aurez raison, c'est mettre le sable et le caillou d'un petit torrent sec, en présence d'un océan. N'importe, regardez, étudiez, interrogez.

Le Français, que dit-il de sa fine pointe, de son burin microscopique? Il dit ce qu'il a vu dans sa vie de bohême : la cour, les fêtes et la famine, les estropiés, les bossus et les gueux, les ruses de la misère, l'universelle hypocrisie, des engagements de soldats, des tueries et des scènes inouïes de pillage, des supplices surtout, la potence et la corde, les grâces du pendu, ce sujet éternel où ne tarit pas la gaieté française.

Ah! pauvre peuple gai, que je te voudrais donc un peu de l'intérieur, du doux foyer aux chaudes lueurs que j'aperçois chez l'autre, les deux bonheurs de la Hollande, la famille, la libre pensée. Je ne te souhaite pas même la chaumière hollandaise, si confortable, ni le beau moulin de Rembrandt. Non, la grosse lourde barque de commerce où vogue incessamment la famille amphibie, d'Amsterdam dans les mers du Nord, cette arche de Noé où vous voyez ensemble femmes, enfants, chiens et chats, oiseaux, qui naviguent en si grande paix : c'est un abri où je voudrais réfugier mon pauvre Français, au mauvais temps qui va venir.

Le marin était libre, le bourgeois était libre; bien plus, le paysan, ce malheureux soufre-douleur, sur qui partout alors on marche et on trépigne. Le paysan, comme en Hollande! il se sentait fort sous la loi! quelle noble fierté d'homme! et quels égards il exigeait des autres! Un tout petit fait le dira. Je le tire des Mémoires de Du Maurier, le fils de notre ambassadeur.

« Mon père nous ayant loué une petite maison de noblesse près de la Haye, et nous y ayant placés mon frère et moi avec notre précepteur et deux valets, un jour le roi de Bohême, réfugié en Hollande, étant à la chasse, et par hasard ayant entré, suivant un lièvre, avec des chiens et des chevaux dans un petit champ joignant cette maison qu'on avait semé de quenolles (navets), le fermier du lieu, en son habit de fête de drap d'Espagne noir, avec une camisole de ratine de Florence, à gros boutons d'argent massif, courant avec un grand valet qu'il avait, à la rencontre du prince, ayant chacun une grande fourche ferrée à la main, et sans le saluer, lui dit en grondant : *Konig van Behemen! Konig van Behemen!* (roi de Bohême! roi de Bohême)! pourquoi viens-tu perdre mon champ de quenolles, que j'ai eu tant de peine à semer?

« Ce qui fit retirer le roi tout court, lui faisant

des excuses, et lui disant : « Que ses chiens « l'avaient mené là malgré lui. »

Vous auriez couru loin en Europe pour trouver pareille chose, cette liberté, cette audace à défendre le fruit du travail. Partout ailleurs elle eût été punie. Ce paysan, en France, eût été aux galères. Et le roi, en Allemagne, l'eût fait dévorer de ses chiens.

Hélas! pauvre homme de la Guerre de Trente-Ans, qui te protégera et quelle fourche de fer te défendra contre Waldstein et ses cent mille voleurs?

La France n'y suffirait pas, mutilée, comme elle est, épuisée par les grands efforts qu'en doit exiger Richelieu. Et l'on désespérerait de l'Europe même si l'on ne voyait à l'horizon une aurore boréale, le drapeau de Gustave-Adolphe.

NOTES

NOTE 1. — LE SENS DU VOLUME.

Les trente années que contient ce volume me sont venues obscures, profondément énigmatiques. Y ai-je introduit la clarté?

Nulle œuvre de critique ne m'a coûté davantage. Je ne trouvais plus là la netteté et la franchise de mes hommes du seizième siècle (que je regretterai toujours). Les figures dominantes qui ouvrent le dix-septième, le *roi-homme* et le *grand ministre*, sont des caractères infiniment mixtes, qui demandent constamment à être examinés de près, discutés et interprétés. Les situations aussi sont compliquées et troubles. Ni les hommes, ni les choses, ne se prêtent aux solutions absolues et systématiques que l'on a données jusqu'ici.

Il faut, dans cette époque, plus que dans aucune autre, distinguer, spécifier, marcher la sonde à la main. L'histoire, de la place publique, du grand jour des révolutions, tombe aux *cabinets des princes* ou des ministres-rois. Elle doit aller doucement et tâter dans l'obscurité.

Mais, cela fait et cet objet obscur une fois bien saisi et serré, il faut le mettre en pleine lumière sans tergiversation.

Trois questions dominantes, à la fin de cette enquête, se sont posées d'elles-mêmes, et les réponses sont sorties des faits, sans que je m'en mêlasse, par la force de la vérité.

I. Henri IV resta-t-il flottant jusqu'à la mort? S'arrêta-t-il au système mécanique de balance et d'équilibre, qui fut réellement l'idée de Richelieu, et que les Mémoires de Sully, écrits sous Richelieu, nous donnent comme l'idée d'Henri IV?

A quoi, je réponds : *Non*. A partir de 1606, sous une apparente fluctuation, Henri IV est fixé, les faits disent assez dans quel sens. Au départ de 1610, ses trois armées en marche ont trois généraux protestants.

II. La seconde question, le mystère de sa mort, par ceci même est résolue. A partir de 1606, dans ses quatre dernières années, ses ennemis, de leur côté, ne flottèrent plus; ils virent très-bien en lui, sous son masque indécis, leur ruine certaine si on le laissait vivre, et ils ne perdirent pas un jour pour conspirer sa mort. Le Louvre y travailla, autant que l'Escurial.

III. La politique d'Henri IV fut-elle reprise en France et continuée?

Nullement. La cour du Louvre, principale ennemie d'Henri IV, déjà toute espagnole de son vivant, fut de plus en plus la cliente de l'Espagne après sa mort. Richelieu, qui heureusement nous arrêta sur cette pente, trouvant la situation gâtée et la France rivée dans cette fatalité d'intolérance qui la menait à la catastrophe de la fin du siècle, ne lutta contre l'Espagne qu'en l'imitant, en écrasant les dissidents, au lieu de les employer contre elle.

Enfin, pour résumer, Henri IV et Richelieu allaient tous deux à l'unité nationale (suprême condition de salut), mais par des moyens différents, le premier par l'emploi, le second par la destruction des forces vives.

Je sais la différence qu'on établit, il les écrasa politiquement, les ménagea religieusement. Belle distinction, bonne pour les esprits qui ignorent que la vie est une, et qui en séparent idéalement les manifestations. De quelque façon que ce fût, les protestants périrent moralement ; l'émigration commença, et ceux qui n'émigraient pas furent tranquilles, il est vrai, ne contrarièrent point Richelieu, Mazarin, personne. Pourquoi? ils étaient morts.

Est-ce à dire qu'il fallait laisser en France une république protestante? Non, on pouvait l'éteindre, mais par d'autres moyens. Si Richelieu eût été libre, quoiqu'il haït les protestants, il les eût ménagés, calmés et rassurés. Il les aurait tournés vers la mer, la guerre maritime, la guerre d'Espagne-Autriche. Enrégimentés sur le Rhin, dispersés sur les mers à la poursuite des galions, revenant chargés de dépouilles, ou fondant une France l'épée à la main dans l'Amérique espagnole, ils ne se seraient guère souvenus de leurs assemblées inutiles, ni des mesures qu'ils appelaient places de sûreté.

Richelieu ne put rien faire de tout cela. Après un petit moment d'audace contre le pape, ses ennemis le ramenèrent par sa chaîne, l'obligèrent de ruiner la Rochelle, les marins qu'il eût employés contre eux, les finances qu'il commençait à rétablir. Ils le tinrent là près de deux ans, pendant qu'ils faisaient tout ce qu'ils voulaient en Allemagne.

Il se garde bien d'avouer que ces fautes lui furent imposées. Il les dit siennes, et veut avoir toujours régné, fait tout et mené tout. Les historiens docilement l'ont pris au mot, et accepté la glorification testamentaire qu'il fait de sa politique. Il convient à ces grands acteurs de faire ainsi leur portrait héroïque, de se couronner de lauriers, de ramener, s'ils peuvent, toutes leurs courbes à une droite idéale. Mais c'est à l'histoire de retrouver leur marche sinueuse, leurs tours et leurs détours sous la pression des événements, sans tenir grand compte des systèmes arrangés après coup par lesquels ils voudraient dominer encore l'opinion et duper la postérité.

NOTE II. — MES CONTRADICTIONS.

En voici encore une que je livre à la critique. J'ai dit du bien et du mal d'Henri IV dans le volume précédent et dans celui-ci. Je maintiens l'un et l'autre; le mal, le bien, sont vrais et mérités. Ce caractère est tel, mêlé, varié, inconsistant et double, double de nature et de volonté. Il a cela même de curieux que c'est quand il se fixe au bien qu'il se masque le plus, et sa meilleure époque est toute enveloppée de mensonge.

Beaucoup de gens y étaient pris, ses amis surtout

(bien moins ses ennemis, qui ne furent pas dupes et le tuèrent). En 1600, lorsqu'il veut agir sérieusement en faveur des huguenots, il les mystifie et les humilie dans la dispute de Mornay et Du Perron, flatte le clergé catholique. De même, lorsqu'il vient de leur accorder le temple de Charenton (1606) et d'arrêter avec Sully sa guerre pour secourir les protestants d'Allemagne, il caresse les Jésuites plus que jamais, et fait au ministre Chamier une réception sèche et dure, qui dut charmer Cotton et tous les catholiques. La brochure de M. Read (sur Chamier) peint au vif Henri IV. Elle fait comprendre comment les protestants durent méconnaître, tant qu'il vécut, un ami qui craignait tant de paraître tel. Dans le fond, il était pour eux (surtout dans les dernières années). C'est le témoignage que lui rend un grand historien, non suspect : « Les Réformés avoient vu mourir avec lui deux choses : l'une l'*affection* qu'il étoit certain qu'il avoit pour eux; l'autre étoit la *bonne foy* dont il se piquoit plus que nul autre prince, et qui le rendoit si exact observateur de sa parole, qu'on trouvoit plus de faveur dans l'effet qu'il n'en avoit fait espérer par la promesse. » (Élie Benoît, *Histoire de l'Édit de Nantes*, II, p. 4.)

La critique peut continuer d'imputer à mon *injustice*, à ma *légèreté*, les inconsistances et les variations de la nature humaine.

J'ai dit et j'ai dû dire que Louis XII fut en France bon et honnête, perfide en Italie; qu'Henri III, infâme à vingt ans, mais épuisé à trente, était alors probablement moins libertin qu'on ne l'a dit. Quelle contradiction y a-t-il en cela?

NOTE III. — LES SOURCES DE L'HISTOIRE D'HENRI IV.

Le livre de M. Poirson a paru en janvier 1857; le mien arrive en mai. J'ai admiré plus que personne ce livre rare, si consciencieusement élaboré, en contraste parfait avec tant d'œuvres de légère improvisation. J'en ai peu profité. Pourquoi? Parce que le grave historien, en racontant si bien le roi, a presque partout caché l'homme, cet homme « ondoyant et fuyant, » comme aurait dit Montaigne. L'ostéologie d'Henri IV, et ses muscles aussi, sont au complet; j'y voudrais encore son sang, les battements de son cœur, sa vie nerveuse et ses saillies. Il fut homme autant que personne, et les faiblesses humaines ont influé sur lui, comme sur tous. Une ligne sur Gabrielle, c'est peu, trop peu, en vérité.

Péché d'omission. Mais de commission, je crois qu'il n'y en a guère. C'est un livre bâti en quinze ans à chaux et à ciment qui restera et ne bougera point.

« Le titre est bien modeste. Il ne promet que l'*Histoire d'un règne*, mais il donne en réalité un immense tableau de l'époque. Sciences, lettres, arts, inventions, tout le développement de la civilisation y est étudié, creusé, fouillé à fond, autant que la politique, l'administration, les finances, la diplomatie. C'est l'encyclopédie du temps (environ un quart de siècle). L'auteur est gallican, partisan de la tolérance et de la liberté religieuse. Je ne partage ni son admiration sans limites pour Henri IV, ni ses sévérités pour les protestants. Mais je n'en fais pas moins un cas infini de son livre. Tout le monde sera frappé de l'excellente critique et de la vigueur d'esprit avec laquelle il a jugé l'Espagne et le parti espagnol, la Ligue. Il a montré parfaitement tout ce que celle-ci avait d'artificiel. — La construction fantasque de M. Capefigue est rasée, et il n'en reste pas une pierre. »

A ces lignes, que je publiais en janvier même, une étude attentive me ferait ajouter beaucoup. Chacun de ces chapitres (sur les bâtiments, par exemple, sur les canaux, etc.) est un travail soigné, achevé, plus complet et plus instructif que les grands ouvrages spéciaux qu'on a écrits sur les mêmes matières.

La France d'alors y est sous tous les aspects. Ce qui y manque un peu, c'est Henri IV, l'Henri IV que nous connaissons. Quoi! Henri IV a été ce grave politique, ce roi accompli, presque un saint? Quoi! Il faudrait biffer toute la tradition? Il faudrait effacer, entre autres témoignages, le plus beau livre du temps, les Mémoires de d'Aubigné? M. Poirson n'y voit qu'une satire. Et sans doute le vieillard chagrin, dans son triste exil de Genève, sous la bise du Rhône, a été aigre. Il aura, je le crois, exagéré, défiguré, sans s'en apercevoir, quelques détails; mais sciemment menti? jamais. Ce livre reste, comme un jugement héroïque du noble seizième siècle sur son successeur le dix-septième, diplomatiquement aplati.

M. Poirson, honnête, austère et décidé à être juste, n'a nullement négligé les sources protestantes, telles que du Plessis, Mornay et la Force. Je voudrais seulement que, dans les éditions subséquentes, il mît en meilleur jour les griefs des protestants, griefs si graves et qui excusent entièrement l'*esprit inquiet* et l'incessante agitation qu'on leur a tant reprochée. S'ils se montrèrent si difficiles au moment de l'Édit de Nantes, on le comprend fort bien quand on voit qu'ils venaient d'avoir encore un massacre en Bretagne. Manquèrent-ils au siége d'Amiens, comme on l'a dit? Point du tout. D'Aubigné (Histoire, p. 455) assure qu'on y vit 1,500 gentilshommes huguenots. Il faut lire leurs griefs dans les procès-verbaux de leurs assemblées, soigneusement extraits par Élie Benoît, *Histoire de l'Édit de Nantes* (6 vol. in-4°). Ce grand et important ouvrage est de la fin du siècle, mais il est tiré entièrement des pièces originales.

Encore un point de dissidence. Je ne vois nullement que Villeroy et Jeannin aient suivi constamment une politique anti-espagnole.

A cela près, nos études communes sur les mêmes sources nous conduisent aux mêmes jugements. Sur les lettres d'Henri IV, sur Angoulême, de Thou, Nevers, Cheverny, Lestoile, etc., j'adopte et signerais ses judicieuses notices.

Je le remercie surtout pour ce qu'il dit de Sully. Il a senti à merveille que les *Économies royales* ne sont pas seulement un des bons livres du temps, mais l'ouvrage capital et, d'un seul mot, le *livre*. C'est un vrai fleuve de vie historique, qui donne tout, et le matériel, et le moral, la politique et les finances, les caractères et les passions, les choses et les hommes, enfin l'âme. Persistance admirable du seizième siècle, qui, si tard, dans une époque ingrate, dure, vit, palpite encore, en ce livre naïf et fort, jeune de verve et vieux de sagesse, admirable de plénitude.

Par d'Aubigné et par Sully, je sors du grand seizième siècle, que j'étudiai et enseignai tant d'années. Le profond changement qui se fait au passage est marqué bien naïvement par d'Aubigné. Rude cascade ! Sous Henri IV, il rêve les martyrs et Coligny, médit du roi hâbleur. Mais, Henri IV frappé, il l'est lui-même, il tombe de la chute à la chute !... Cela ne s'arrêtera pas. Les temps même de Richelieu, tant glorieux qu'on les veuille faire politiquement, seront encore une chute morale.

C'est le 12 décembre dernier (1856) que j'écrivais ceci, par un temps doux et maladif, en présence des notes nombreuses que mon père m'avait copiées de d'Aubigné, avant sa mort (1846). Ces notes, d'une écriture forte et pesante de vieillard, consciencieusement exacte, monumentale et pourtant très-vivante, plus digne des pensées qu'aucune impression ne sera jamais, m'ont fait entrer bien loin dans le cœur le seizième siècle. A grand'peine, je leur dis adieu.

Chaque lettre de cette écriture, accentuée de l'amour et de la religion de mon livre futur (qu'il ne devait pas lire), me frappait d'un double regret, de laisser cette histoire, et de laisser ces manuscrits.

Je ne vois plus là-bas, à cette table près de la fenêtre, ce vénérable auxiliaire si ardemment zélé pour l'œuvre qui m'échappe aujourd'hui. Nous passâmes ensemble trente années de travail entre l'étude solitaire et les pensées de la patrie, parmi les bruits publics de la tribune et de la presse, toutes ces voix de la France qui parlaient et se répondaient. Ce temps n'est plus, et après l'avoir quitté, quitté cette personne qui était moi, je dois quitter ce qui en reste, ces papiers, les mettre sous la clef, — avec un fragment de mon cœur.

NOTE IV. — SUR LE MARIAGE ET LA MORT D'HENRI IV.

Tous louent Sully et peu le suivent. Moi, j'ai osé le suivre dans ses assertions les plus graves, dans celles où il s'est montré un courageux historien, un homme et un Français. En présence des montagnes de mensonges que bâtissaient tant d'autres à la gloire de Marie de Médicis, Sully a peint fidèlement le déplorable intérieur du roi, l'insolence de Concini, les offres fréquentes d'Henri IV de renoncer à ses maîtresses si on renvoyait cet homme, l'attente où il était de sa mort et sa conviction que la mort lui viendrait de là.

« Est-ce clair? » On peut dire ce mot à chaque ligne.

Ou le mot de Harlay, levant les mains au ciel : « Des preuves? des preuves?... Il n'y a que trop de preuves. »

Sur la lutte du mariage français et du mariage étranger (V. p. 59), j'ai suivi uniquement Sully, les lettres du roi et celles du cardinal d'Ossat. Sur les *cavaliers servants* (p. 79, 83), je suis Sully encore, avec le mss. du fonds Béthune qu'a copié M. Capefigue. Tout cela extrêmement cohérent, de cette vraisemblance frappante et saisissante qui fait qu'on crie : « C'est vrai! »

L'étonnante fluctuation où le roi se trouvait alors, entre ses deux mariages et ses deux religions, l'envoi du capucin Travail (le P. Hilaire) à Rome pour défaire le mariage florentin au moment où il se faisait, tout cela est fort clair, même à travers la mauvaise volonté, l'obscurité calculée, de d'Ossat.

La Conspiration des poudres et autres petites affaires de ce genre durent faire douter Henri IV de l'avantage qu'il y avait à tant caresser ses ennemis. Le nonce romain de Bruxelles se trouva compromis dans cette affaire anglaise, comme il l'avait été dans le complot de 1599 pour assassiner Henri IV. Lui-même, allant en Poitou, vit s'évanouir tout ce que le clergé lui faisait croire de l'opposition protestante. Le roi et la Rochelle s'embrassèrent en 1605 (p. 125). Et le roi (août 1606, p. 130) accorda aux huguenots le *temple de Charenton*. La belle histoire que M. Read nous a donnée de ce temple indique toute l'importance d'un tel fait, qui, à lui seul, était une révolution. Il disait assez haut ce que le roi voulait faire en Europe.

C'est à cette année 1606 que la dame d'Escoman, dans sa déposition, rapporte le pacte conclu pour tuer le roi entre sa furieuse maîtresse et d'Épernon, seigneur d'Angoulême et patron de Ravaillac, qu'il employait à Paris à solliciter ses procès.

Quoi de plus vraisemblable? C'est cette année que l'on sut définitivement que le mariage italien ne retiendrait pas Henri IV, comme on l'avait cru d'abord. *Le tuer ou le marier*, tel avait été le dilemme en 1600. Le mariage étant inutile, on résolut de le tuer.

Il faut être sourd, aveugle et se crever les yeux pour ne pas voir, entendre cela.

Le recueil de mensonges qu'on appelle *Mercure*

français part du procès de Ravaillac, qu'on voulait mutiler et fausser, et de la déposition de la d'Escoman, qu'on voulait étouffer en la défigurant.

La réfutation que ce *Mercure* fait de la d'Escoman est bien plaisante. On ne doit pas la croire, *car elle est bossue et boiteuse*. On ne doit pas la croire, *car elle est pauvre*, et elle a un enfant à l'Hôtel-Dieu. *Elle a été condamnée pour adultère*, le crime universel alors. *Elle a pris pour Ravaillac un autre homme*. Qui l'affirme ? On ne le dit pas ; apparemment ce sont les gens que la reine envoya pour voir la d'Escoman et la déconcerter chez la reine Marguerite. Le *Mercure* est pourtant forcé d'avouer que Marguerite était frappée de la déposition de cette femme, qui ne se démentait pas, ne variait pas, « répétait de mot en mot. »

Peu m'importe que la d'Escoman ait été boiteuse, pauvre, etc. Elle n'en est pas moins un témoin grave quand elle se concilie si bien avec Sully. Elle s'accorde également avec le factotum de Dujardin-Lagarde, qui fut pensionné par le roi pour l'avis véridique donné à Henri IV (Archives curieuses, XV, 150).

Le peuple crut la d'Escoman et Lagarde. Il crut que d'Épernon, Guise, Concini (Henriette, et la reine même), avaient trempé dans le complot, ou du moins en avaient connaissance. On put savoir dans tout Paris la profonde douleur qu'exprima le président Harlay devant les amis de Lestoile quand il vit que la première personne du royaume, l'autorité elle-même, était tellement compromise. La confiance qu'exprime Lestoile dans la déposition de la d'Escoman, c'était le sentiment populaire. J'en juge par un mot foudroyant du capucin Travail, le P. Hilaire, l'un des meurtriers de Concini, qui crut qu'en réalité rien ne changerait si l'on ne tuait aussi la reine mère, et qui en fit la proposition à Bressieux, écuyer de Marie de Médicis. Celui-ci refusant : « N'importe, dit Travail, je ferai en sorte que le roi ira à Vincennes, et, pendant ce temps-là, *je la ferai déchirer par le peuple.* » Le peuple la croyait donc complice de la mort d'Henri IV. (*Revue rétrospective*, II, 305.)

Ceci fait comprendre les craintes de d'Épernon et sa tentative pour terroriser les États et le Parlement en 1614, quand le témoin Lagarde se présenta aux États (p. 225, 228), — et les craintes de la reine mère, sa fuite de Blois en novembre 1618 (p. 355), quand elle apprit que de Luynes avait fait arrêter la Du Tillet, maîtresse de d'Épernon, compromise dans l'affaire de Ravaillac (V. les Mémoires de Richelieu). Elle crut certainement que de Luynes, instruit de ses menées secrètes, allait lui faire faire son procès.

P. 161. *Projet de république chrétienne, grand dessein d'Henri IV*, etc.

M. Poirson a très-bien distingué qu'il y a là deux choses : 1° le système positif des alliances d'Henri IV avec les ennemis de la maison d'Autriche, système qui se faisait de lui-même sous l'impression de terreur que cette maison inspirait; toute l'Europe se serrait du côté de son défenseur. 2° Un plan tout utopique de Sully pour la fédération européenne. M. Poirson est trop indulgent pour ce plan ridicule. Cela a été écrit par les secrétaires de Sully (ils le disent eux-mêmes) en 1627 pendant le siége de la Rochelle, et déjà sous la royauté du cardinal. Richelieu, l'année précédente, avait proposé, comme type de l'ordre financier, l'année 1608, c'est-à-dire l'apogée de l'administration de Sully. Celui-ci put en concevoir le vague espoir d'être rappelé aux affaires par le cardinal. De là peut-être ces idées (si étranges chez un protestant) de faire une république italienne *vassale du pape.* Ce qu'il propose aussi pour les élections de Hongrie et Bohême est ridicule et quasi fou. On regrette de trouver cette tache dans ce beau livre des *Économies.*

P. 200. *Le journal des digestions de Louis XIII.* Dans un gouvernement idolâtrique, fondé sur la divinité de l'individu, ce point est grave. Je n'y insiste pas. On rirait, et rien n'est plus triste. — L'historien, le politique, le physiologiste et le cuisinier étudieront avec profit ce monument immense, 6 vol. in-folio d'une fine écriture : *Ludovico-trophie,* par Hérouard, médecin du roi, seigneur de Vaugrineuse (*mss. Colbert,* 2601-2606). J'en cite une seule journée, qui donne l'impression qu'eut l'enfant royal de la mort de son père :

« M. le Dauphin, l'ayant sceu, en pleura, et dit : Ha! si je y eusse esté avec mon espée, je l'eusse tué. Chascun se vint offrir à lui de la chambre de la royne. — Raisins de Corinthe et à l'eau rose, asperges et salade, potage, hachis de chapon... deux cornets d'oublies, quatre prunes de Brignolle, figues sèches, du pain, bu de la ptisane, dragée de fenouil, puis mené, etc. Et chez lui à neuf heures : pissé jaune-paille, puis desvestu, mis au lit. Pouls solide, égal, pausé. Chaleur doulce. Prié Dieu. Dit vouloir coucher avec M. de Souvré : « Pour ce qu'il me vient des son- « ges. » La royne l'envoie querir pour le faire coucher dans sa chambre...

« Le xv, esveillé à six heures et demie... A sept heures un quart, levé bon visage, guay, pissé jaune, peigné. Vestu d'un habillement bleu. A huit heures et demie, dejeuné, ne sceut mangé, beu de la ptisane. Il avoit du ressentiment, et si l'innocence de son asge lui donnoit par intervalles quelque gaieté. Mené à la messe. A neuf heures et demie, disné; raisins de Corinthe, asperges, salade, potage, chapon bouilli; pris un peu d'un gasteau feuilleté, bu du vin blanc... *Intrepidus.* »

A ces notes curieuses sur le caractère de l'enfant royal, on peut joindre les lettres du nonce, qui font très-bien connaître la mère. Elles racontent, entre autres choses, les violentes scènes qui eurent lieu (en 1622) entre elles et le prélat Ruccellaï, un Italien qu'elle avait favorisé beaucoup, et qui avait été supplanté dans sa faveur par le jeune Richelieu. Pour obtenir de Louis XIII qu'il chasse Ruccellaï, elle soutient qu'il a fait semblant d'être amoureux d'elle; que, sous prétexte d'admirer ses dentelles, il s'est émancipé, etc. C'est la scène de Tartufe et d'Elmire, mais plus comique, la reine étant d'âge très-mûr, très-lourde d'embonpoint. Tout cela est écrit en chiffres, comme le plus terrible mystère. (V. nos *Archives, extraits du Vatican, Nonciatures*, carton L, 389.)

P. 257. *Sur la mort de Concini.* Cette note entrera dans le texte à la prochaine édition.

La vie de la reine mère ne tenait qu'à un fil. Parmi les meurtriers, plusieurs l'auraient voulu tuer, pensant qu'elle pourrait bien se relever plus tard et venger son amant. Mais Luynes n'eût osé ni conseiller un tel acte à l'enfant royal ni le faire faire sans ordre. Il la sauva en l'entourant des gardes du roi. Le Capucin Travail, le P. Hilaire, qui jadis avait intrigué contre le mariage de Marie de Médicis, et qui fut acteur et exécuteur dans le meurtre de son favori, croyait que rien n'était fait si elle ne périssait. Il s'adressa à un homme qui était à elle et entrait chez elle à volonté, son écuyer Bressieux, l'engageant à la tuer. L'écuyer refusait : « N'importe, dit Travail, je ferai en sorte que le roi aille à Vincennes, et alors *je la ferai déchirer par le peuple. (Revue rétrospective,* II, 305.)

De Luynes, qui avait promis au Capucin l'archevêché de Bourges s'il aidait à tuer Concini, et qui, la chose faite, ne voulait pas tenir parole, profita des mots sanguinaires que ce bavard avait jetés par folie et bravade, le fit juger et rompre vif.

Pour revenir, le roi avait fait..., etc. (V. p. 257.)

P. 268. *Le roman d'Henri IV, de Sully, d'Ollivier de Serres,* le Bon Seigneur, etc. Ce beau livre d'Ollivier, le *Théâtre d'agriculture et ménage des champs,* est beaucoup plus économique que patriarcal et philanthropique. Les journaliers n'y sont pas trop favorisés. Le seul conseil de mettre les deux tiers du domaine en forêts et prairies, s'il eût été suivi, eût considérablement réduit le travail des cultivateurs salariés. — Voir sur la condition des paysans le grand travail de M. Bonnemère, qui donne tous les textes; l'ingénieux ouvrage de M. Doniol, en les rapprochant de l'excellente histoire de l'administration de M. Chéruel, etc., etc. Ils font toucher au doigt comment la richesse, et la subsistance même, vont diminuant dans tout ce siècle. Quelle terrible distance des OEconomies de Sully au livre de Vauban, si triste, à ceux de Boisguillebert, si cruellement désespérés!

Pages 261-337. Je reviendrai sur la *casuistique* et les *couvents;* et, quant à la *sorcellerie,* je donnerai mes sources et ma critique, quand le Diable expire à Loudun sous l'horreur et le ridicule. — Sur le tabac, V. la brochure de M. Larrieu et la lettre, si instructive, que M. Ferdinand Denis a jointe à l'opuscule de M. Demersey (1854). Oviedo, Thévet, Cartier, Lérit, sont les premiers qui en fassent mention. Le Portugais Goes avait rapporté le tabac à Lisbonne; il le donna à notre ambassadeur Nicot, qui l'apporta en France, comme une herbe propre à déterger et calmer les blessures. Elle fut présentée à Catherine de Médicis, qui accepta d'en être la marraine, et voulut bien qu'on l'appelât *Catherinaire,* ou *Médicée.* On a vu sa vogue déjà fatale en 1610. Le fisc s'en empara bientôt. Richelieu dit en 1625 (Lettres, II, 165) qu'on en apporte deux millions de livres, qu'on en déclare moins de la moitié, et que l'état peut en tirer par an quatre cent mille livres. Il a rapporté jusqu'à nous un milliard et demi. Mais qui calculerait ce qu'il nous a fait perdre par la vaine rêverie, l'inaction et l'énervation! C'est un secours pour le travailleur en plein air dans des lieux humides, pour le marin peut-être; mais pour tous les autres un fléau, une source de nombreuses maladies du cerveau, de la moelle et de la poitrine, d'une entre autres, la plus triste, de cracher toujours et partout.

P. 363. — *Si l'on veut ignorer Richelieu, il faut lire ses Mémoires.* Cela est dur et peut paraître exagéré. Mais, en réalité, ils sont fréquemment contredits par ses lettres, par les écrits contemporains, par les faits même. C'est en réalité un très-long factum marqué souvent d'une grande hauteur de vues et de raison, mais calculé, pénible, artificieux, qui veut harmoniser pour la postérité une vie fort peu d'accord avec elle-même. On dit qu'au siége de la Rochelle, dans ce long blocus d'hiver où il se consumait, il commença à vouloir qu'on écrivît ses actes, c'est-à-dire qu'on les expliquât. C'est là sans doute l'origine des Mémoires, qu'il a inspirés, presque dictés, revus avec soin. Le premier point, c'était de faire croire qu'à son premier ministère, sous Concini, il était déjà anti-espagnol. Chose absolument impossible; les pièces de Simamar, citées par Capefigue, montrent que Concini et sa femme étaient intimes avec l'Espagne; ils venaient de faire le double mariage espagnol; la dépêche de Richelieu à Schomberg n'est qu'un leurre pour amuser les Allemands. Le second point, c'était d'éreinter la Vieuville, celui qui rappela Richelieu au ministère et que Richelieu fit chasser; c'était de lui ôter l'honneur d'avoir eu l'initiative d'une politique française. Le troisième point, c'est celui où il se donne l'honneur d'avoir voulu le siége de la Rochelle.

Sans doute comme prêtre, comme controversiste, il haïssait les protestants; cela est sûr. Et il est sûr encore que ses instincts de gentilhomme et d'homme d'épée lui auraient fait désirer d'imiter les fameuses croisades de Ximenès, la conquête de Grenade, les exploits de Lépante. Tel fut le fond de sa nature. Mais son très-lumineux esprit (et dirai-je, son âme française) le firent vouloir, contre sa nature, l'alliance avec l'Angleterre, la Hollande, le Danemark et les protestants d'Allemagne, ce qui impliquait des ménagements pour les protestants de France. Les papiers de Bérulle, extraits par Tabasaud, montrent très-bien (et les offres continuels de Richelieu aux protestants montrent encore mieux) qu'il leur fit, malgré lui, cette guerre demandée par Bérulle et tous nos Français espagnols, guerre qui détruisait ses projets, irritait l'Angleterre, la Hollande, ses alliés naturels. Tabaraud est précieux ici. Panégyriste de Bérulle, il prouve innocemment, mais prouve que Bérulle eut l'honneur principal de cette énorme sottise, d'avoir travaillé, préparé la destruction de la Rochelle, l'amortissement des protestants qui eussent si bien servi contre l'Espagne. Le duc de Rohan put tirer quelque argent des Espagnols, et même en 1628, quand on le traqua avec six armées, il fit un misérable et coupable traité avec l'Espagne. Mais, dans cette grande faute, il était seul ou presque seul, nullement suivi de son parti. Je parlerai plus tard de tout cela. Je dois l'ajourner, n'ayant pas encore le troisième volume des *Lettres de Richelieu* que publie M. Avenel. Excellent et rare éditeur. Son introduction est écrite dans une sage mesure que les biographes ne gardent presque jamais pour leur héros. Il dit très-bien que Richelieu, si actif au dehors, ne put faire réellement que peu de choses à l'intérieur, qu'il n'avait point d'entrailles, qu'il n'aimait point le peuple. Les notes, non moins judicieuses par lesquelles M. Avenel éclaire et interprète les pièces, contiennent, outre les renseignements, de précieuses remarques de critique. En 1626, par exemple, il observe sur la forme même des lettres de Richelieu *qu'alors il n'était pas maître encore, mais le premier entre les ministres*, ce qui confirme ce que les papiers de Bérulle nous apprennent de l'importance qu'avait celui-ci et de la sourde lutte qu'il soutenait contre Richelieu à la cour, au conseil (par Marillac et autres).

TABLE

CHAPITRE PREMIER. — *Ligue de la cour contre Gabrielle, 1598.*

Faiblesse d'Henri IV dans son intérieur. 1
Le dilemme du temps : *Le tuer ou le marier*. 7
Gabrielle craint le mariage florentin. 9
Sully, créé par elle, travaille contre elle. 12

CHAP. II. — *Mort de Gabrielle, 1599.*

Le diable et les possédés. 19
Maladie du roi ; assassins. 23
Le roi décidé pour Gabrielle 25
Les protestants désirent le mariage français. 29
La mort violente. 40

CHAP. III. — *Henriette d'Entragues et Marie de Médicis, 1599-1600.*

La galerie de Rubens. 51
Politique papale et florentine de la France. 53
Double négociation de mariage. 59

CHAP. IV. — *Guerre de Savoie. Mariage, 1601.*

Conquête de la Savoie. 69
Marie déplaît au roi, il prépare son divorce à Rome. . . 71

CHAP. V. — *Conspiration de Biron, 1601-1602.*

Les amants de la reine. 83
Biron traite avec l'ennemi. 87
Son procès 15 juin-31 juillet. 92

Chap. VI. — *Le rétablissement des Jésuites, 1603-1604.*

 Réaction. Transformation du clergé et de la noblesse. . . . 106
 François de Sales, Cotton. 113

Chap. VII. — *Le roi se rapproche des protestants, 1604-1606.*

 Concini, favori de la reine. 118
 Conspiration d'Entragues. 121
 Conspiration des poudres. 125
 Le roi donne aux protestants le temple de Charenton. . . . 130

Chap. VIII. — *Grandeur d'Henri IV.*

 Difficultés qu'il rencontrait. 135
 Réformes de Sully. 138
 Ce que le roi fit malgré Sully. 140
 Le Paris d'Henri IV. 145

Chap. IX. — *La conspiration du roi et la conspiration de la cour, 1606-1608.*

 L'Europe se précipitait dans les bras de la France. . . . 149
 La cour conspire la mort du roi. 153
 Insolence et haine de Concini. 157

Chap. X. — *Le dernier amour d'Henri IV, 1609.*

 L'*Astrée* de D'Urfé. 159
 Mademoiselle de Montmorency. 161
 Masque d'Henri IV. 163
 Mariage du prince de Condé. 167

Chap. XI. — *Progrès de la conspiration. Fuite de Condé, 1609.* 170

Chap. XII. — *Mort d'Henri IV, 1610.*

 Ravaillac. 180
 Avis de la d'Escoman, négligé de la reine. 185
 Abattement d'Henri IV. 189
 Il est tué, 14 mai 1610. 195

Chap. XIII — *Louis XIII. Régence. Ravaillac et la d'Escaman.* 1610-1614 198

Changement complet. Terreur du peuple. 199
Violence de d'Épernon. 201
On précipite le procès de Ravaillac. 205
La curée. 210
On étouffe la voix de la d'Escoman. 213
Mépris et révolte des grands. 215

Chap. XIV. — *États généraux.* 1614. 217

Les magistrats représentent le Tiers État. 220
D'Épernon terrorise le parlement et les États. 229
Noble sacrifice du Tiers. 231
Le roi se déclare contre le Tiers. 235
Comment on cache les vols de la cour. 237
Le roi accable encore le Tiers. 240
Réforme que le Tiers demande dans l'Église. 243
Le Tiers bâtonné et renvoyé. 241-244

Chap. XV. — *Prison de Condé. Mort de Concini,* 1615-1617. . 246

Fortune de Luynes. Il est poussé à tuer Concini, mais ménage la reine mère et lui accorde l'emprisonnement de la d'Escoman 253

Chap. XVI. — *Des mœurs. Stérilité physique, morale et littéraire* 261

Abaissement des esprits. Casuistique, couvents, sorcellerie. . 266

Chap. XVII. — *Du sabbat au moyen âge, et du sabbat au XVIIe siècle. L'alcool et le tabac.* 271

Chap. XVIII. — *Géographie de la sorcellerie, par nations et provinces. Les sorcières basques.* 288
Le livre de M. de Lancre, 1610. 294

Chap. XIX. — *Les couvents. La sorcellerie dans les couvents. Le prince des magiciens*........ 306

    Procès de Gauffridi. 1610-1611............ 313

Chap. XX. — *Luynes et le P. Arnoux. Persécution des protestants*, 1618-1620.............. 338

    Statitisque des couvents.............. 339
    On prépare la révolution territoriale du siècle....... 350
    Catastrophe du Béarn............... 356
    La France trahit les protestants d'Allemagne........ 359

Chap. XXI. — *Richelieu et Bérulle, 1621-1624*...... 361

    Richelieu jusqu'à quarante ans fut dans le parti espagnol.. 366
    Politique nationale de la Vieuville........... 373
    Il élève Richelieu qui le chasse............ 375
    Partialité du pape pour les Espagnols qu'il couvre en Valteline............... 379
    Richelieu en chasse le pape. Déc. 1624......... 383

Chap. XXII. — *L'Europe en décomposition. Richelieu forcé de rétrograder*, 1625-1626.............. 384

    La révolution territoriale en Allemagne......... 385
    Révolutions de Hollande et d'Angleterre......... 388
    Richelieu essaye de rétablir les finances......... 394
    Mariage d'Angleterre............... 398
    Fermeté de Richelieu contre le légat.......... 400
    Il s'appuie sur les notables............. 403
    On le force de traiter avec l'Espagne.......... 408

Chap. XXIII. — *Ligue des reines contre Richelieu. Complot de Chalais*, 1626................ 409

    On pousse l'Angleterre à rompre avec nous........ 421
    Embarras financiers de Richelieu, irrémédiables...... 425

Chap. XXIV. — *Siége de la Rochelle, 1627-1628.* 428

   L'Espagne nous trahit et appelle l'invasion anglaise. . . . 429
   La Rochelle refuse de recevoir l'Anglais. 433
   Buckingham échoue dans l'île de Rhé, juillet-novembre 1627. 434
   Richelieu bloque la Rochelle, sa digue.. 439
   La Rochelle refuse encore de se livrer aux Anglais. 442
   Elle ouvre ses portes à Richelieu, novembre 1628 448
   Ruine du pays ; émigrations protestantes.. 449
   Richelieu, ayant étouffé la révolution religieuse, ne fera la
     guerre à la maison d'Autriche qu'à force d'argent. . . . 453
   Callot et Rembrandt, la France et la Hollande. 455

NOTES.

Note I. — Le sens du volume.. 459
Note II. — Mes contradictions. 462
Note III. — Sources de l'histoire d'Henri IV. 464
Note IV. — Mariage et mort d'Henri IV. 468
Note V. — Projet de république européenne. 471
Note VI. — Journal des digestions de Louis XIII. 472
Note VII. — Mort de Concini (reporter cette note dans le texte à
   la page 257. 474
Note VIII. — Condition du paysan. 475
Note IX. — Du tabac. 475
Note X. — Mémoires de Richelieu, histoire de Bérulle, etc. . . 476

ERRATA.

Page 52, ligne 2, après le mot *Nord*, il ne faut qu'une virgule.

— 60, ligne 18, *au lieu de* : malices, *lisez* : malice.

— 87, ligne dernière, *au lieu de* : qu'il s'en mêlât, *lisez* : qu'il ne s'en mêlât.

— 126, ligne 22, *au lieu de* : tout le parlement étant puritain, *lisez* : les puritains étant déjà si nombreux au Parlement.

— 129, ligne 25, supprimez le mot *violent*.

— 141, ligne 12, *au lieu de* : et plus, *lisez* : est plus.

— 163, ligne 12, *au lieu de* : ce coup, *lisez* : le coup.

— 177, ligne 6, *au lieu de* : six, *lisez* : dix.

— 188, ligne 7, les mots : *l'apothicaire de la reine* doivent être entre parenthèses.

— 222, ligne 28, *au lieu de* : faquins à cinq cents livres, *lisez* : faquins à mille francs pièce.

— 257, ligne 9. Il faut insérer ici dans le texte la note placée à la page 474, en commençant la ligne 10 par ces mots : Pour revenir, le roi avait fait.., etc.

— 283, ligne 14, *au lieu de* : partagé, *lisez* : fort occupé.

— 333, ligne dernière, *au lieu de* : alors il, *lisez* : Gaultier.

www.ingramcontent.com/pod-product-compliance
Lightning Source LLC
Chambersburg PA
CBHW050604230426
43670CB00009B/1262